FAITES CIRCULER VOTRE ÉNERGIE GRÂCE À

L'ACUPUNCTURE

Éditions Ellébore
5, rue de Charonne, 75011 Paris

Maquette et mise en pages : Images

ISBN : 979-10-230-0232-4

Dr Lionel Coudron

FAITES CIRCULER VOTRE ÉNERGIE GRÂCE À

L'ACUPUNCTURE

Ellébore

SOMMAIRE

INTRODUCTION

L'acupuncture a depuis quelques années pris un essor considérable, le nombre des patients y ayant recours augmente, le nombre de médecins la pratiquant également. Elle a fait son entrée dans les facultés. Dans certaines, elle se trouve être l'objet de recherches, dans d'autres, l'objet d'enseignement.

Malgré cette ascension rapide, l'attitude face à cette médecine se trouve encore bien souvent partagée.

Certains se contentent de hausser les épaules, pensant que cela relève d'une mode.

D'autres admettent la réalité de l'acupuncture mais sans toujours bien savoir comment elle agit.

C'est effectivement un domaine où tout est loin d'être encore expliqué. L'acupuncture se trouve alors souvent assimilée à une médecine magique ou alchimique aux symptômes ésotériques qui reste réservée à quelques initiés.

L'acupuncture doit être démystifiée. En effet, celle-ci repose sur un raisonnement qui est accessible à chacun. Actuellement, les grands principes d'anatomie et de physiologie sont connus. Chacun sait à quoi correspond la respiration, la digestion, etc. Il faut espérer qu'il en sera bientôt de même pour les notions d'énergie. En effet, il y a quelques siècles, nous ne soupçonnions même pas l'existence d'une circulation sanguine. De même, actuellement, la circulation d'énergie au sein de lignes de force dans l'organisme n'est pas encore admise par tous.

Cependant, chaque jour, la recherche expérimentale, tant en sciences fondamentales que cliniques, corrobore les données de cette médecine millénaire.

Nous ne reprendrons pas les recherches qui ont été ou qui sont faites actuellement dans ce domaine, notre propos n'étant pas de démontrer la réalité et l'action de cette thérapeutique, mais d'en expliquer les fondements théoriques, et ainsi d'introduire le lecteur au raisonnement acupunctural.

Il nous semble que cette diffusion des notions fondamentales de l'acupuncture est nécessaire pour permettre un dialogue plus élaboré entre, d'une part le patient et l'acupuncteur, et d'autre part les médecins non acupuncteurs et les médecins acupuncteurs.

Pour ce faire nous avons découpé notre ouvrage en trois grandes parties.

La première traite de notions générales allant des plus vastes aux plus précises : l'Énergie, l'Univers et enfin la Terre. Nous les envisagerons dans leurs aspects statique et dynamique.

La deuxième grande partie concerne la prévention. En effet, la vision acupuncturale est globale et envisage les différentes techniques qui pourraient contribuer au maintien d'un état de santé plus grand.

Cependant, lorsque le déséquilibre s'installe, l'acupuncture utilise un moyen original de thérapeutique qui consiste à stimuler de points situés à la surface du revêtement cutané. Nous envisagerons cette technique dans la troisième partie, en l'illustrant par des exemples cliniques pour permettre ainsi au non-acupuncteur de s'initier au raisonnement acupunctural.

HISTORIQUE

L'histoire de l'acupuncture est indéniablement liée à celle de la médecine chinoise.

Si l'on trouve des inscriptions médicales sur des ossements et des écailles de tortues antérieures au XIIe siècle avant J.C., c'est au Xe avant J.-C. que remontent celles représentant des scènes médicales sur des vases de bronze. C'est à cette période semble-t-il, que fut conçu le livre *Huang Di Nei Jing Su Wen.* Ne traitant spécifiquement que de médecine, il se présente sous la forme d'un dialogue entre *Huang Di,* l'empereur jaune, considéré comme le premier empereur de Chine, et son conseiller *Qi Bo.*

La tradition, quant à elle, estime que le *Huang Di Nei Jing Su Wen* remonte au troisième millénaire avant J.-C. et que c'est l'un des plus anciens livres de l'humanité, outre le Yi Ying, livre des mutations qui traite du *Yin* et du *Yang* et qui permet la pratique divinatoire.

Cependant, l'écriture avec pinceaux et encre sous forme d'idéogrammes ne se développera que vers le IIe siècle avant J.-C.. C'est à l'époque que cet ouvrage, fréquemment appelé la bible des acupuncteurs, sera transcrit.

Au cours du millénaire qui précède sa transcription, le *Huang Di Nei Jing Su Wen,* retransmis oralement, s'enrichit progressivement des trois grandes doctrines philosophiques sur lesquelles la pensée chinoise repose :

- le taoïsme de Lao Tseu (Laozi en Pin Yin), apparu au Ve siècle avant J.-C., est fondé sur la conception du Yin et du Yang, de l'équilibre de l'univers, de sa dynamique, sur la loi des cinq éléments. C'est une pensée d'observation et de compréhension du monde.

- Datant de la même période, le confucianisme de Confucius (Kong Fu Zi en Pin Yin) insiste sur l'ordre établi dans la nature et la nécessité de la place de chaque élément pour ne pas perturber l'ordre universel.

- le bouddhisme, originaire de l'Inde, influencera de manière considérable la médecine chinoise, en y introduisant les techniques de yoga et ses notions d'hygiène corporelle : exercice, alimentation, respiration, massages, etc. Sa conception du monde met l'accent sur un travail individuel pour retrouver une harmonie avec l'univers et se délivrer du cycle des vies successives.

Au IIe siècle avant J.-C., après la période des royaumes combattants pendant laquelle prennent essor les doctrines du taoïsme et du confucianisme, se produit sous l'égide de la dynastie des Sin la réunification de l'empire chinois concomitante à l'élaboration de la grande muraille de Chine.

Réputés pour leur férocité, les premiers empereurs Sin firent brûler tous les livres, détruisant ainsi une grande partie de la tradition écrite. Ceux-ci sont réécrits sous la dynastie suivante qui verra apparaître l'influence du bouddhisme. Mais au cours de ses nombreuses rééditions, le *Huang Di Nei Jing Su Wen* sera accompagné de commentaires et de retranscriptions erronées.

Un deuxième livre, le traité des conditions difficiles, répondra au Huang di Nei Jing su Wen en approfondissant certains passages. Dès lors, l'acupuncture ne cessera de s'enrichir. De nombreux ouvrages verront le jour.

Le Vème siècle voit l'introduction de la pulsologie (étude du pouls) et le VIIe la notion du Triple Réchauffeur par Wang Ping. Les points d'acupuncture sont systématiquement répertoriés et l'on crée vers le Xe siècle la statuette de cuivre - T'ong yen - qui permet leur enseignement et leur contrôle. Malgré la création, à la même période, de la faculté de médecine de Pékin, les recherches sur l'acupuncture se figent. Il nous faudra attendre le XVIIe siècle pour voir éditer le Zhen Ji Zhou qui retiendra notre attention.

C'est à cette époque que le révérend père Harvieu, jésuite mandaté par Louis XIV à la cour impériale de Chine, introduit en France le terme acupuncture (du latin acus, pointu, et punctura, piqûre). Cette dénomination n'est que partielle puisque le terme scientifique chinois était *Zhen Jiu* qui signifiait technique des aiguilles et des moxas. Les moxas sont des cigares d'armoise permettant de chauffer les points.

Au XVIIIème siècle, les médecins français connaissaient déjà l'existence de l'acupuncture, tel Dujardin, membre de l'Académie de chirurgie, qui, le premier, en écrit un traité. Cependant, il faut attendre le XIXe siècle pour voir de nombreux savants la pratiquer et publier à son sujet plusieurs livres. Nous citerons Laennec, Trousseau, Bretonneau, Dabry, Cloquet, Morand, Dantu, Velpeau et Berlioz, père du compositeur. Malheureusement, cette pratique se résumait à enfoncer des aiguilles sans connaître le fondement de l'acupuncture ni même les points. Inconsidérément utilisée, elle provoquait souvent de graves accidents - des aiguilles étaient enfoncées dans les organes - contribuant ainsi avec l'essor de la médecine anatomo-clinique au désintérêt des médecins pour l'acupuncture durant la première partie de notre siècle.

C'est en 1930 que Soulié de Morant, consul de France à Shangaï, fut enthousiasmé par l'acupuncture devant les guérisons dont il était témoin. A son retour en France, il publia son Précis de la vraie acupuncture chinoise. Dans son sillage, de nombreux médecins, tel le Dr De La Fuye, développèrent la médecine acupuncturale qui, progressivement, s'étendra aux autres pays européens.

A la même période, l'acupuncture suscite un regain d'intérêt en Chine. Mao Zedong, après la Longue Marche, contribua au nouvel essor de la médecine traditionnelle. Un hôpital entièrement consacré à cette médecine est créé en 1952. De nombreux travaux y sont menés et donnent naissance à la «nouvelle acupuncture» dont l'application analgésique est fort répandue. Cette technique, spectaculaire s'il en fût, accompagnée du regain d'intérêt de nos pays pour l'Orient, permet la percée de cette médecine millénaire parmi le grand public et le corps médical.

De nombreuses écoles sont créées, de nombreux travaux sont entrepris tant en recherche fondamentale qu'en expérimentation clinique.

La découverte des propriétés électriques et électromagnétiques des points, leur étude histologique, et plus récemment, la matérialisation des méridiens et les travaux effectués apportent un fondement solide à la théorie acupuncturale.

Cependant, au regard de la physiologie énergétique, un long travail reste à faire. Sans aucun doute, des progrès notoires verront le jour grâce au dialogue possible entre médecins et médecins acupuncteurs, et à une plus grande diffusion des connaissances et des expérimentations à travers des revues. En ce sens, nous remercions le Dr Darras qui, par sa retranscription occidentale de l'acupuncture, a favorisé ce dialogue.

Il existe actuellement encore trop peu de publications à ce sujet dans les journaux médicaux. Elles ne se font qu'au sein de revues spécifiques aux acupuncteurs.

C'est pourquoi nous espérons que, prochainement, une introduction à la compréhension de l'acupuncture sera systématiquement faite dans les facultés de médecine. Cela permettra ainsi un meilleur échange entre le spécialiste acupuncteur et ses confrères.

Ce livre, dans la lignée des conceptions du Dr Darras, veut modestement faire le point sur les connaissances et les concepts actuels en acupuncture ainsi qu'être une introduction au raisonnement énergétique.

CHAPITRE I

CONCEPTION DE L'HOMME ET DE L'UNIVERS À TRAVERS LA PENSÉE ACUPUNCTURALE

En Occident, l'acupuncture est encore trop souvent réduite à une thérapeutique sommaire utilisant des aiguilles implantées en différentes régions du corps. Loin d'être un simple répertoire de points à puncturer en fonction des maladies, elle repose sur une conception de l'homme et de l'univers. C'est ainsi qu'elle décrit une physiologie et une physiopathologie fondée sur une vision énergétique du monde.

L'ÉNERGIE EN ACUPUNCTURE

Qu'est-ce que l'énergie en acupuncture ?

Chaque discipline possède son vocabulaire spécifique et il en est de même pour l'acupuncture. Il convient donc de définir les termes que nous allons utiliser, et en particulier celui d'énergie qui sera le fil conducteur de notre propos.

La majeure partie des mots utilisés en acupuncture vient du chinois, qui s'écrit sous forme d'idéogrammes. De nombreuses translittérations en ont été faites pour l'adapter à l'alphabet latin. Celle que nous avons retenue pour ce livre est l'écriture officielle, connue sous le vocable Pin Yin. Dans cette écriture, le terme d'énergie est celui de Qi (anciennement appelé Tchi). Cependant, il nécessite pour être compris quelques explications complémentaires.

Dans notre langue, le terme d'énergie ne recouvre que l'ensemble des manifestations les plus dynamiques; il est associé de près à la notion de force et de vitalité. Or la notion sous-entendue par le Qi est beaucoup plus vaste : elle englobe non seulement l'énergie qui est fluide, mais aussi l'énergie qui est dense et que nous appelons matière. Elle se retrouve dans toutes les manifestations à chaque instant, et dans toute chose, aussi bien sous sa forme la plus fluide et dynamisée que sous sa forme la plus dense.

Ainsi cette notion est-elle très vaste et englobe-t-elle toutes les énergies, chimique, thermique, électrique, mécanique, magnétique, etc., ainsi que les sources potentielles de ces énergies.

Ceci ne nous est d'ailleurs pas inconnu depuis le début du siècle grâce à la découverte d'Einstein, symbolisée par la formule $E = mc^2$, où l'énergie telle que nous avons l'habitude de la comprendre est en corrélation avec la matière par l'intermédiaire de la masse.

$$E = mc^2$$

E = énergie
m = masse
c = vitesse de la lumière

Formule de la relativité d'Einstein

C'est ce facteur commun, qui n'est donc ni énergie ni matière, mais les deux à la fois, que nous nommerons dorénavant énergie.

D'une façon générale, l'énergie n'est pas perçue directement. Elle ne l'est que par ses manifestations qui sont alors soit la matière ou une forme quelconque des autres énergies énumérées précédemment. Aussi pour l'appréhender disposons-nous de transformateurs de ces manifestations en d'autres manifestations plus accessibles. Ce peut être nos sens qui, par exemple dans le cas de la vision, transforment l'énergie photonique en énergie chimique, puis en énergie électrique. Cette énergie électrique transite le long du nerf optique pour arriver dans une région du cortex cérébral qui la décrypte. L'œil dans cet exemple sert de capteur et de transformateur.

Dans certains cas, nos sens sont insuffisants pour percevoir l'énergie, et un instrument est alors nécessaire pour les prolonger. Pour reprendre l'exemple précédent qui concerne la vision, nous sommes capables de percevoir la lumière, d'une intensité même très faible (la rétine réagissant à une source lumineuse telle qu'une bougie placée à 5 km) ; en revanche, il ne nous est pas possible de percevoir un rayonnement tel que celui des infrarouges ou des ultraviolets, notre équipement de décodage n'étant pas suffisant. Ce que nous pensions ne pas exister avant de pouvoir le mesurer est admis dès lors que nous disposons d'un appareillage suffisamment sensible pour le détecter.

Parfois cette énergie peut être appréhendée par ce que nous appelons l'intuition, ou perception extrasensorielle, car étant en dehors des sens répertoriés. cela concerne les communications extrasensorielles : clairvoyance, visions rétrospectives ou prémonitoires, guérisons à distance...

Actuellement nul ne sait par quels organes ni par quels procédés ces communications ont lieu. Néanmoins, de nombreuses équipes de recherche travaillent dans ce sens, surtout aux U.S.A. et en U.R.S.S., souvent dans des départements spécialisés d'universités, tels la Standford Research Institute, le Maimonides Medical Center de New York, le Groupe Popov en U.R.S.S.... Cette intuition peut être éduquée, développée. Il faut donc être prudent et ne pas rejeter ces notions de perceptions extrasensorielles, car l'énergie est encore mal appréhendée.

L'énergie est donc omniprésente. Mais en acupuncture nous décrivons une forme particulière de cette énergie qui circule à l'intérieur de notre corps. Actuellement, nous ne pouvons dire avec précision qu'elle est sa nature. Cependant nous savons qu'elle utilise un réseau préférentiel pour s'écouler à l'intérieur de chacun de nous. Ce réseau présente des particularités qui nous ont permis d'«objectiver» l'énergie par l'intermédiaire de ses manifestations. Celles-ci sont d'ordre électrique et électromagnétique.

On a effectivement remarqué que le courant circulait plus facilement dans ce réseau. C'est sur cette propriété de basse résistance électrique que fonctionnent les appareils de détection de points d'acupuncture. En effet, l'électricité se déplace plus ou moins facilement dans le corps, la résistance est variable selon les tissus considérés. La peau offre aux points d'acupuncture une résistance faible, où le courant passe plus facilement. Dans le cas d'un détecteur de points, lorsque le courant passe, le contact est établi entre les deux pôles de la pile et fait alors fonctionner un signal nous indiquant la présence d'un point.

Cependant ces détecteurs sont tributaires de plusieurs facteurs qui perturbent la résistance électrique de la peau, comme le degré d'humidité de celle-ci (transpiration), la pression exercée avec l'électrode chercheuse ainsi que le bon état du revêtement cutané (brûlure, éruption, plaie). Toutes ces interférences relativisent la détection. La mise au point récente de détecteurs fondés sur les propriétés électromagnétiques des points augmenteront la fiabilité de ces appareils.

Il existe d'autres possibilités de mise en évidence de ces circuits, appelés méridiens, qui ne correspondent ni aux trajets nerveux ni aux réseaux circulatoires sanguins et lymphathiques ; mais aucune d'entre elles ne nous renseigne davantage sur la nature exacte de l'énergie. Récemment à l'hôpital Necker, le Pr Vernejoul et le Dr Darras ont photographié ces méridiens après injection de produits radio actifs aux points d'acupuncture. Cette découverte donne l'espoir d'accéder prochainement à une connaissance encore plus précise de la nature de cette énergie.

Quoi qu'il en soit, toutes les énergies, répertoriées ou non, incluant la matière qui est une forme plus condensée, sont des manifestations du Qi. La vie est la manifestation permanente du Qi. Ces énergies prennent plusieurs formes pour s'exprimer ; certaines sont fluides, d'autres sont denses. C'est cette remarque qui a fait qualifier l'énergie d'énergie Yin et d'énergie Yang.

LA BIPOLARITÉ DE L'ÉNERGIE : LE YIN ET LE YANG

Le Yin et le Yang sont des qualificatifs des manifestations de l'énergie. Ils ne peuvent se comprendre que l'un par rapport à l'autre.

Est Yin tout ce qui a tendance à se concentrer, à ramasser, à ralentir. Est Yang, en contrepartie, tout ce qui a tendance à extérioriser, à accélérer.

La notion la plus importante à comprendre est la *relativité* des deux qualificatifs, ainsi que leur complémentarité et leur opposition.

Reprenons la notion de relativité ; elle signifie qu'aucun élément de la manifestation n'est Yin absolu ou Yang absolu. Celui-ci ne peut être Yin ou Yang que par rapport à un autre élément, ce dernier pouvant également être Yin ou Yang par rapport à un troisième élément.

La deuxième notion est celle de *complémentarité.* Elle se comprend étant donné qu'il n'existe aucun élément isolé dans le cadre du manifesté ; le Yin se trouve donc tout naturellement complémentaire du Yang.

Enfin, la dernière notion est celle d'*opposition.* Il faut cependant mentionner qu'il ne s'agit pas d'une notion de bipolarité. Les deux éléments sont différents dans leur dynamisme, ce qui tend à les séparer.

Ces notions de Yin et de Yang sont remarquablement illustrées par le symbole du Dao.

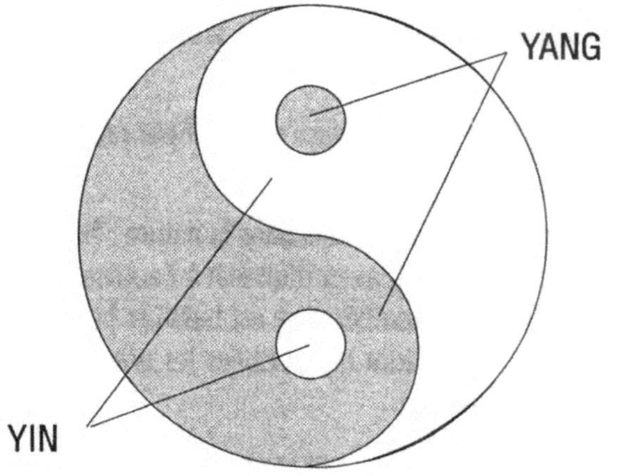

Le Yin existe dans le Yang
Le Yang existe dans le Yin
Le Yang et le Yin sont imbriqués et se succèdent

SYMBOLE DU DAO

Les deux énergies tête-bêche sont bien séparées et cependant enfermées dans le cercle du manifesté.

Le Yin et le Yang se mélangent, s'engendrent mutuellement. En chacun d'eux existe déjà le germe de son opposé qui bientôt grandira.

Nous allons maintenant illustrer cette dichotomie de l'énergie en Yin et Yang par des exemples concrets. Dans le tableau ci-après, est dressée une liste des manifestations d'énergie avec leur correspondances Yin ou Yang. Reprenons maintenant quelques-uns des exemples mentionnés pour les étudier et ainsi mieux appréhender ces notions fondamentales du Yin et du Yang.

Dans le cadre du nycthémère (24 heures), la journée peut se décomposer en phase Yang qui est le jour et en phase Yin qui est la nuit. Dans la première phase, le jour correspond au moment où les manifestations sont les plus dynamiques : ce sont la chaleur, la lumière, le mouvement, qui se manifestent, et ceci par rapport à la nuit, phase Yin où généralement l'obscurité, le froid et l'activité moindre prédominent. Ainsi, nous pouvons déjà remarquer que la plupart des animaux sont des animaux diurnes comme l'homme. Ils sont actifs le jour, en phase Yang, et au repos la nuit, en phase Yin.

En ce qui concerne l'énergie calorique, il convient de s'arrêter un instant, car elle est très riche d'enseignement pour la compréhension de la bipolarité de cette énergie.

Le chaud est opposé, complémentaire et relatif par rapport au froid. La chaleur est Yang, le froid est Yin.

Or, nous savons qu'il existe trois états dans la nature : l'état solide, l'état liquide et l'état gazeux. Il est possible de passer d'un état à l'autre en modifiant la température ou la pression. Lorsque la température est basse et la pression importante, les molécules composant le corps sont rapprochées les unes des autres et moins agitées. Ce corps est dense et solide.

A l'opposé, si la pression est faible et la chaleur élevée, les molécules sont agitées fortement d'un mouvement, dit mouvement brownien, et sont éloignées les unes des autres. Ce corps est fluide et gazeux.

L'état liquide, intermédiaire entre les deux précédents, correspond à une agitation moléculaire plus importante que l'état solide et moins importante que l'état gazeux.

Les deux paramètres - température et pression - peuvent varier indépendamment l'un de l'autre. Supposons que la pression soit constante. L'état solide correspond à une concentration d'énergie et une immobilité de celle-ci. Ce sont là des qualificatifs Yin. Le froid favorisant cet état est Yin par rapport à la chaleur.

Lorsque le corps est réchauffé, celui-ci se diffuse et se déstructure. Il passe par l'état liquide puis gazeux.

Plus le nombre de molécules par unité de volume est important, plus le corps est dense et plus il est Yin.

Les solides sont plus denses que les liquides. Les liquides sont plus denses que les gaz.

Lorsqu'il y a passage d'un état à l'autre, il y a transfert d'énergie, énergie comprise au sens habituel du terme. Pour illustrer notre propos, prenons l'exemple d'un corps comme l'eau. Chacun sait qu'il existe sous trois formes possibles : glace, eau liquide et vapeur d'eau. A une pression invariable (prenons la pression atmosphérique), nous constatons qu'en la refroidissant, nous transformons l'eau en glace, ce phénomène correspond à une condensation des molécules, ainsi qu'à un ralentissement de l'agitation de ces dernières. Il s'agit bien entendu d'une yinisation. Le même

YANG	YIN	Correspondance énergétique
Chaud	Froid	Énergie thermique
Expansion	Concentration	Dynamisme
Lumière	Ténèbres	Luminosité
Jour	Nuit	Nycthémère
Rapide	Lent	Mouvement
Accélération	Ralentissement	Mouvement
Énergie	Matière	État
Gaz	Liquide	État
Liquide	Solide	État
Homme	Femme	Sexe
Feu	Eau	Élément
Extérieur	Intérieur	
Haut	Bas	Espace
Gauche	Droite	
Arrière	Avant	
(+)	(-)	Électrique
Ph Bas	Ph élevé	Acidité
Temps	Espace	Dimensions

raisonnement est vrai pour passer de la vapeur d'eau à l'eau. Inversement, un glaçon réchauffé se transforme en eau puis en vapeur d'eau, les molécules s'agitent et s'éloignent les unes des autres, c'est une yanguisation. Ainsi, l'eau liquide est Yang par rapport à la glace, mais Yin par rapport à la vapeur d'eau.

Les notions de concentration (ralentissement pour le Yin) et d'accélération (dilatation pour le Yang) sont ici explicites ainsi que leur relativité, leur opposition et leur complémentarité.

Mais poursuivons l'explication du tableau précédent. Nous voyons figurer dans la colonne Yang l'homme qui est donc opposé et complémentaire par rapport à la femme. En quoi peut-on caractériser le sexe de Yang ou de Yin ? Nous donnerons comme explication des notions anatomiques, les extensions sociales ne seront pas envisagées, même si actuellement la culture corrobore cet état.

La femme est anatomiquement différenciée de l'homme par les organes génitaux externes, ainsi que par les caractères sexuels secondaires. En ce qui concerne les organes génitaux externes, ceux de la femme sont moins développés que ceux de l'homme, alors que c'est l'inverse pour les organes génitaux internes ; ceci dénote déjà un premier caractère Yin chez la femme puisque l'extérieur est Yang et l'intérieur Yin. Lors du coït, il y a une extériorisation des organes génitaux de l'homme (ou des mâles de manière plus générale en ce qui concerne les mammifères), alors que les organes génitaux féminins correspondent à une fonction d'accueil, d'intériorisation. Ces deux fonctions relèvent chacune des qualificatifs Yang et Yin. La fonction qui correspond à la réception du sperme est là encore un phénomène Yin. Par ailleurs, l'ovule est Yin, c'est lui qui contient les réserves et il est nécessaire qu'il soit dynamisé par un spermatozoïde qui est Yang.

A travers ces trois exemples - nycthémère, énergie calorique et sexe -, nous voyons que la notion de Yin et de Yang peut s'appliquer à de multiples éléments, à toute la création, en n'oubliant pas qu'il y a toujours relativité et complémentarité.

Il nous faut cependant, avant de clore ce paragraphe, aborder deux autres notions fondamentales, le ciel et la terre. Il existe effectivement une relativité entre le ciel et la terre. Dans la symbolique du Dao, philosophie d'où émane l'acupuncture, l'homme de par sa verticalité, est un trait d'union entre la terre et le ciel. A ses pieds, la terre est ferme et solide, au-dessus de sa tête, il perçoit le ciel fluide et impalpable. Ainsi l'homme est-il une transition entre le Yin de la terre et le Yang du ciel.

Les autres éléments, tels la droite par rapport à la gauche, le haut par rapport au bas, etc., seront envisagés au paragraphe suivant.

LA STRUCTURE DE L'UNIVERS

Après nous être initiés au vocabulaire spécifique de l'acupuncture, aux termes d'énergie, de Yin et de Yang, nous allons pouvoir maintenant aborder l'étude descriptive de notre Univers.

L'énergie à laquelle nous faisions allusion dans les deux paragraphes précédents prend sa source dans l'énergie principielle. Que signifie ce nouveau terme d'énergie principielle ? Il s'agit en acupuncture de l'énergie qui se situe en dehors de la manifestation, c'est-à-dire en dehors de l'espace et du temps. Cette énergie principielle est non manifestée et informelle. A partir d'elle émanent celles qui sont nommées énergies fondamentales. Ces énergies fondamentales appartiennent à la manifestation. Il est donc tout à fait normal qu'on puisse les classer en Yin et en Yang. L'énergie fondamentale Yin est en relation avec l'espace, l'énergie fondamentale Yang avec le temps. N'oublions pas cependant que l'énergie Yin possède une certaine quantité (ou qualité) d'énergie Yang et vice versa.

De ce fait il existe une bipolarité de l'énergie Yin fondamentale et de l'énergie Yang fondamentale. L'énergie fondamentale (Yin ou Yang) donne naissance d'une part à l'énergie telle qu'elle est citée aux deux paragraphes précédents, c'est-à-dire l'énergie matière, et d'autre part à une force qui va la moduler.

Avant d'aller plus loin dans cette cascade de dichotomies Yin Yang, résumons-nous : à l'origine existe l'énergie principielle ; celle-ci donne deux énergies fondamentales, chacune donnant à son tour une énergie et une force.

La force de polarité Yin est donc issue, avec la polarité Yin de l'énergie, de l'énergie fondamentale Yin (voir schéma). Cette force Yin retentit sur la polarité Yang de l'énergie pour compenser sa tendance à l'expansion absolue (voir schéma). De la même manière la force Yang, qui est une influence structurelle de type dynamisante, se projette sur l'énergie Yin pour la yanguiser, de manière à compenser la nature Yin de celle-ci.

Ces deux forces corroborent les lois de la thermodynamique. La force Yang est la manifestation directe de l'entropie, à savoir que tout objet laissé à son propre devenir évolue vers une manifestation de plus en plus anarchique. La deuxième conséquence de ces lois indique que tout travail fourni va lutter contre cette désorganisation. Ce travail se rattache directement à la force Yin qui va organiser, structurer l'énergie. C'est la négentropie.

Il est remarquable qu'à l'heure actuelle, toutes les démarches traditionnelles ou modernes vont dans le même sens, vers une même compréhension de notre univers et donc de nous-mêmes qui en faisons partie intégrante.

Nous pouvons résumer qu'à partir d'une même source commune apparaissent deux éléments opposés, relatifs, complémentaires (énergie Yin et Yang), qui sont tous deux influencés par deux forces, l'une d'expansion, l'autre de concentration.

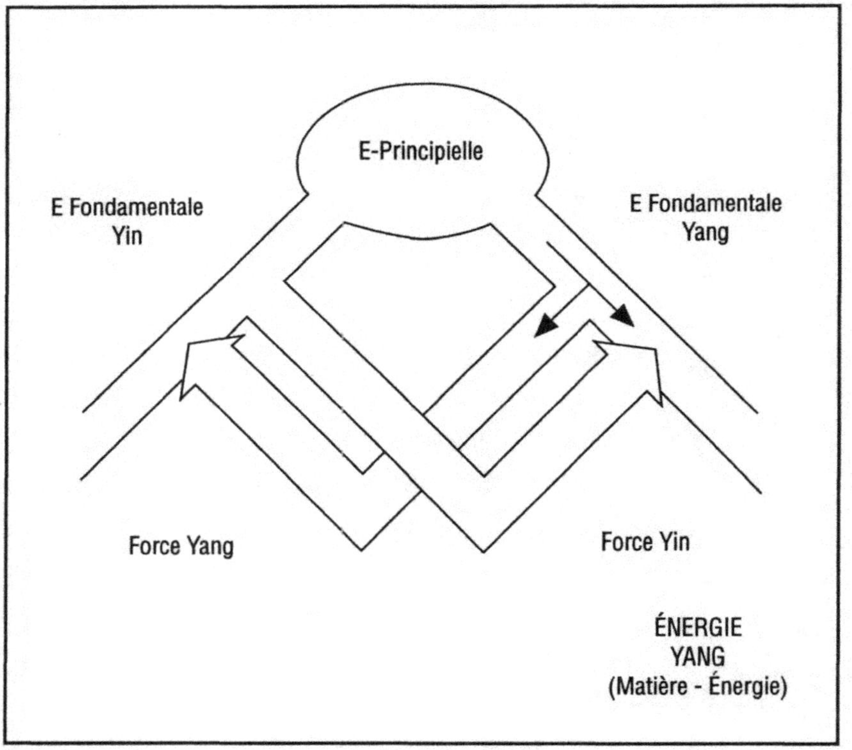

INTERACTION DU YIN ET DU YANG
ET ACTION DES FORCES SUR L'ÉNERGIE

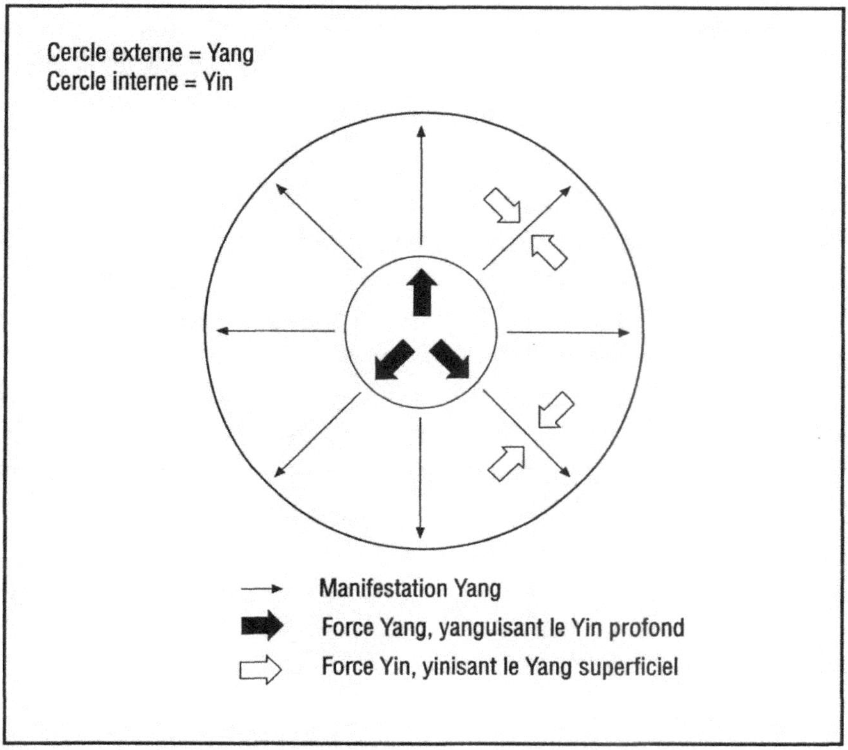

LA FORMATION DE NOTRE UNIVERS

Il peut sembler audacieux qu'une médecine propose un modèle pour comprendre notre univers. En fait, loin de fournir une nouvelle théorie, les idées acupuncturales ne sont qu'un point de vue donnant un éclairage nouveau sur les théories actuelles de la formation de l'Univers ; de plus, elles dépassent, comme nous l'avons vu, les simples notions de thérapeutique.

Il y a quinze milliards d'années se produisait à partir du point que nous nommerons 0, l'expansion de notre Univers, point 0 tant spatial que temporel ; cet Univers a été bien sûr influencé d'une part par la force Yang et d'autre part par la force Yin, que nous venons de voir et qui allaient condenser l'énergie pour en faire de la matière, tout en l'organisant jusqu'à aboutir à la formation d'un système solaire dans lequel s'inscrit notre planète la Terre.

À sa surface, la force Yin agit en symbiose avec la force Yang pour organiser, structurer l'énergie-matière qui va progressivement s'animer et donner naissance à l'homo sapiens par l'intermédiaire d'une lente évolution de cinq millions d'années. La force Yin, comme nous le savons, à tendance à concentrer. C'est elle qui ordonne et structure l'énergie en matière. Cependant, si elle était seule à agir, l'énergie se condenserait et s'immobiliserait. Or l'évolution nous montre le dynamisme de la vie qui pousse l'énergie à se mobiliser, à évoluer. Ce dynamisme est la résultante de la force Yang. Nous retrouvons ainsi l'énergie principielle d'où émane la manifestation que nous pouvons observer (énergie matière) et qui se trouve modulée par deux forces, l'une d'entropie et l'autre de négentropie, contribuant à réaliser notre Univers tel que nous le connaissons.

L'ORIGINE DE NOTRE UNIVERS

À l'heure actuelle, du point de vue scientifique, la question reste encore sans réponse. Mais il est dit dans les textes chinois que «le feu donne le sang, l'eau donne le Qi». Le feu et le Qi sont Yang, le sang et l'eau sont Yin. Ceci veut dire que le Yang donne le Yin et le Yin donne le Yang.

Sans entrer plus avant dans les notions que les acupuncteurs nomment Ciel antérieur et Ciel postérieur, nous pouvons dire que l'acupuncture, dans le cadre de sa pensée, envisage l'existence d'un phénomène de retournement, d'inversion de l'Univers. Si nous nous référons d'autre part à la notion du point 0 comme départ de l'expansion et comme point de concentration contenant potentiellement tout notre Univers, il se peut que ce point 0 ait été le point de concentration ultime d'un univers précédent. Il se serait alors produit une inversion des polarités (voir schéma), un retournement d'images comme lorsque la lumière passe au travers d'une lentille (voir schéma n°2).

De ce fait, il apparaît globalement que le Yin génère le Yang et vice versa (voir schéma n°3). Nous retrouvons une fois de plus la complémentarité des traditions et de la recherche actuelle qui, dans ses théories les plus récentes, suppose que l'Univers subit une succession d'expansions et de rétractions.

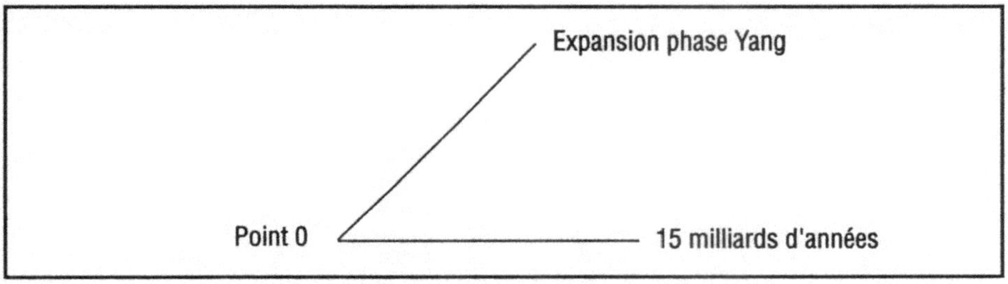

1 • UNIVERS ACTUEL : ÉVOLUTION

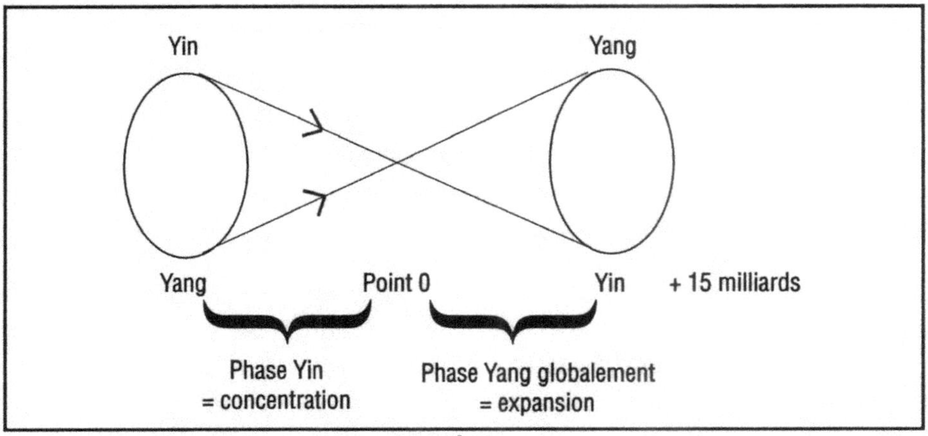

SCHÉMA 2

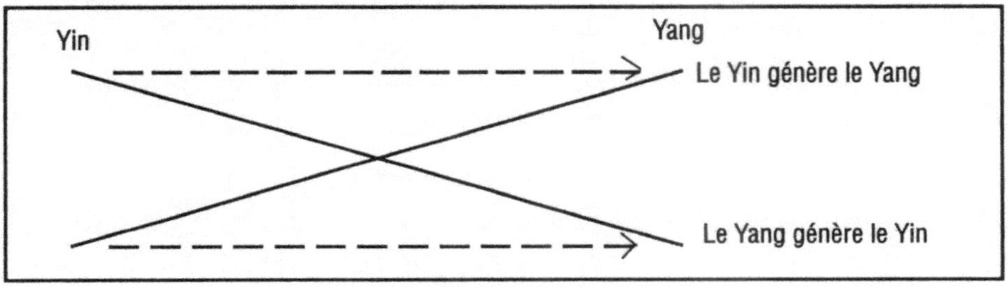

SCHÉMA 3

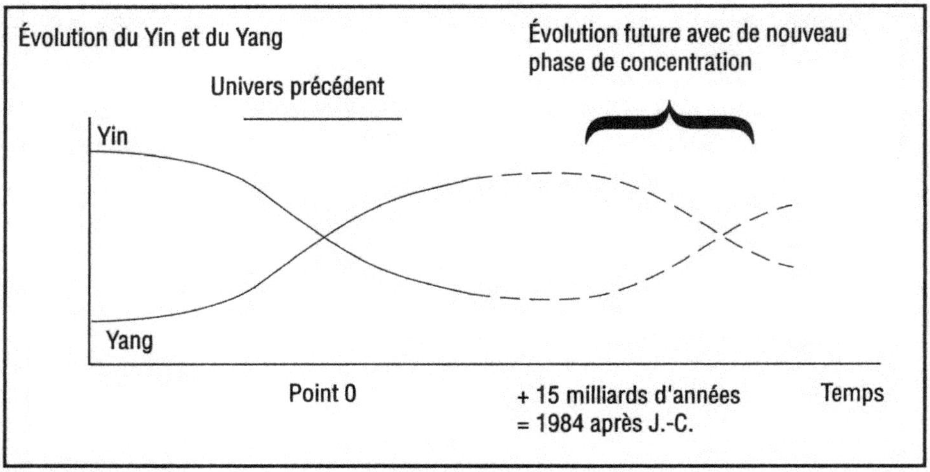

SCHÉMA 4

Des éléments dynamisants et cycliques

Les deux forces modulatrices sont issues de l'énergie principielle. La force Yang produit son impact sur le Yin mais ceci ne se fait pas de façon uniforme, car elle varie en fonction du temps et sur une base de 10 (dénaire). Elle imprime une évolution cyclique selon 10 modalités différentes qui se succèdent dans le temps. D'autre part, la force Yin elle aussi imprime un mouvement cyclique au Yang fondé cette fois sur le nombre 12 (duodénaire).

Ces deux forces qui impriment cycliquement une modalité et une intensité dans la manifestation du Yin et du Yang, sont les déterminants cycliques. Déterminants car ils sont des forces s'appliquant sur le Yin et le Yang manifestés. Cycliques car ils impriment cette force selon un cycle dénaire pour la force Yang et duodénaire pour la force Yin.

Les déterminants cycliques Yang sont appelés les déterminants cycliques et endogènes, car ils ont une relation privilégiée avec tout ce qui est Yin, de manière à l'équilibrer. Etant en profondeur, ils correspondent à une sortie d'énergie de l'intérieur vers l'extérieur, d'où le terme endogène.

Dynamisant le Yin en profondeur, cela correspond à une yanguisation du Yin, donc une extériorisation du Yin de la profondeur vers la superficie. C'est pour cela qu'on leur attribue le qualificatif d'endogène, qui rappelle leur impact en profondeur.

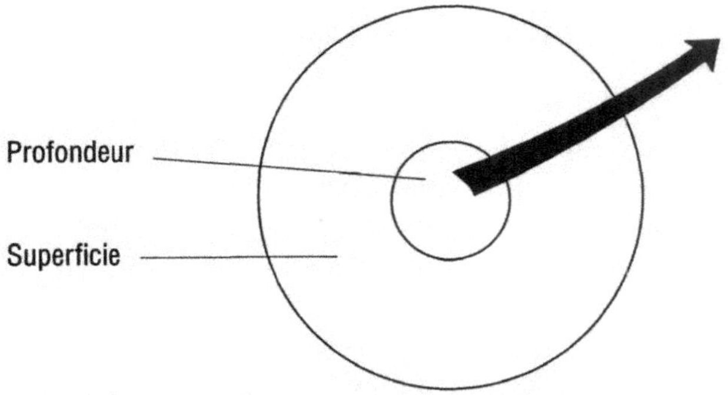

SORTIE DES DÉTERMINANTS CYCLIQUES ENDOGÈNES
de la profondeur vers la superficie

Les Yin sont les déterminants cycliques exogènes, ayant, eux, une relation privilégiée avec le Yang pour l'équilibrer, celui-ci étant à l'extérieur. La force correspond à une entrée de l'énergie de l'extérieur vers l'intérieur, d'où le terme exogène.

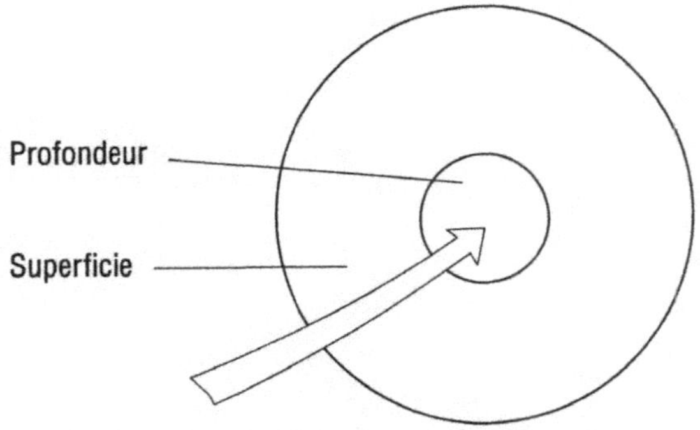

SORTIE DES DÉTERMINANTS CYCLIQUES EXOGÈNES
de la superficie vers la profondeur

Ces deux forces s'exercent sur tout élément manifesté, tant la terre que l'homme.

LA TERRE

Comme élément de la manifestation, la terre subit les influences des forces Yin et Yang, c'est-à-dire les déterminants cycliques exogènes et endogènes.

La terre est Yin, matérialisée par rapport à son environnement, l'espace, qui est plus Yang. Elle est issue de l'énergie Yin.

Etant mobilisée par les déterminants cycliques endogènes, elle va donner d'une part un ensemble d'éléments Yin qui serviront de nourriture à l'homme et d'autre part un ensemble d'éléments Yang qui seront la «nourriture» respiratoire.

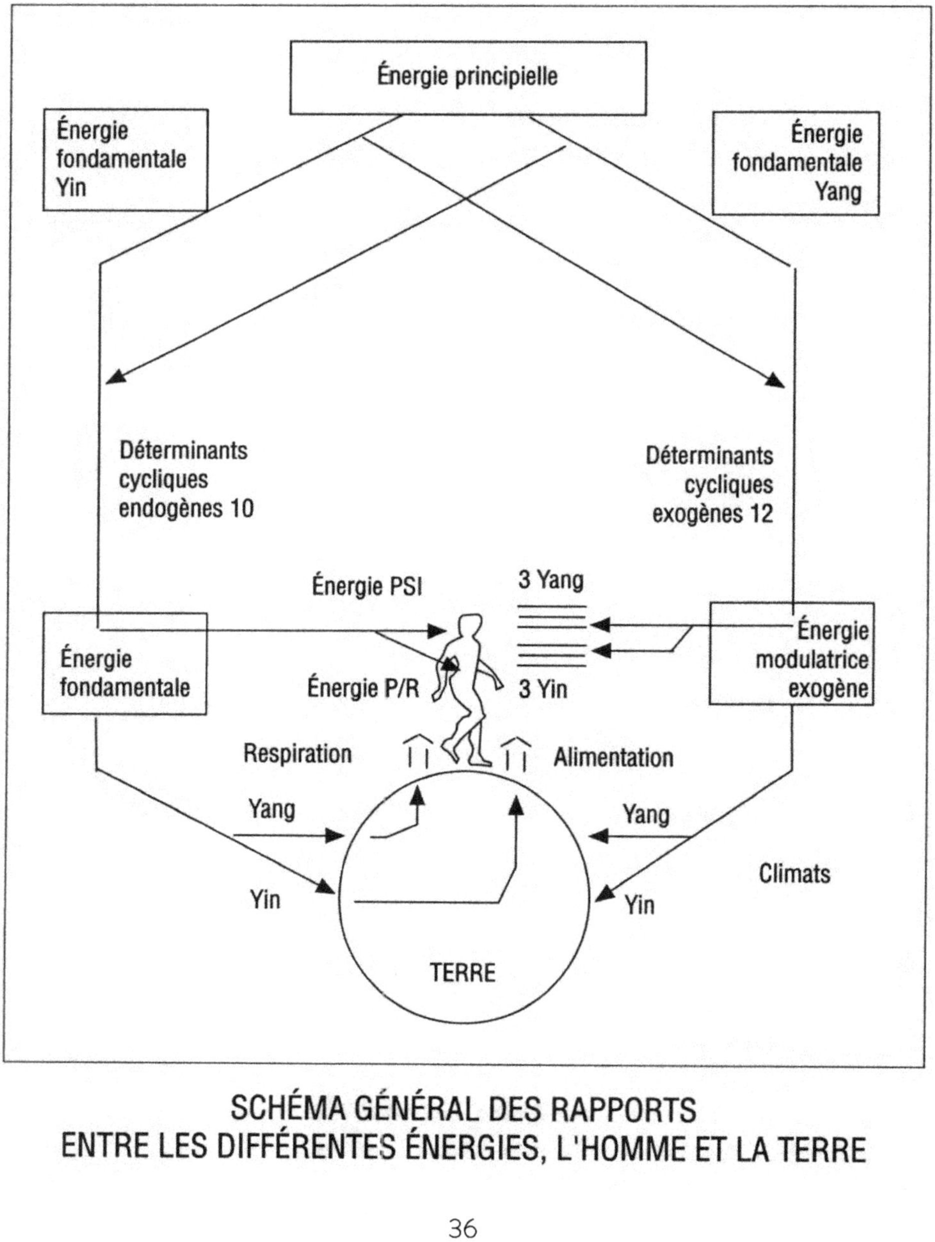

SCHÉMA GÉNÉRAL DES RAPPORTS
ENTRE LES DIFFÉRENTES ÉNERGIES, L'HOMME ET LA TERRE

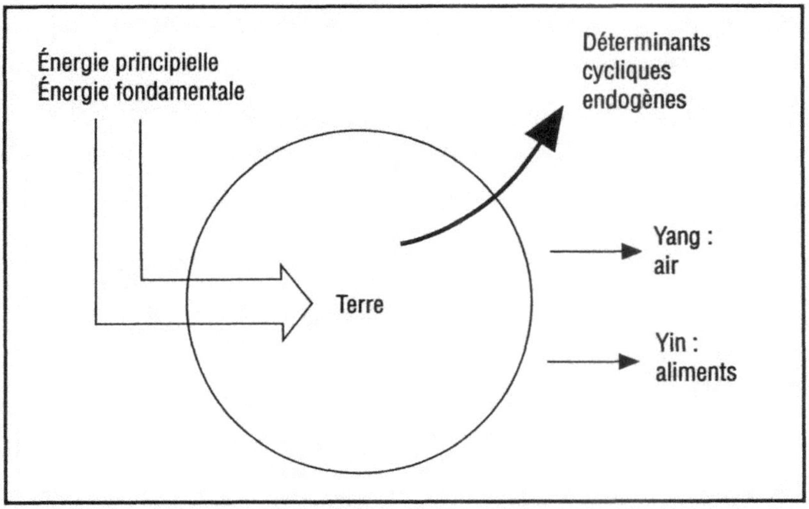

ACTION DES DÉTERMINANTS CYCLIQUES ENDOGÈNES
sur la Terre

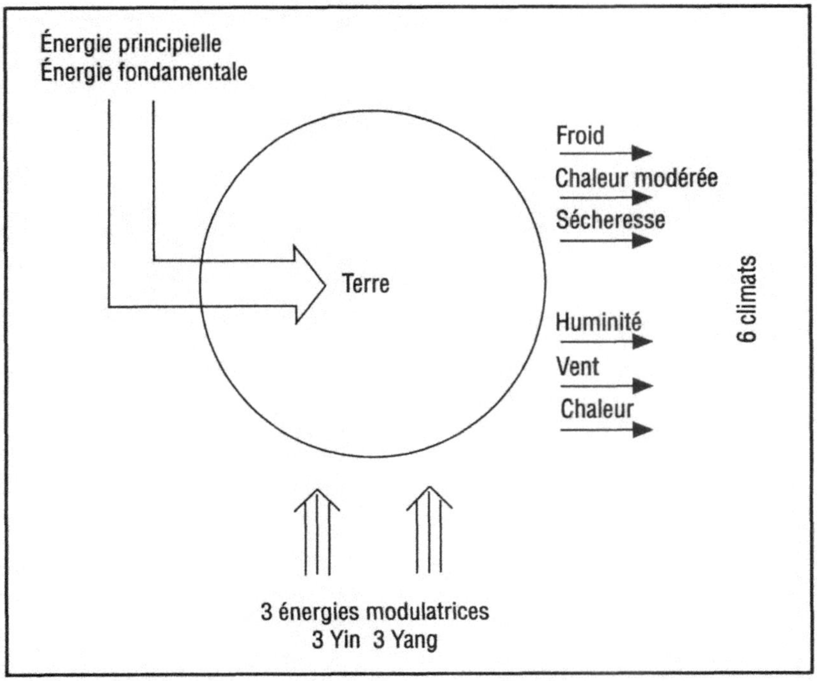

ACTION DES DÉTERMINANTS CYCLIQUES EXOGÈNES
par l'intermédiaire des énergies modulatrices sur la Terre

Les déterminants cycliques endogènes au nombre de dix sont : Jia[1], Yi[2], Bing[3], Ding[4], Wu[5], Ji[6], Geng[7], Xin[8], Ren[9], Gui[10].

Ils se combinent deux à deux selon deux classifications. La première (1 et 2, 3 et 4, 5 et 6, 7 et 8, 9 et 10) donne 5 couples qui assurent la répartition homogène de l'énergie Yin et Yang au sein des 5 éléments naturels (bois, feu, terre, métal et eau).

1 JIA 2 YIN	harmonisent le Yin et le Yang de l'élément	Bois
3 BING 4 DING	harmonisent le Yin et le Yang de l'élément	Feu
5 WU 6 JI	harmonisent le Yin et le Yang de l'élément	Terre
7 GENG 8 XIN	harmonisent le Yin et le Yang de l'élément	Métal
9 REN 10 GUI	harmonisent le Yin et le Yang de l'élément	Eau

Dans cette classification I, les DC Endogènes impairs sont Yang, les pairs sont Yin

LES DÉTERMINANTS CYCLIQUES ENDOGÈNES

La deuxième (1 et 6, 2 et 7, 3 et 8, 4 et 9, 5 et 10) donne aussi 5 couples qui assurent, eux, le mouvement énergétique respiratoire propre à chaque élément.

1 JIA 6 JI	assurent le mouvement énergétique propre	Bois
2 YI 7 GENG	assurent le mouvement énergétique propre	Feu
3 BING 8 XIN	assurent le mouvement énergétique propre	Terre
4 DING 9 REN	assurent le mouvement énergétique propre	Métal
5 WU 10 GUI	assurent le mouvement énergétique propre	Eau

Dans cette classification II, les DC Endogènes de 1 à 5 sont Yang, de 6 à 10 sont Yin

LES DÉTERMINANTS CYCLIQUES ENDOGÈNES

Les déterminants cycliques exogènes, au nombre de douze sont : Zi[I], Chon[II], Yin[III], Mao[IV], Chen[V], Si[VI], Wu[VII], Wei[VIII], Shen[IX], You[X], Xu[XI],Hai[XII], Shen[IX].

De même que les déterminants cycliques endogènes, ils se combinent deux à deux selon deux classifications.

La première associe III et IV, VI et VII, IX et X, XII et I, II et V, VIII et XI. Ces 6 couples permettent, à partir de l'énergie amorphe indifférenciée, d'extraire et de purifier les énergies.

La deuxième associe I et VII, II et VIII, III et IX, IV et X, V et XI, VI et XII. Ces 6 couples ainsi définis forment les énergies modulatrices exogènes qui vont réagir sur la terre pour créer les climats (parallèlement, ils pénètrent au sein de l'organisme et déterminent des climats internes), voir tableau.

I ZI VII WU	se conjuguent et sont à l'origine du climat	SHAO YIN Feu impérial = chaleur caniculaire
II CHON VIII WEI	se conjuguent et sont à l'origine du climat	TAI YIN Humidité
III YIN IX SHEN	se conjuguent et sont à l'origine du climat	SHAO YANG Feu iministériel = chaleur modérée
IV MAO X YOU	se conjuguent et sont à l'origine du climat	YANG MING Sécheresse
V CHEN IX XU	se conjuguent et sont à l'origine du climat	TAI YANG Froid
VI SI XII HAI	se conjuguent et sont à l'origine du climat	JUE YIN Vent

Dans cette classification II, les DC Exogènes de I à VI sont Yang, de VII à XII sont Yin

LES DÉTERMINANTS CYCLIQUES EXOGÈNES

En conclusion, les déterminants cycliques endogènes en réagissant sur la Terre, donnent les aliments et l'air et les déterminants cycliques exogènes, par l'intermédiaire des 6 énergies modulatrices, donnent les climats.

LES CINQ ÉLÉMENTS

Les 10 déterminants cycliques endogènes se regroupent deux par deux pour donner ainsi naissance à cinq dynamismes énergétiques, que l'on appelle classiquement les 5 éléments et inversement nous pouvons dire que chacun des éléments se trouve harmonisé par les déterminants cycliques endogènes et symbolise un dynamisme énergétique :

- le bois symbolise la montée de l'énergie, la poussée vers le haut, et donc le Yang jeune ;

- le feu symbolise quant à lui le Yang maximum et nous nous en expliquerons dans le paragraphe suivant ;

- la terre symbolise l'état équilibré entre le Yin et le Yang ;

- le métal symbolise la concentration de l'énergie, le Yin débutant ;

- l'eau symbolise la concentration maximale, le Yin maximal.

Chacun de ces éléments définit ce que nous appellerons un «ensemble énergétique». De même que nous pouvions classer toute manifestation en Yin ou Yang, nous pourrons les classer dans l'un des cinq ensembles énergétiques (voir tableau page suivante).

Les références spatiales et la Terre

Les différentes références spatiales ont déjà été citées dans le tableau. Nous allons donc les reprendre en expliquant pour quelles raisons, dans le cadre de la manifestation, il nous est possible de leur attribuer un caractère Yin ou Yang.

La terre sur laquelle nous reposons peut être considérée par l'homme comme un centre, même si celui-ci s'intègre dans une structure plus large. De ce fait, tout ce qui tend à s'éloigner de ce centre, tout ce qui tend à l'expansion par rapport à la terre est Yang. Le feu par exemple, qui a tendance à «monter», est Yang et nous avons vu par ailleurs, qu'il est utilisé comme symbole pour représenter le plus Yang des cinq éléments. L'eau qui dans cette même référence a tendance à s'appesantir, à «tomber», est Yin et symbolise le plus Yin des cinq éléments.

La terre est donc Yin par rapport à l'espace environnant, le ciel, qui est Yang. D'une façon plus générale, le haut est Yang et le bas est Yin ; ce qui a tendance à monter est Yang et ce qui a tendance à descendre est Yin.

Avant de nous expliquer sur les points cardinaux et leur relation avec le Yin et le Yang, il nous faut comprendre que, traditionnellement, l'homme - chasseur ou cultivateur - recherche le soleil, source de vie. Il se tourne donc face à lui. Or, le Soleil suit une trajectoire d'est en ouest, légèrement inclinée vers le sud. Notre homme se trouve dès lors tourné vers le sud avec à sa gauche l'est et à sa droite l'ouest. Indé-

	Bois	**Métal**	**Feu**	**Terre**	**Eau**
Cosmos					
Nycthémère	Aurore	Soir	Midi	Après-midi	Nuit
Évolution	Naissance	Déclin	Croissance	Transformation	Stagnation mort
Direction	Est	Ouest	Sud	Centre	Nord
Climat	Vent	Sécheresse	Chaleur	Humidité	Froid
Planète	Jupiter	Vénus	Mars	Saturne	Mercure
Saison	Printemps	Automne	Été	Fin de l'été	Hiver
Couleur	Vert	Blanc	Rouge	Jaune	Noir
Végétaux	Blé	Avoine	Riz	Maïs	Haricots
Viande	Poulet	Cheval	Mouton	Bœuf	Porc
Métal	Étain	Cuivre	Fer	Plomb	Mercure
Homme					
Organe	Foie	Poumon	Cœur	Rate	Rein
Entraille	Vésicule biliaire	Gros intestin	Intestin grêle	Estomac	Vessie
Humeur	Colère	Tristesse	Joie	Réflexion-obsession	Peur
	Agressivité	État dépressif	Manie	Troubles de l'idéation	Angoisse Anxiété
Shen	Hum	Po	Shen	Yi	Zhi
Saveur	Acide	Piquant	Amer	Sucré	Salé
Tissu anatimique	Muscles tendons	Peau	Artère	Conjonctif	Os
Sens	Yeux	Nez	Langue	Lèvres	Oreille
	Vue	Odorat	Goût	Toucher	Audition
Expression	Clameur	Sanglot	Rire	Chant	Gémissements
Odeur	Rance	Boucané	Brûlé	Parfumé	Putride
Excrétion	Larme	Crachat	Sueur	Salive	Urine
Énergie	Défense	Exogène	Psycho-Informatique	Trophique	Programmation-régulation

pendamment de l'homme, le Soleil qui est Yang donne un caractère Yang au sud ainsi qu'à l'est, et donc un caractère Yin au nord et à l'ouest. Par ailleurs, l'homme qui se tourne face au sud, comme nous l'expliquions, voit le soleil se lever à l'est, donc à sa gauche, et se coucher à l'ouest, donc à sa droite. Dans la manifestation, la gauche est Yang et la droite Yin.

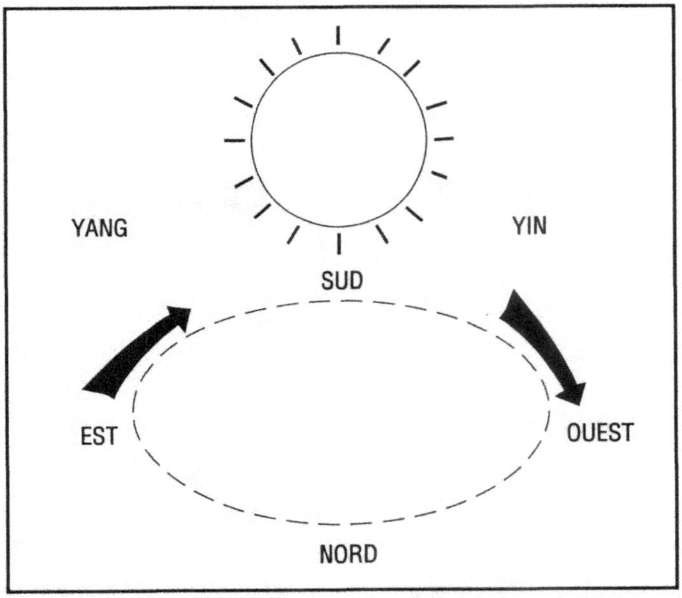

TRAJECTOIRE SOLAIRE ET POINTS CARDINAUX

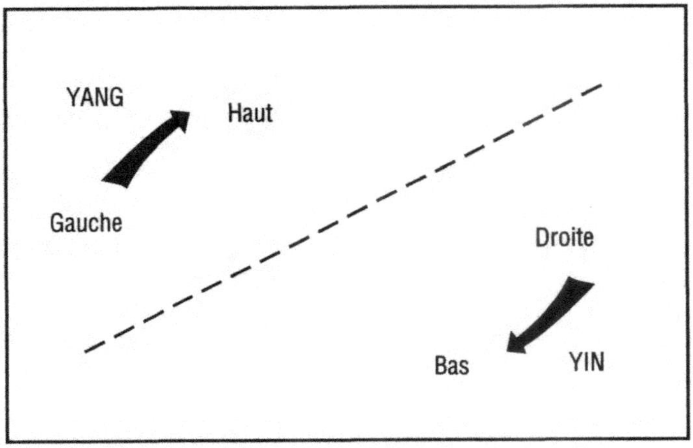

Cette classification des points cardinaux revêt une grande importance dans le cadre de l'acupuncture. Ainsi chaque point cardinal est en relation avec un élément : l'Est avec le bois, le Sud avec le feu, l'Ouest avec le métal, le Nord avec l'eau ; l'élément terre est en rapport avec le lieu de référence, c'est-à-dire le centre à partir duquel nous pouvons caractériser les quatre points cardinaux.

LA POSITION DE L'HOMME DANS L'UNIVERS

L'homme est situé à la surface de la Terre, dont il tire d'une part une énergie Yin par l'intermédiaire de l'alimentation et de la respiration, et d'autre part une énergie Yang dans laquelle tout son corps baigne.

Sa position préférentielle est la position verticale qui lui est caractéristique. Elle lui a permis d'accéder à la parole et au langage, ainsi qu'à la préhension des objets, deux étapes décisives dans son évolution. En effet, en adoptant la station verticale, bipède, l'homme libère ses membres antérieurs qui deviennent les membres supérieurs. Ainsi il peut saisir les objets et les manipuler, phase décisive pour confectionner les outils. Dans le même temps, la gueule (future bouche), dégagée de la fonction de préhension, va permettre le développement du langage parlé. Ces deux révolutions fonctionnelles sont déterminantes pour la suite de son évolution.

On peut saisir ici toute la symbolique de cette position verticale de l'homme, dressé comme un trait d'union entre le ciel et la terre, entre le matériel et le spirituel.

L'homme est le lieu de rencontre, comme tout élément de la manifestation, des forces Yang et des forces Yin des déterminants cycliques endogènes et des déterminants cycliques exogènes. Ceux-ci se rencontrent au sein de l'homme, les uns tendant à s'extérioriser, les autres à s'intérioriser.

Les déterminants cycliques endogènes distribuent et équilibrent l'énergie au sein de l'homme.

Les déterminants cycliques exogènes contribuent à moduler ces énergies.

TRAJECTOIRE SOLAIRE ET POINTS CARDINAUX

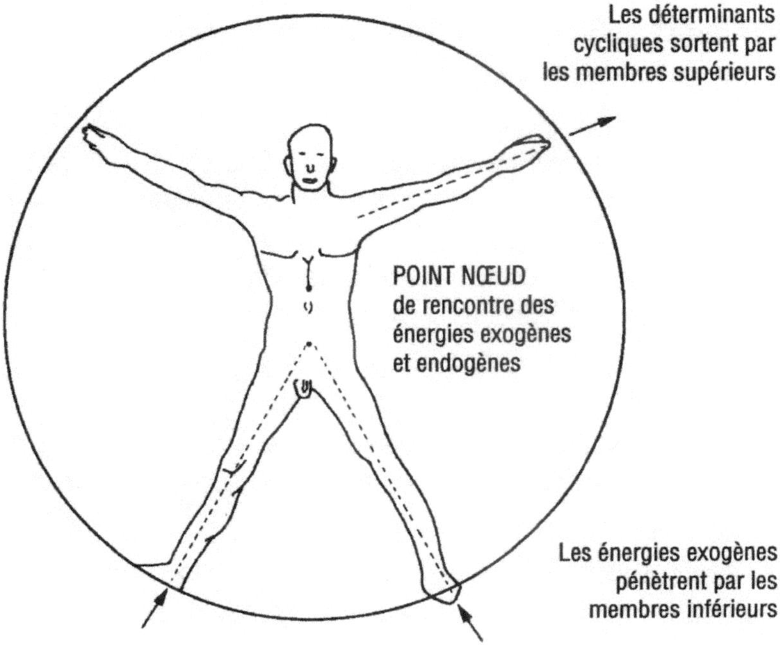

LA STRUCTURE DE L'HOMME

La structure énergétique de l'homme nous apparaît au premier abord comme composée d'un noyau central, d'un réseau périphérique et d'une structure intermédiaire puisant l'énergie dans l'environnement. Reprenons, l'un après l'autre, chacun de ces niveaux.

Le noyau central

Il est profond et donc plus Yin que les autres structures. Nous le savons bien maintenant, cette structure qui est profonde et Yin établit une relation directe avec les déterminants cycliques endogènes. De même que ces dix influences se regroupent deux par deux pour former cinq couples et agir ainsi sur la Terre en déterminant les cinq éléments. Ces dix déterminants cycliques endogènes réagissent sur le noyau central et définissent cinq loges énergétiques. Chaque loge est, bien entendu, rattachée à l'un des cinq éléments. Rappelons que les déterminants cycliques endogènes gèrent la quantité d'énergie au sein des loges, selon la classification I et gèrent le mouvement énergétique selon la classification II.

Chacune des loges est composée d'un organe et d'une entraille, termes ambigus car, au premier abord, il semble qu'il s'agisse d'un organe ou d'une entraille vraie. Il n'en est rien : bien qu'ils aient été traduits par les noms anatomiques des viscères, ces organes et ces entrailles définissent des entités énergétiques. Les cinq organes sont : foie, cœur, rate et pancréas, poumon, rein, et les cinq entrailles sont : vésicule biliaire, intestin grêle, estomac, gros intestin, vessie.

Chacune de ces entités assure une fonction énergétique gérant aussi bien l'aspect somatique que l'aspect psychique. L'organe est de polarité Yin, l'entraille de polarité Yang. De ce fait, leur fonction est sensiblement différente : l'organe a essentiellement une fonction de réserve de l'énergie, alors que l'entraille est un lieu de passage de l'énergie.

Chaque couple organe/entraille préside à l'élaboration, au stockage et à la mise en circulation de l'énergie qui lui correspond dans la classification des cinq éléments.

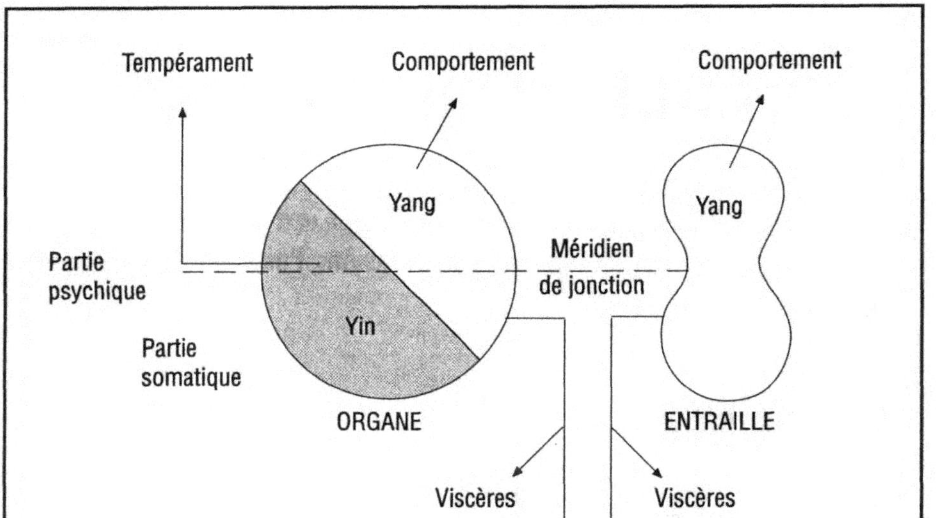

Comme nous pouvons le remarquer sur le dessin, la loge assure autant la distribution d'énergie somatique qui intéressera le viscère, que l'énergie circulant au sein des méridiens.

Les 5 loges sont ainsi composées :

- la loge en relation avec l'élément bois est composée de l'organe cœur et de l'entraille intestin grêle ;

- la loge en relation avec l'élément feu est composée de l'organe coeur et de l'entraille intestin grêle ;

- la loge en relation avec l'élément terre est composée de l'organe rate et du pancréas et de l'entraille estomac ;

- la loge en relation avec l'élément métal est composée de l'organe poumon et de l'entraille gros intestin ;

- la loge en relation avec l'élément eau est composée de l'organe rein et de l'entraille vessie.

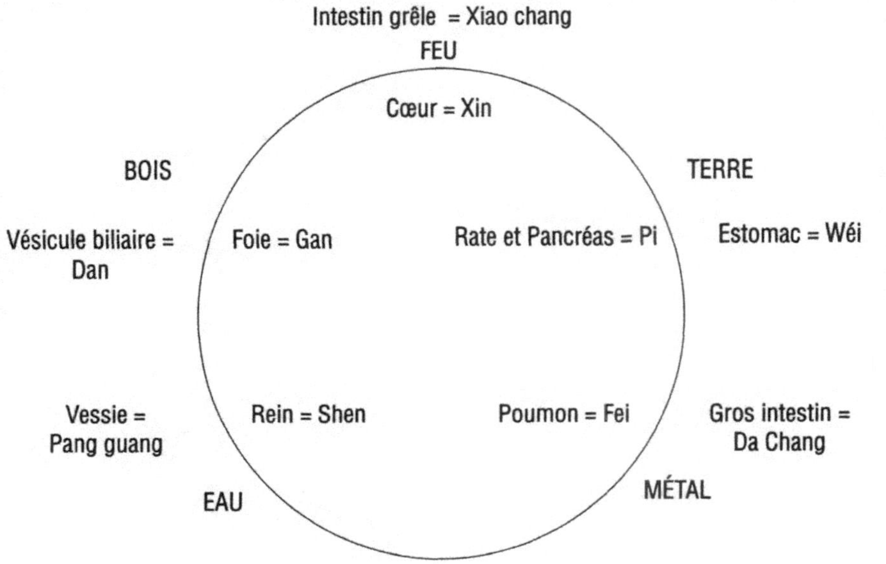

- À l'extérieur du cercle, figurent les entrailles
- À l'intérieur du cercle, figurent les organes
- Il existe 5 organes Yin et 5 entrailles Yang rattachés aux 5 éléments.

CORRESPONDANCE ÉLÉMENTS / ORGANES / ENTRAILLES
avec leur dénomination en Pin Yin

La relation entre l'organe, l'entraille et l'élément est parfois évidente. C'est le cas par exemple de l'eau, du rein et de la vessie par le biais des urines.

En revanche, dans le cas de la terre, de la rate et de l'estomac, la relation est moins évidente en apparence mais l'étude de la physiologie énergétique et de la clinique nous permet de mieux comprendre les liens existant entre tous ces éléments.

Il est à noter que les organes sont tous indispensables à la vie, ce qui n'est pas le cas de certaines entrailles. Que l'on enlève le cœur, le foie, la rate-pancréas, les reins, les poumons et le geste est fatal à brève échéance. En revanche, actuellement il existe des milliers de personnes qui vivent sans vésicule biliaire, d'autres sans estomac ou sans vessie. En ce qui concerne l'intestin grêle ou le gros intestin, la mort survient malgré tout après un sursis de plusieurs jours.

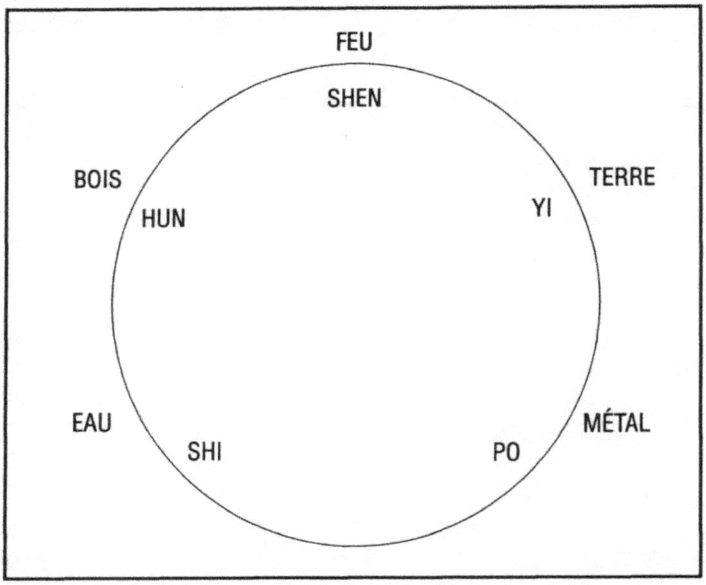

DÉNOMINATION PIN YIN DES "MOUVEMENTS"

Le réseau périphérique

Le réseau périphérique est en relation avec le monde extérieur grâce aux déterminants cycliques endogènes qui, au nombre de douze, définissent les méridiens principaux, armature même du réseau.

Les douze méridiens principaux (symétriques) vont distribuer et drainer l'énergie dans tous le corps. Chaque méridien est en relation avec un organe ou une entraille, sauf deux d'entre eux, qui sont en relation avec non plus des fonctions d'organes ou d'entrailles mais avec des superfonctions, appelées le Maître du Cœur et le Triple Réchauffeur que nous étudierons au paragraphe suivant à propos de la structure intermédiaire.

La distribution de l'énergie consiste à assurer un apport constant, dans toutes les régions du corps, des différentes sortes d'énergie que l'on peut différencier en :

- énergie d'entretien, composée d'énergie trophique et de défense,
- énergie fondamentale composée d'énergie de programmation-régulation et d'énergie psycho-informatrice.

Cette irrigation se fait par, outre les 12 méridiens principaux, les nombreux autres méridiens secondaires et méridiens de programmation-régulation. Notons qu'au sein de ces méridiens, véhiculent, en plus des énergies que l'on a élaborées dans l'organisme, des énergies exogènes qui viennent modifier et mobiliser les énergies endogènes.

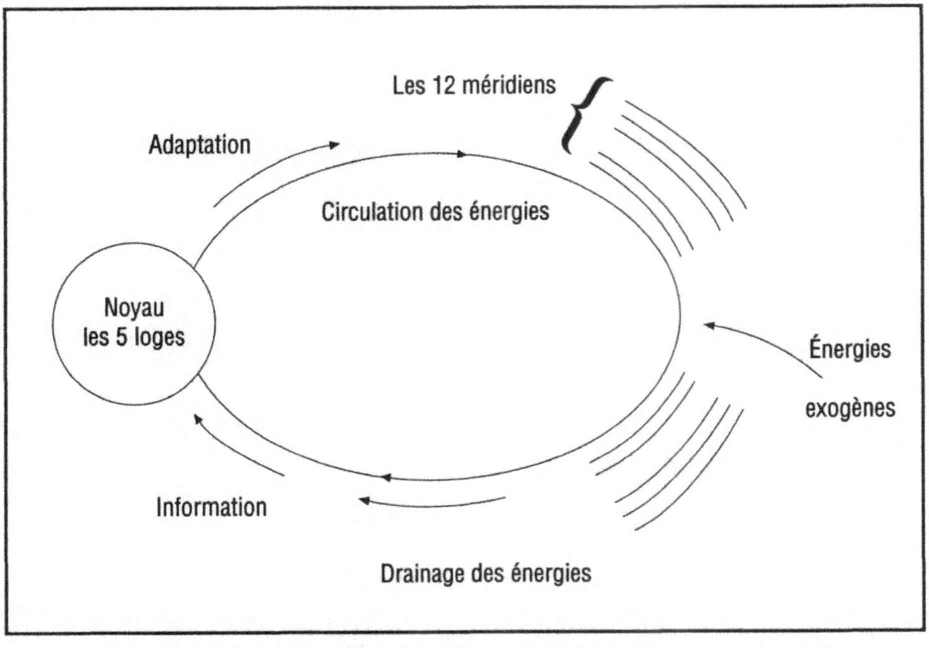

CIRCULATION DES ÉNERGIES ET ADAPTATION DU NOYAU EN FONCTION DES INFORMATIONS RECUEILLIES

Chaque méridien appartient lui aussi à l'un des cinq éléments. Les méridiens sont couplés deux à deux, l'un est Yin en rapport avec un organe, l'autre est Yang en rapport avec une entraille.

L'association d'une loge (organe + entraille) avec deux méridiens définit une unité énergétique qui comporte donc une zone profonde et une zone périphérique. Chaque unité énergétique est elle-même associée avec un tissu anatomique (peau, muscle, tissu conjonctif, os, vaisseau) pour former un ensemble énergétique. Prenons par exemple l'élément métal, chef de file de l'ensemble énergétique métal, nous y retrouvons donc comme loge : la loge poumon, gros intestin, à laquelle s'associent les méridiens Shou Tai Yin (poumon) et Shou Yang Min (gros intestin) pour former l'unité énergétique et, enfin, la peau et les muqueuses pour déterminer l'ensemble énergétique.

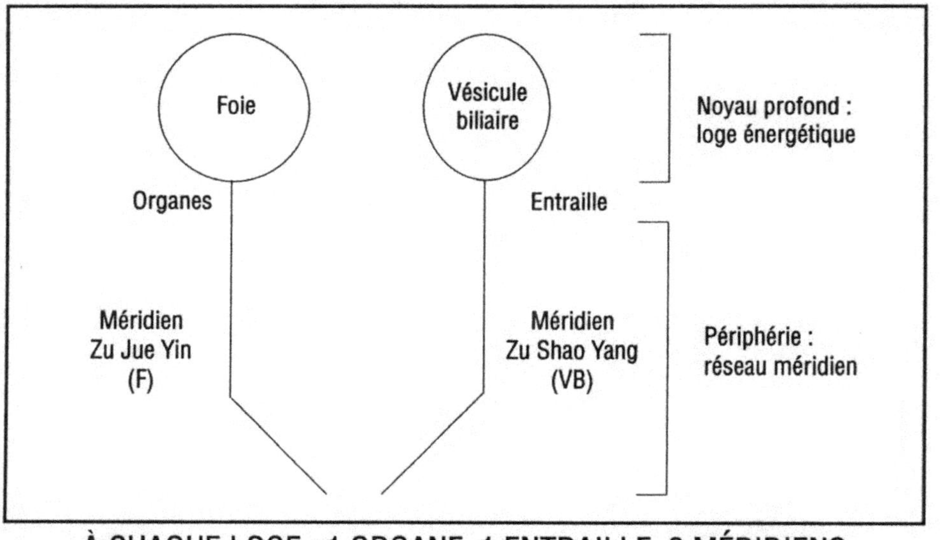

À CHAQUE LOGE : 1 ORGANE, 1 ENTRAILLE, 2 MÉRIDIENS

Une structure intermédiaire : le Triple réchauffeur et le Maître du Cœur

L'homme pour vivre a besoin d'énergie qu'il puise dans le milieu environnant. Ce sont les structures du Triple Réchauffeur et du Maître du Cœur qui assurent cette fonction. Elles s'intercalent entre le noyau profond, central, et le réseau périphérique, ou circulatoire.

Le Triple Réchauffeur est Yang et assure l'extraction, le traitement et la distribution de l'énergie. Il s'agit de la transformation des aliments en énergie utilisable pour l'organisme. Le Maître du Cœur qui est Yin assure essentiellement le stockage de cette énergie ainsi qu'une certaine distribution par l'intermédiaire du système circulatoire sanguin.

Ces deux structures sont appelées superfonctions, car elles sont composées des organes et des entrailles déjà cités. Le Triple Réchauffeur tire son nom de sa structure anatomique ; il est effectivement formé par trois niveaux : au Triple Réchauffeur supérieur siègent le cœur et les poumons ; au Triple Réchauffeur moyen siègent l'estomac et la rate-pancréas ; au Triple Réchauffeur inférieur siègent le foie et le rein.

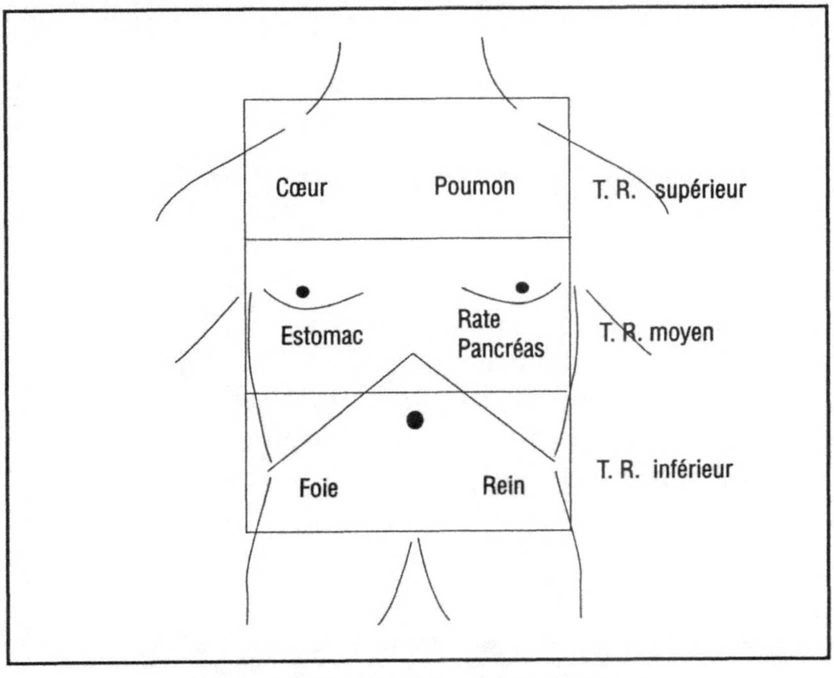

LOCALISATION DES TROIS ÉTAGES
DU TRIPLE RÉCHAUFFEUR (T.R.)

Il est possible de distinguer également trois étages pour le Maître du Cœur, qui sont alors déplacés en haut et vers l'arrière par rapport au Triple Réchauffeur. Conjointement au Triple Réchauffeur, le Maître du Cœur permet l'oxygénation cellulaire grâce au système respiratoire et circulatoire. De même que le Triple Réchauffeur assure le métabolisme (anabolisme + catabolisme), le Maître du Cœur assure les phénomènes d'oxydo-réduction et tout particulièrement le stockage de l'énergie sous forme d'ATP (Adénosine Tri Phosphate). L'énergie ainsi puisée par l'aide des deux superfonctions est distribuée à la fois au système méridien et aux loges énergétiques.

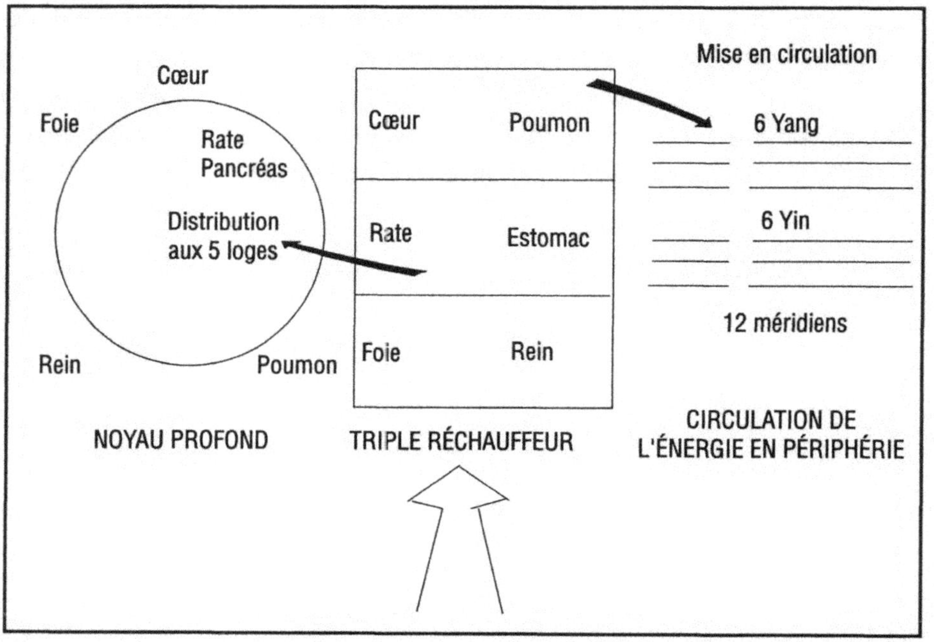

INTRODUCTION DE L'ÉNERGIE PAR L'INTERMÉDIAIRE
DU TRIPLE RÉCHAUFFEUR (T.R.) ET DU MAÎTRE DU CŒUR (M. C.)
À PARTIR DE L'ÉNERGIE DE L'ENVIRONNEMENT.

LES CINQ ÉNERGIES

Comme nous l'avions suggéré précédemment, il existe au sein de l'organisme une différenciation des énergies, chacune ayant des fonctions différentes et spécifiques.

Deux d'entre elles sont dites fondamentales car non renouvelables ; elles sont Yin, la plus Yin étant l'énergie qui préside à la programmation et à la régulation de l'organisme (P/R), appelée énergie ancestrale ou héréditaire ; la suivante est l'énergie psycho-informatrice (Ps/I) qui a un rôle de réception, de traitement des informations et d'adaptation de l'organisme (voir schéma). Deux autres sont des énergies d'entretien qui assurent d'une part la trophicité pour la première et la défense pour la seconde. Ces énergies sont toutes deux renouvelables grâce aux deux superfonctions M.C./T.R. (Maître du Cœur/Triple Réchauffeur).

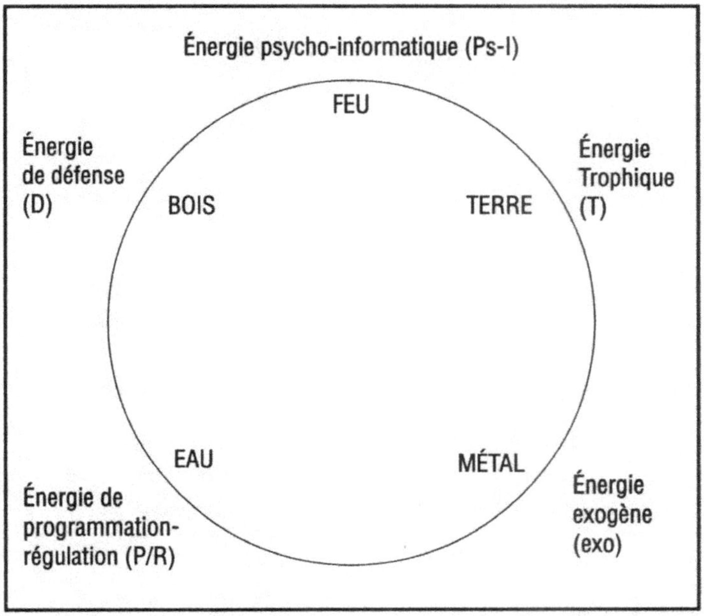

RELATION ENTRE LES ÉNERGIES ET LES 5 ÉLÉMENTS

Mu	=	Bois
Hu O	=	Feu
Iu	=	Terre
Jin	=	Métal
Shui	=	Eau

RELATION ENTRE LES ÉNERGIES ET LES 5 ÉLÉMENTS

Le cinquième type d'énergie est l'énergie exogène qui, nous l'avons vu, va venir moduler le fonctionnement de l'organisme ; elle pénètre dans le corps, soit de façon physiologique par les méridiens, régis par les déterminants cycliques exogènes qui permettent alors de catalyser les réactions endogènes, soit de manière excessive lors d'une perturbation climatique par exemple, entraînant alors une situation pathologique pour l'individu.

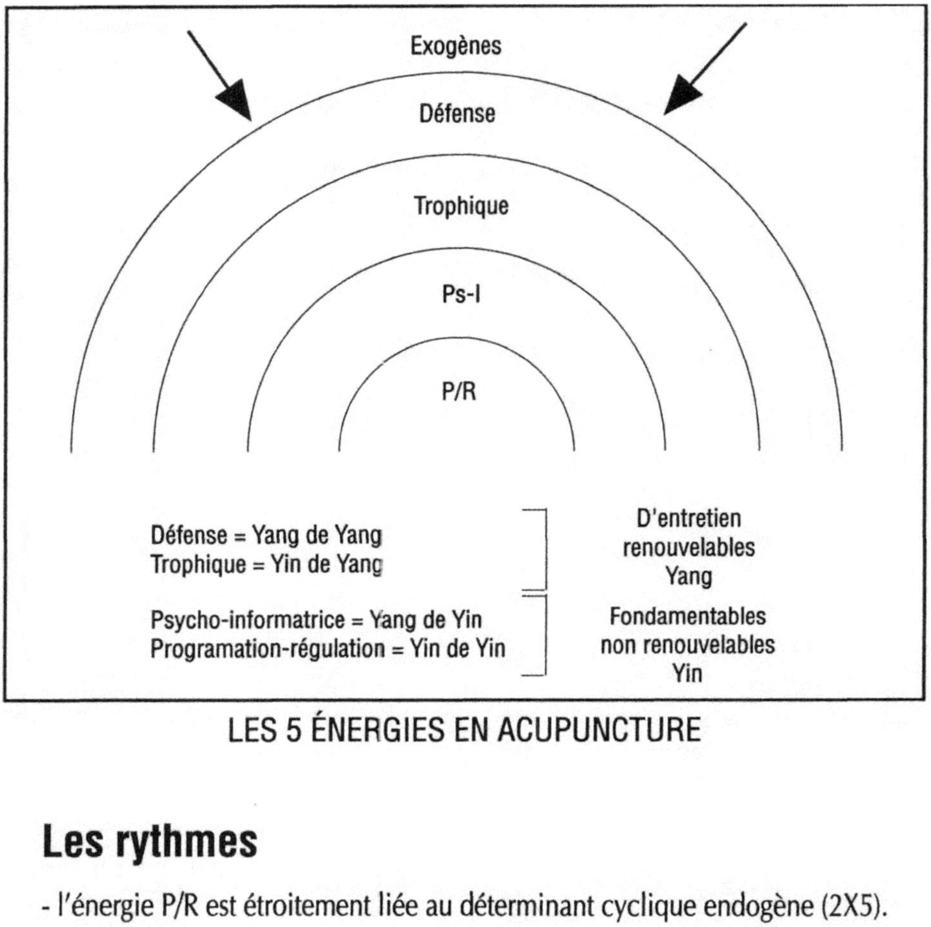

LES 5 ÉNERGIES EN ACUPUNCTURE

Les rythmes

- l'énergie P/R est étroitement liée au déterminant cyclique endogène (2X5).
- l'énergie exogène est étroitement liée au déterminant cyclique exogène (2X6).

Les énergies fondamentales

Elles ont toutes deux une zone de traitement et de stockage.

Pour l'énergie de programmation-régulation (P/R), la zone de stockage et de traitement est figurée par le petit bassin (région où sont d'ailleurs localisés les organes de reproduction). Elle colore ainsi toutes les énergies pénétrant dans l'organisme. De plus, elle dispose de six réservoirs périphériques appelés entrailles curieuses qui concourent à l'homéostasie. Le cerveau est une de ces six entrailles curieuses.

Les cinq autres entrailles curieuses sont : la moelle, les os, les vaisseaux, la bile et l'utérus. Chaque entraille curieuse correspond à une fonction bien déterminée :

- le cerveau correspond au système nerveux.

- la moelle à la fabrication des cellules sanguines (globules rouges et globules blancs) ou système hématopoïétique.

- les os qui sont constitués par de nombreux sels minéraux correspondent à l'ensemble des transformations de ces sels minéraux, qui sont sous forme ionique, et à leur répartition dans les différents compartiments de l'organisme. C'est donc le système électrolytique.

- les vaisseaux correspondent aux systèmes circulatoires (artériel, veineux, lymphatique et méridien).

- la bile correspond au système des capteurs présents dans l'organisme, facilitant l'adaptation sur le plan endocrinien.

- l'utérus correspond à l'ensemble des fonctions des hormones sexuelles tant féminines que masculines.

Ces six entrailles curieuses assurent par l'intermédiaire de ces grands systèmes physiologiques l'homéostasie et les réponses neuro-endocriniennes. Ils représentent un système d'adaptation rapide aux besoins immédiats. Ils sont enfin en étroite relation avec les méridiens de programmation-régulation.

Pour l'énergie psycho-informatrice (Ps/I), la zone de traitement est figurée par le cœur qui va donner une certaine coloration aux informations reçues (selon l'hérédité et le vécu). Son lieu de stockage est situé dans la région cérébrale.

Mise en circulation de l'E Ps-I par le méridien Zu Tai Yang (V)

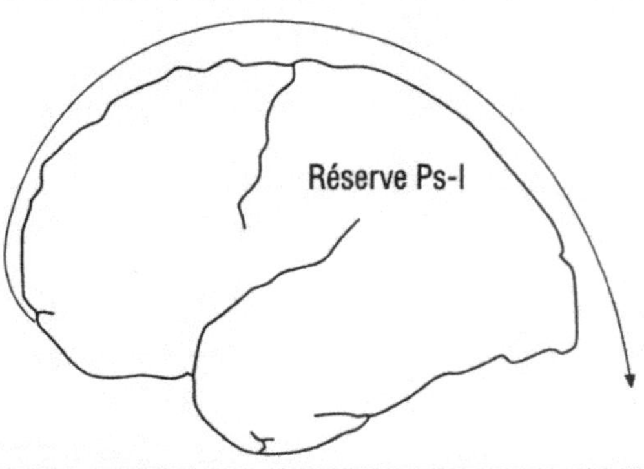

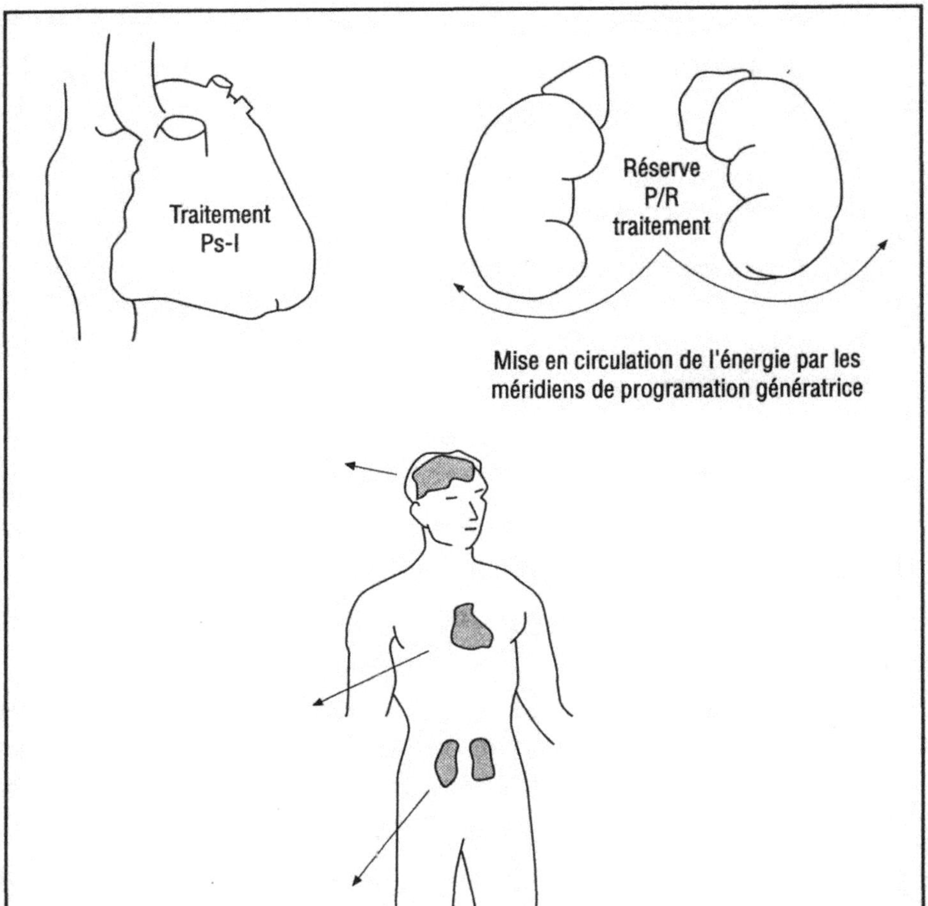

Les énergies d'entretien

Contrairement aux précédentes, elles n'ont pas de zone de réserve propre.

L'énergie trophique est en réserve dans chaque loge (polarité Yin de chaque loge) et circule dans les méridiens selon les besoins, à la demande.

L'énergie de défense n'a pas de réserve; elle est constamment renouvelée à partir du Triple Réchauffeur inférieur. Elle circule constamment et est superficielle. Elle réagit contre les agresseurs pour les empêcher de pénétrer. Elle est la plus superficielle des énergies et constamment aux prises avec les énergies et climats exogènes.

L'interdépendance des énergies

Dans chaque loge, il existe une certaine quantité de chaque énergie. Mais il faut noter que les énergies les plus Yin fixent les énergies les plus Yang et que les énergies les plus Yang protègent les énergies les plus Yin. Ainsi, l'individu a le profil déterminé par ses énergies de programmation-régulation (P/R) qui, selon la quantité reçue de chaque énergie spécifique, retient tel aspect Ps/I, trophique et de défense.

Exemple : un individu qui reçoit une quantité importante d'énergie de programmation-régulation (P/R) de type cœur, retiendra une plus grande quantité d'énergie trophique et de défense ayant le dynamisme énergétique feu. Le profil de l'individu sera alors de type feu.

RÉSUMÉ

Le QI ou énergie recouvre en acupuncture tant les énergies chimiques, caloriques, etc. que la matière, ainsi que les énergies manifestées et non-manifestées. La notion de cette énergie est vaste et englobe l'énergie qui circule dans des réseaux parcourant le corps. Ceux-ci ont été mis en évidence par l'intermédiaire de certaines de leurs propriétés.

Dans la manifestation, le Yin qualifie les énergies qui ont tendance à se concentrer, le Yang, celles qui ont tendance à se dilater.

Ainsi le froid est-il Yin par rapport au chaud, le chaud Yang par rapport au froid, de même l'homme et le jour sont Yang, la femme et la nuit sont Yin.

Ces énergies sont issues de l'énergie principielle qui donne naissance aux énergies fondamentales Yin et Yang. Les énergies Yin sont équilibrées par des forces Yang et inversement.

L'univers est la résultante de l'action de ces forces, et une perpétuelle succession de mouvements de dilatation et de concentration en est la conséquence. Les forces Yang ou déterminants cycliques endogènes sont au nombre de 10, les forces Yin ou déterminants cycliques exogènes sont au nombre de 12. Sur la terre, l'énergie Yin produit les aliments et l'air, l'énergie Yang les climats. La force Yin permet la matérialisation, la force Yang l'évolution des espèces.

Enfin, il est possible de qualifier de Yin ou de Yang les références spatiales.

L'homme, émanation de ces énergies, trait d'union entre le «ciel» et la «terre», reçoit à la surface de celle-ci, l'influence des déterminants cycliques exogènes et des déterminants cycliques endogènes.

L'homme peut être décomposé en 3 niveaux :

- le noyau profond formé de cinq loges en relation avec les 10 déterminants cycliques endogènes qui régulent leur quantité d'énergie Yang et Yin.

- le réseau périphérique constitué de 12 méridiens principaux, influencés par les douze déterminants cycliques exogènes.

- le niveau intermédiaire : Maître du Cœur et Triple Réchauffeur qui permettent l'extraction, la transformation, le stockage et la distribution de l'énergie.

Les méridiens permettent la circulation de 5 énergies différentes qui sont les énergies fondamentales (de Programmation-Régulation et Psycho-Informatrice), les énergies d'entretien (Trophique et de Défense) ainsi que les énergies exogènes.

CHAPITRE II

LES GRANDES LOIS RÉGISSANT LA PHYSIOLOGIE DE L'HOMME

Nous avons étudié dans le premier chapitre les différentes structures de la création, mais ceci de manière statique ; nous avons analysé les éléments qui composent notre environnement, sans les voir réellement d'un point de vue dynamique. Or, en acupuncture, nous traitons avant tout de biologie (au sens étymologique, étude du vivant), et une caractéristique de ce vivant est son dynamisme, sa mobilité.

Dans la conception acupuncturale se dégagent certaines lois régissant le Yin et le Yang qu'il nous est maintenant indispensable d'étudier.

LA LOI DES CINQ ÉLÉMENTS

Nous allons étudier cette loi, car elle régit tant les phénomènes externes à l'homme que ses constituants les plus intimes.

A partir de l'énergie principielle se sont manifestés le Yin et le Yang qui forment la dualité. Mais rien n'est pur et il existe du Yin qui croît (vision dynamique et non plus statique) et du Yang qui croît.

Nous pouvons dire d'une certaine manière que l'énergie suit un cycle en passant par 4 stades :
- le premier concernant le Yin maximum;
- le deuxième concernant le Yin qui décroît et le Yang qui croît ;
- le troisième concernant le Yang maximum ;
- le quatrième concernant le Yang qui decroît et le Yin qui croît.

Pour représenter ces quatre manifestations situées dans le temps et l'espace, nous utilisons un système de référence qui fait appel à des éléments. Chaque élément possède la propriété d'être en concordance avec le dynamisme énergétique en question : le Yin maximum est alors représenté par l'eau ; le Yin qui décroît et le Yang qui croît sont représentés par le bois ; le Yang maximum est représenté par le feu ; le Yang qui décroît et le Yin qui croît sont représentés par le métal. C'est ce que nous avions vu au chapitre précédent. Cependant, il manque le cinquième élément, l'élément terre, qui symbolise l'équilibre, le pivot central et qui est en quelque sorte la quintessence (cinquième essence).

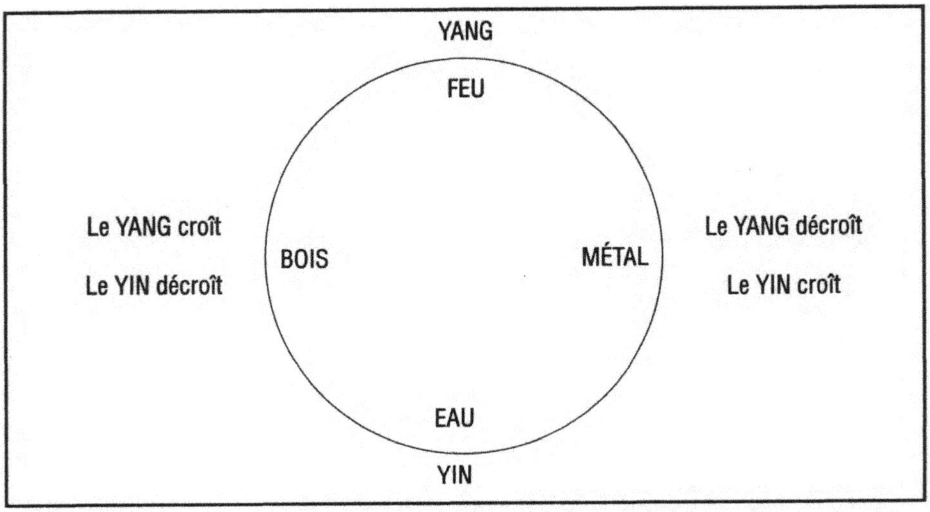

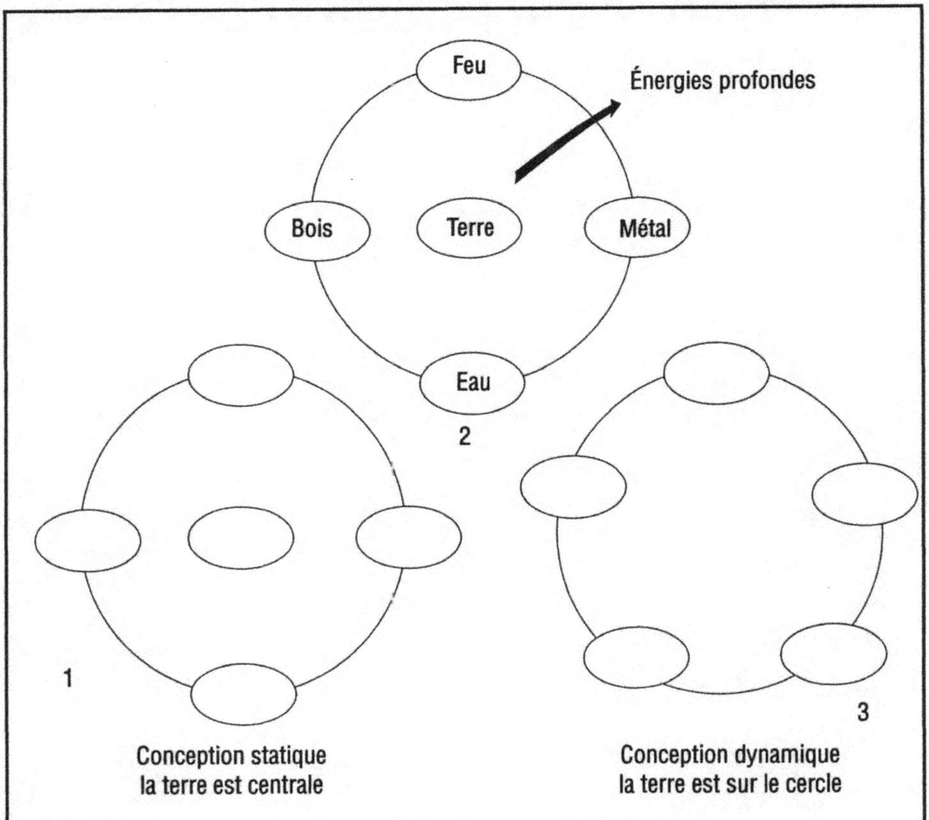

POSITION DE L'ÉLÉMENT TERRE

Dans cette conception dynamique, la terre n'est pas isolée de l'ensemble des quatre autres éléments. Bien qu'elle soit au centre, immobile, harmonisant et nourrissant les autres éléments, elle fait partie intégrante de la succession des différentes qualités de dynamisme énergétique et se place donc entre le Yang et le Yang qui décroît.

Les éléments sont des symboles et représentent dans cette fonction symbolique un ensemble énergétique. Tous les composants de cet ensemble ont en commun la qualité et le dynamisme énergétique de l'élément de référence.

L'ensemble Bois : montée de l'énergie
L'ensemble Feu : superficialisation de l'énergie
L'ensemble Terre : répartition de l'énergie
L'ensemble Métal : intériorisation de l'énergie
L'ensemble Eau : concentration de l'énergie

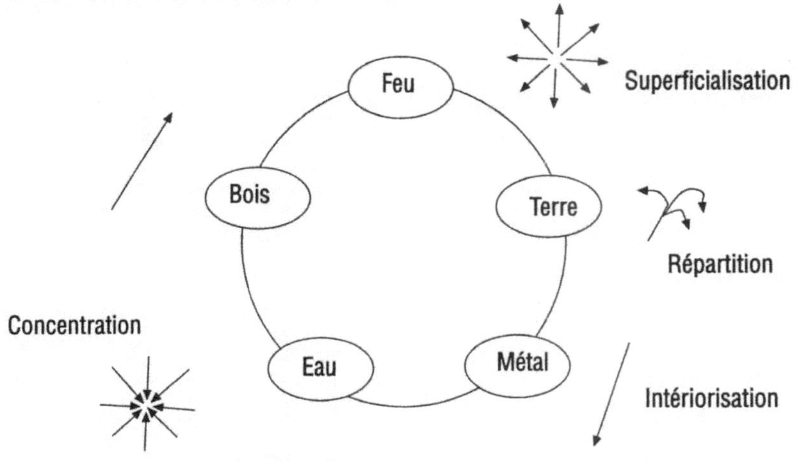

LES 5 ÉLÉMENTS ET LEUR DYNAMISME ÉNERGÉTIQUE

L'énergie circulant passe par différents stades de manière cyclique. De Yin elle devient moins Yin (ou plus Yang) ; de moins Yin (ou plus Yang) elle devient Yang ; de Yang elle devient moins Yang (ou plus Yin) ; de moins Yang (ou plus Yin) elle devient Yin ; et nous pouvons ainsi recommencer un cycle.

À partir de ce mouvement perpétuel et infini, nous pouvons établir la première loi : l'énergie, dans sa succession continuelle, est un incessant processus d'engendrement.

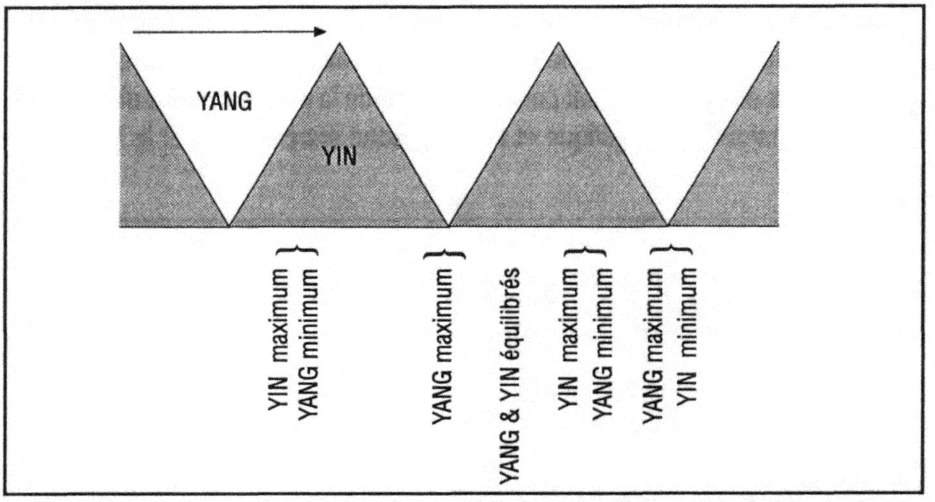

MOUVEMENT CYCLIQUE D'ALTERNANCE DU YIN ET DU YANG

À chaque dynamisme énergétique fait suite une autre qualité énergétique. A partir de chaque élément est engendré l'élément suivant. Cet élément puise son énergie du précédent : le bois nourrit le feu, le feu la terre, la terre le métal, le métal l'eau et l'eau le bois.

Cette loi revêt une importance capitale dans la compréhension de l'acupuncture car à chaque élément est rattaché un organe. Les organes suivent cette loi d'engendrement qui préside à leur gestion et à celle des loges.

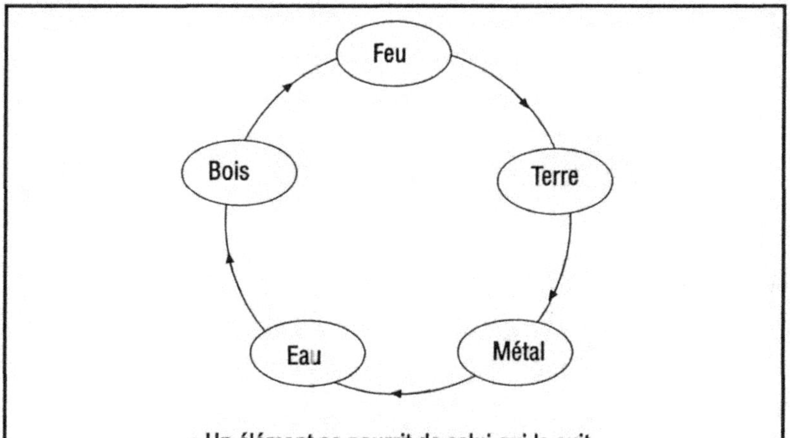

- Un élément se nourrit de celui qui le suit
- Un élément est nourri et prélève sa nourriture sur l'élément qui le précède.

LOI D'ENGENDREMENT

La deuxième loi

La première loi d'*engendrement* est modulée par une deuxième loi, celle de l'*inhibition*. En effet, un système qui ne serait composé que d'éléments s'auto-engendrant ne serait bientôt plus viable. Il s'emballerait très rapidement, simplement par auto-accélération continuelle.

Ainsi, chaque élément n'est pas seulement en communication avec les deux éléments qui l'encadrent, mais l'est aussi avec les deux autres restants et leurs relations sont alors celles d'inhibition. Chaque élément inhibe celui qui le suit en second (et est donc inhibé par celui qui le précède en antépénultième). En acupuncture, nous disons en référence aux éléments, que le bois appauvrit la terre, le feu fond le métal, la terre recouvre l'eau, le métal fend le bois et l'eau éteint le feu (voir schéma). Autant de symboles pour faire comprendre que les éléments sont régis par les lois d'engendrement (ou mère/fils) et d'inhibition.

Ces lois régissent les cinq éléments et, par là, la structure profonde de l'être humain qui se compose des loges énergétiques et en particulier des organes, mais non pas les entrailles qui suivent une autre loi, celle de *succession*, qui leur est spécifique.

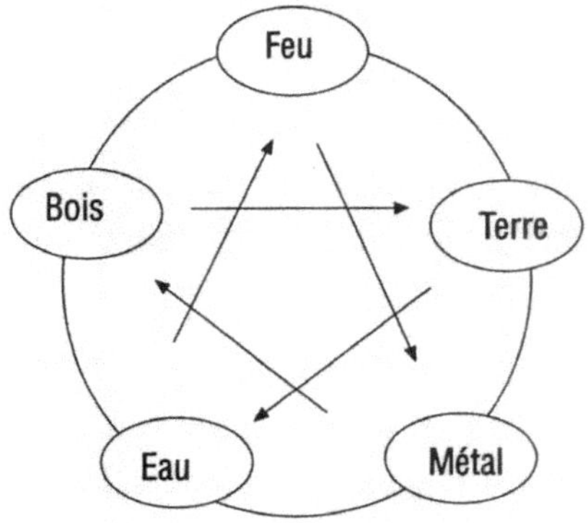

• Un élément détruit (ou inhibe) l'élément qui le suit en second
• Un élément est inhibé par l'élément qui le précède en antépénultième

LOI D'INHIBITION

Les entrailles

Les organes sont représentés par des viscères pleins (au sens anatomique), indispensables à la vie (cœur, foie, rein, poumon, rate, pancréas).

Les entrailles sont représentées par des viscères creux et sont des lieux de transit (estomac, intestin grêle, gros intestin, vésicule biliaire, vessie), aucune n'étant indispensable à la vie. La plupart d'entre elles sont reliées les unes aux autres sur le plan anatomique : estomac vésicule biliaire, intestin grêle, gros intestin.

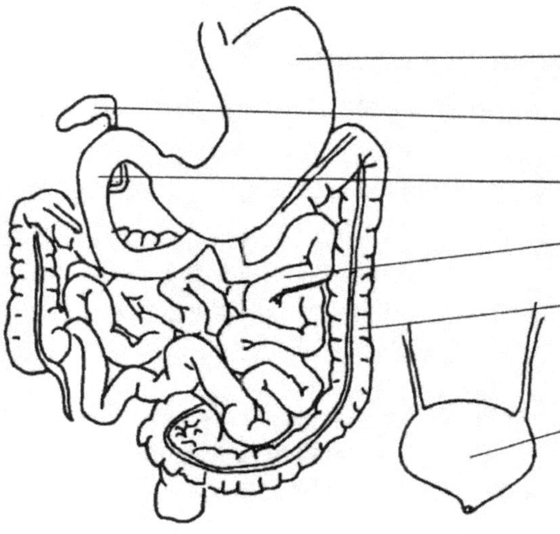

LE TUBE DIGESTIF ET LA VESSIE

Bien qu'indépendante, la vessie intervient cependant elle aussi dans l'élimination comme le gros intestin. C'est pour cela qu'en acupuncture les entrailles (et non viscères), bien qu'appartenant aux loges, sont régies par une loi différente que nous pourrons représenter comme suit (voir schéma).

L'estomac donne son énergie à l'intestin grêle. La vésicule biliaire, en dérivation, contrôle le transit énergétique. L'énergie passe alors soit au gros intestin, soit à la vessie, entrailles par lesquelles elle est éliminée si elle ne convient pas (impure). Ce schéma se surimpose sur celui du Triple Réchauffeur.

LES DOUZE MÉRIDIENS

Il existe 12 méridiens principaux (chacun en rapport avec un organe ou une entraille). L'énergie emprunte ces voies de circulation, parfaitement définies anatomiquement.

Ces 12 méridiens se suivent selon un circuit ininterrompu. Certaines portions des méridiens sont en profondeur, d'autres en superficie. Ils suivent un trajet qui va, pour le premier méridien - méridien Shou Tai Yin (poumon) -, dans sa partie superficielle, du thorax à la main ; puis lui fait suite le méridien Shou Yang Ming (gros intestin) qui part de la main à la tête ; puis lui succède le méridien Zu Yang Ming (estomac) qui descend aux pieds, et ainsi de suite (voir schéma de succession).

Les 12 méridiens sont bilatéraux et symétriques : 6 vont donc à la main (comme le Shou Tai Yin et le Sou Yang Ming) ; 6 vont au pied (comme le Zu Tai Yin et le Zu Yang Ming) ; 6 aboutissent ou partent du thorax ; 6 aboutissent ou partent de la tête.

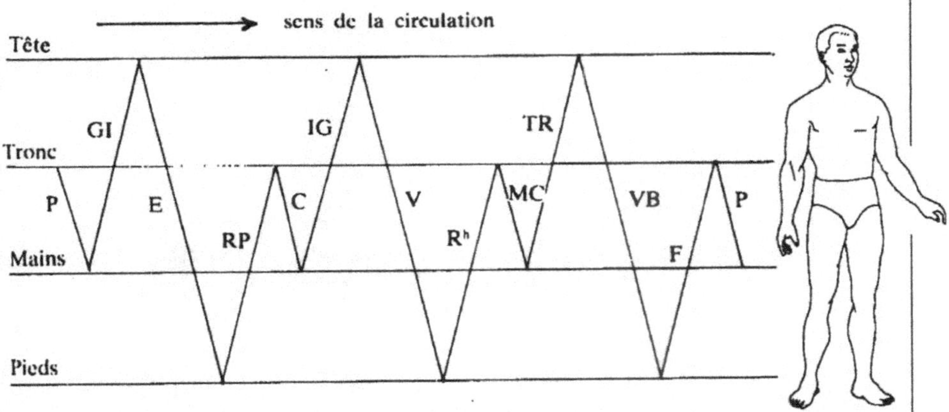

Exemple : le méridien vessie (Zu Tai Yang) va de la tête aux pieds.
Celui du rein (Zu Shao Yin) du pied au thorax.

SCHÉMATISATION DE LA SUCCESSION DES DOUZE MÉRIDIENS PRINCIPAUX

Les méridiens Yang partent de la tête ou y aboutissent (dans leur trajet superficiel). Ceux qui partent du thorax ou y aboutissent (dans leur trajet superficiel) sont Yin. (N'oublions pas que la tête est Yang par rapport au thorax).

L'appellation de ces 12 méridiens se fait selon trois critères :

- Selon que leur trajet passe au pied ou à la main. S'ils vont au pied, leur nom comporte le terme Zu qui veut dire pied. S'ils vont à la main, leur nom comporte le terme Shou qui veut dire main.

- Selon qu'ils sont Yang ou Yin (les termes Yin et Yang sont conservés).

- Selon la qualité de leur énergie Yin et Yang transportée. Seule reste à définir la qualité de l'énergie que les méridiens véhiculent. Pour cela, il est nécessaire de préciser quelques notions.

L'énergie circule et passe de Yang à Yin et vice versa selon une représentation sinusoïdale.

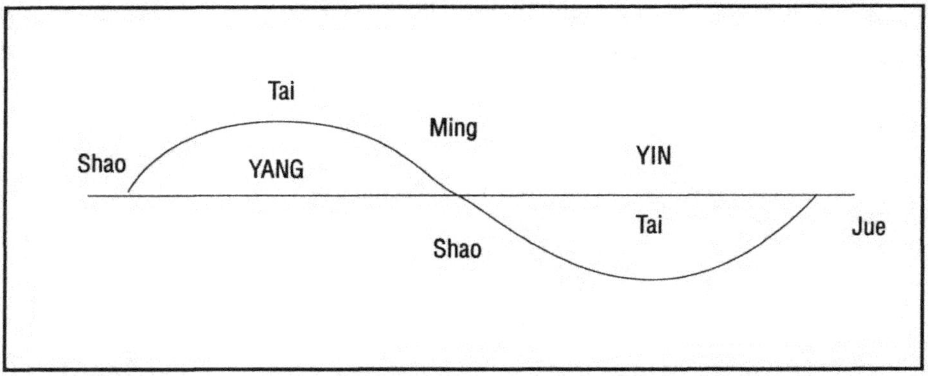

REPRÉSENTATION SINUSOÏDALE DES 6 ÉNERGIES
DANS LEUR RAPPORT MATURITÉ

Dans la phase Yang nous pouvons distinguer : un Yang jeune, débutant ; un Yang mature au maximum de son énergie ; un Yang déclinant, en fin de parcours.

Puis de même dans la phase Yin, nous distinguons : un Yin jeune, un Yin mature, un Yin déclinant.

Le Yang jeune est appelé Shao Yang (début).
Le Yang mature est appelé Tai Yang (milieu).
Le Yang déclinant est appelé Yang Ming (fin).
Le Yin jeune est appelé Shao Yin (début).
Le Yin mature est appelé Tai Yin (milieu).
Le Yin déclinant est appelé Jue Yin (fin).

Nous avons ainsi 6 qualités énergétiques. Mais ces qualités nous sont données dans un référentiel de réalisation du mouvement (début, milieu, fin).

Ces six dénominations prennent un autre sens dans le référentiel profondeur, superficiel :

- Le Yang superficiel est appelé Tai Yang ;
- Le Yang intermédiaire est appelé Shao Yang ;
- Le Yang profond est appelé Yang Ming ;
- Le Yin superficiel est appelé Tai Yin ;
- Le Yin intermédiaire est appelé Jue Yin ;
- Le Yin profond est appelé Shao Yin.

Six niveaux énergétiques suivants.

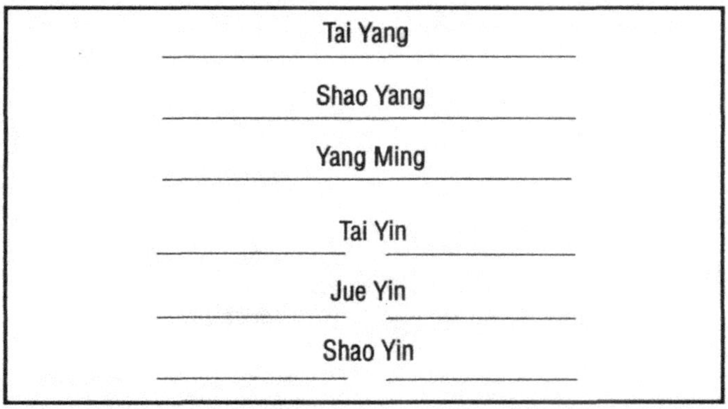

REPRÉSENTATION SINUSOÏDALE DES 6 ÉNERGIES
DANS LEUR RAPPORT SUPERFICIE - PROFONDEUR

Tandis que dans le référentiel intensité :

- Grand Yang est appelé Tai Yang ;
- Petit Yang est appelé Shao Yang ;
- Yang moyen est appelé Yang Ming ;
- Grand Yin est appelé Tai Yin ;
- Petit Yin est appelé Shao Yin ;
- Yin moyen est appelé Jue Yin.

Ils sont représenté dans le tableau suivant :

Ainsi, le nom du méridien nous renseigne-t-il sur l'énergie véhiculée quant à sa puissance de réalisation, sa profondeur et sa quantité.

Par exemple, les méridiens véhiculant une énergie superficielle, mature et importante, seront donc Tai. S'ils sont Yin, ils seront Tai Yin, s'ils sont Yang, ils s'appelleront Tai Yang.

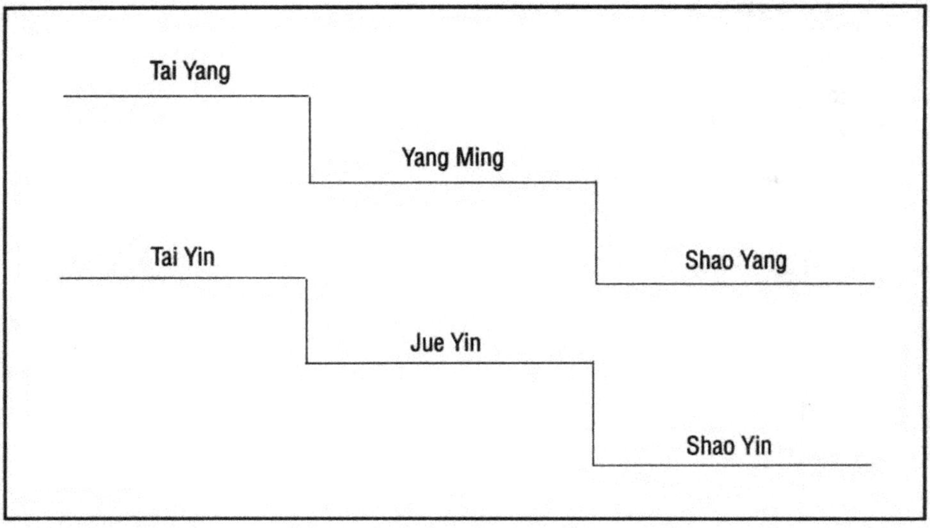

REPRÉSENTATION SINUSOÏDALE DES 6 ÉNERGIES
DANS LEUR RAPPORT INTENSITÉ

Les 12 méridiens s'appellent donc :

Shou Tai Yin Poumon.
Shou Yang Ming Gros Intestin.
Zu Yang Ming Estomac.
Zu Tai Yin Rate - Pancréas.
Shou Shao Yin Cœur.
Shou Tai Yang Intestin grêle.
Zu Tai Yang Vessie.
Zu Shao Yin Rein.
Shou Jue Yin Maître Cœur.
Shou Shao Yang Triple Réchauffeur.
Zu Shao Yang Vésicule biliaire.
Zu Jue Yin Foie.

Shou Tai Yin est le propulseur de l'énergie dans les 12 méridiens principaux. Ses principales manifestations pathologiques regroupent tout d'abord les manifestations dystrophiques et douloureuses situées sur son trajet. Il est également responsable de certains troubles gastriques (le méridien part de l'estomac), de troubles respiratoires, et de troubles cutanés. Le poumon commande à la peau.

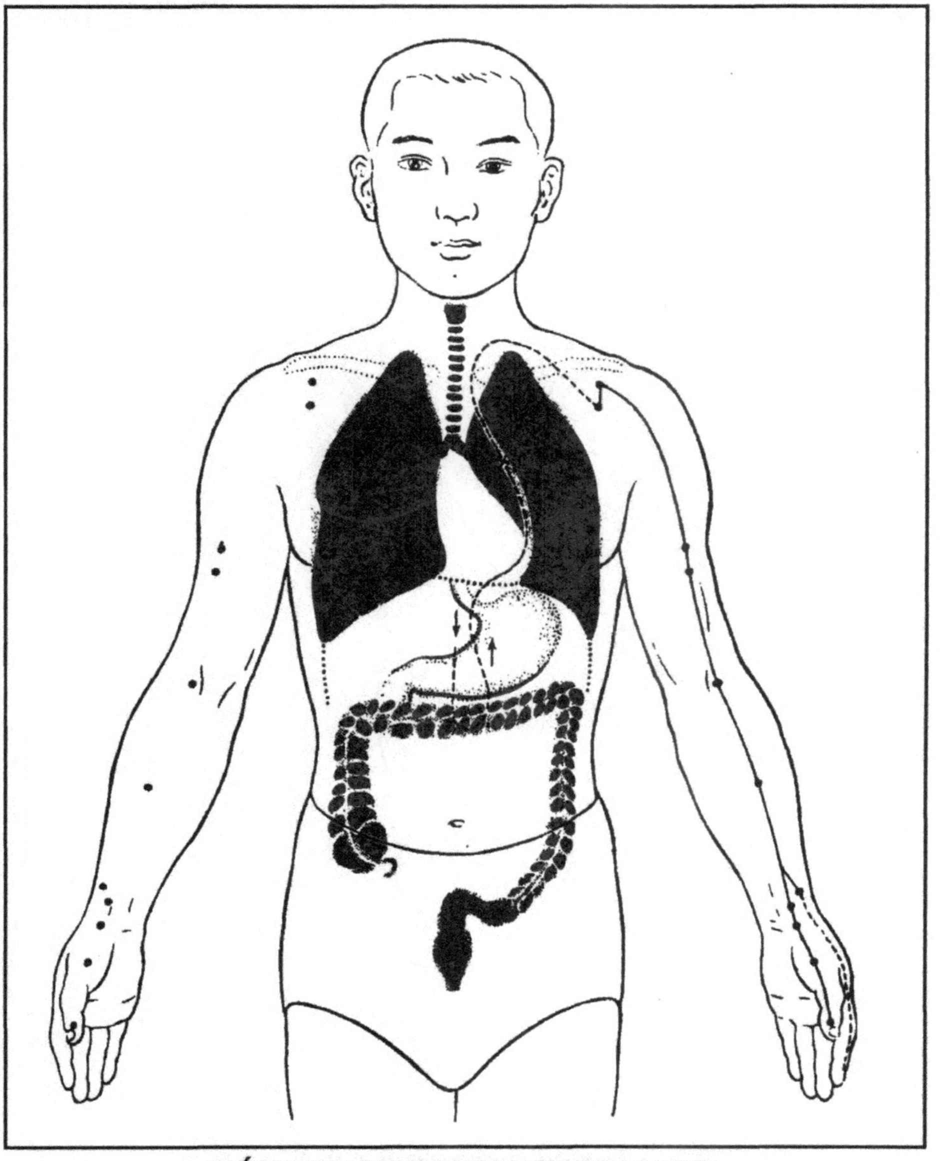

MÉRIDIEN DU POUMON SHOU TAI YIN

Outre les manifestations dystrophiques et douloureuses situées sur son trajet (de l'index au nez), nous retrouvons essentiellement dans sa pathologie les troubles bucco-dentaires (infectieux et douloureux) ainsi que les maladies du Rhino-pharynx.

Un petit signe psychique spécifique de ce méridien est le sentiment d'impatience que la personne éprouve lorsque le méridien est atteint. Elle se plaint que le temps ne s'écoule pas assez vite.

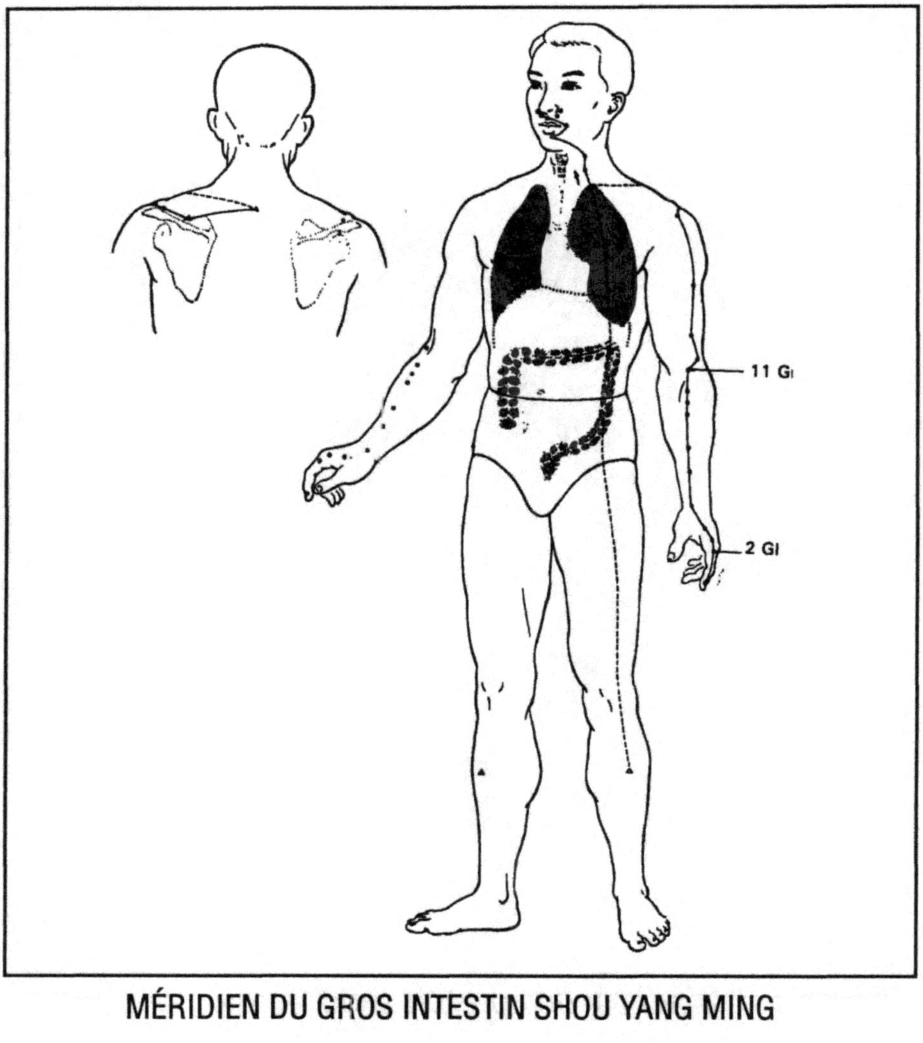

MÉRIDIEN DU GROS INTESTIN SHOU YANG MING

Ce méridien lorsqu'il est atteint, se manifeste par une symptomatologie psychiatrique, avec soit misanthropie ou au contraire extraversion de type maniaque, en effet le méridien a de nombreux rapports avec tous les méridiens céphaliques.

Il peut aussi exister des troubles neurologiques tels des hémiparalysies faciales, des troubles respiratoires (soit rhinites, soit sensation de difficultés respiratoires), et enfin des troubles digestifs bien sûr qui peuvent siéger tant au niveau de la bouche (et même des lèvres) que des sensations de ballonnement ou des troubles de l'appétit.

Enfin, souvent, la personne ayant ce méridien perturbé éprouve le besoin de s'étendre, et baille fréquemment.

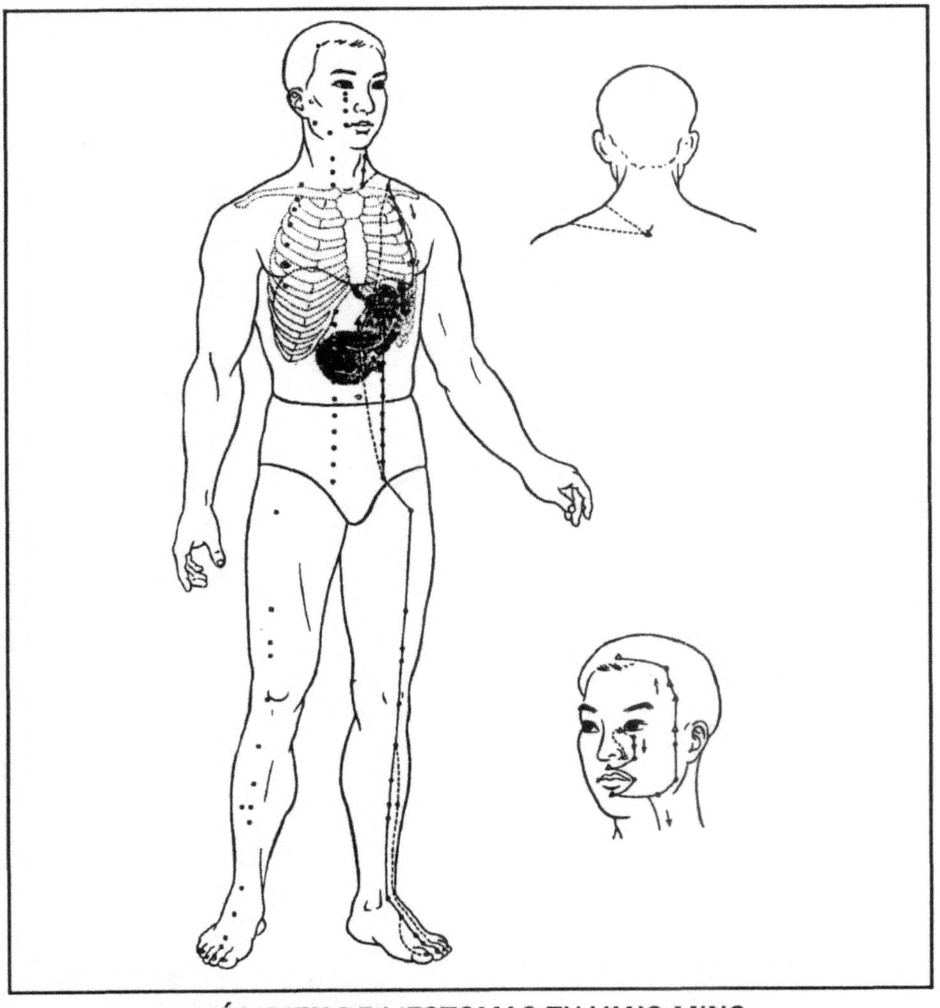

MÉRIDIEN DE L'ESTOMAC ZU YANG MING

Tout comme pour le méridien Zu Yang Ming auquel il est couplé, les troubles digestifs sont au premier plan avec essentiellement des intolérances digestives, nausées, éructations, vomissements, etc., mais ce méridien est également responsable de troubles cardio-vasculaires : troubles du rythme, fausses angines de poitrine, à recrudescence après les repas.

Il existe également des troubles cutanés tel l'eczema par exemple.

S'associent spécifiquement à ce méridien, des raideurs de la langue, un froid à l'intérieur des genoux.

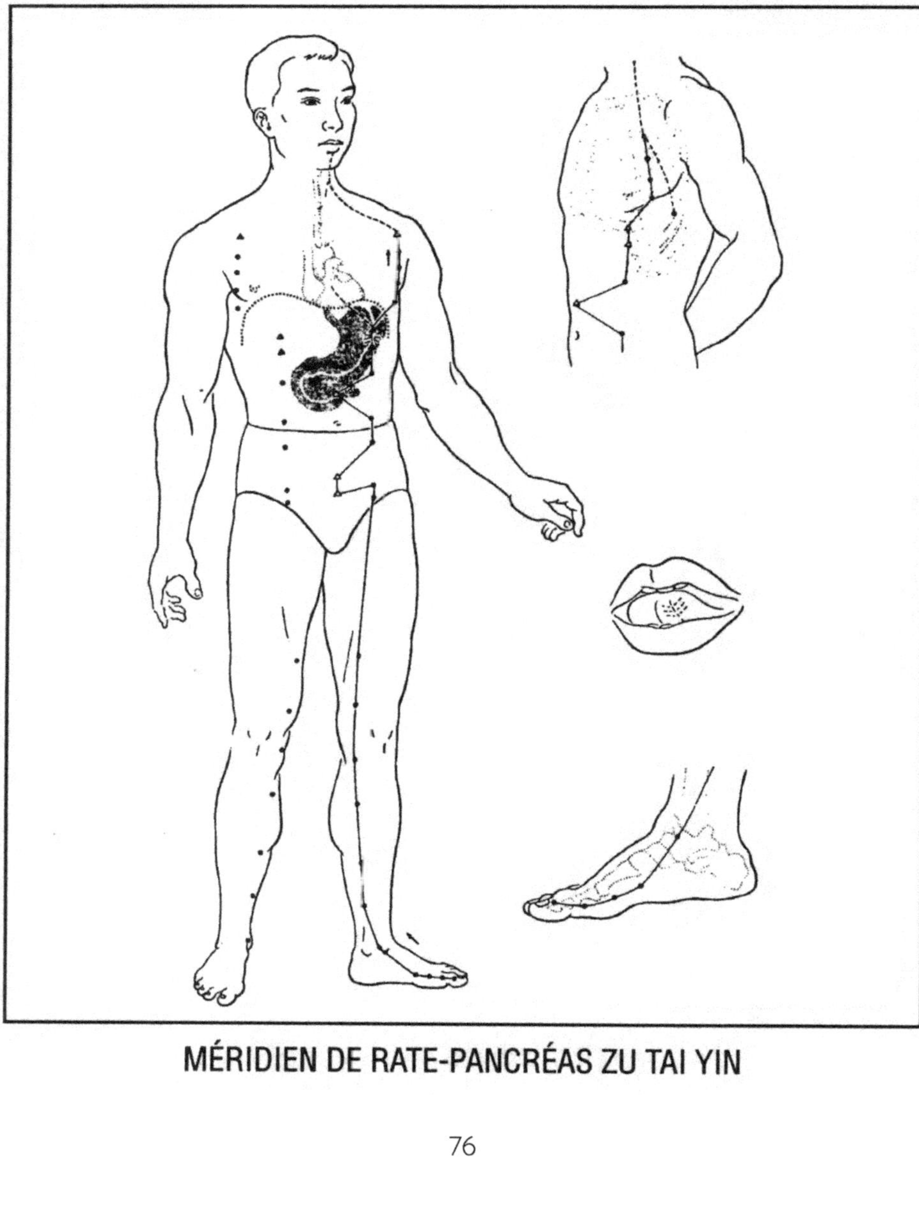

MÉRIDIEN DE RATE-PANCRÉAS ZU TAI YIN

Se regroupent au premier plan des troubles, des manifestations cardiaques diverses.

Mais s'y associent également des troubles digestifs et des troubles oculaires. Il est à noter également que des troubles psychiques sont fréquemment retrouvés, anxiété, insomnies, tracs...

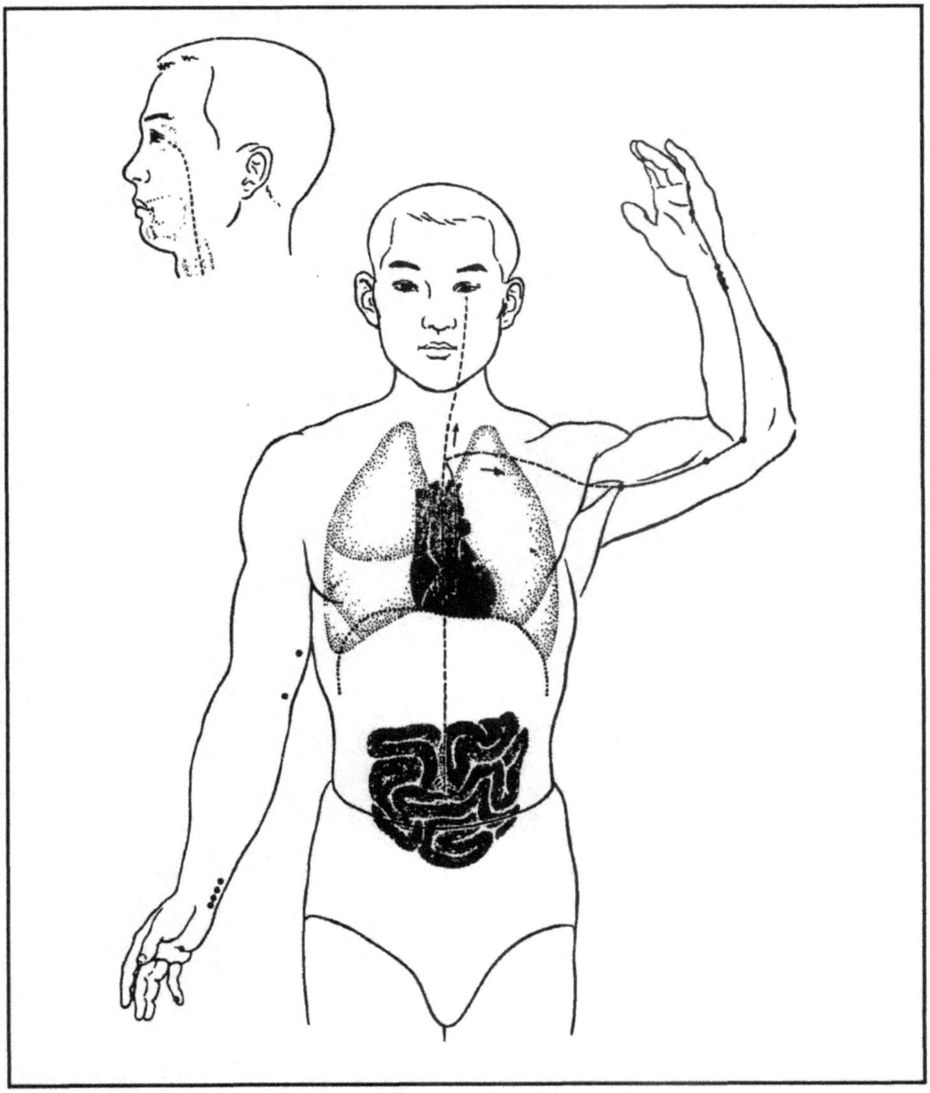

MÉRIDIEN DU CŒUR SHOU SHAO YIN

Les symptômes des perturbations du fonctionnement de ce méridien regroupent des troubles de la face.

Troubles ophtalmologiques.

Troubles otorhinolaryngologiques.

Il est à noter que les douleurs survenant sur ce méridien sont fréquemment à type d'arrachement.

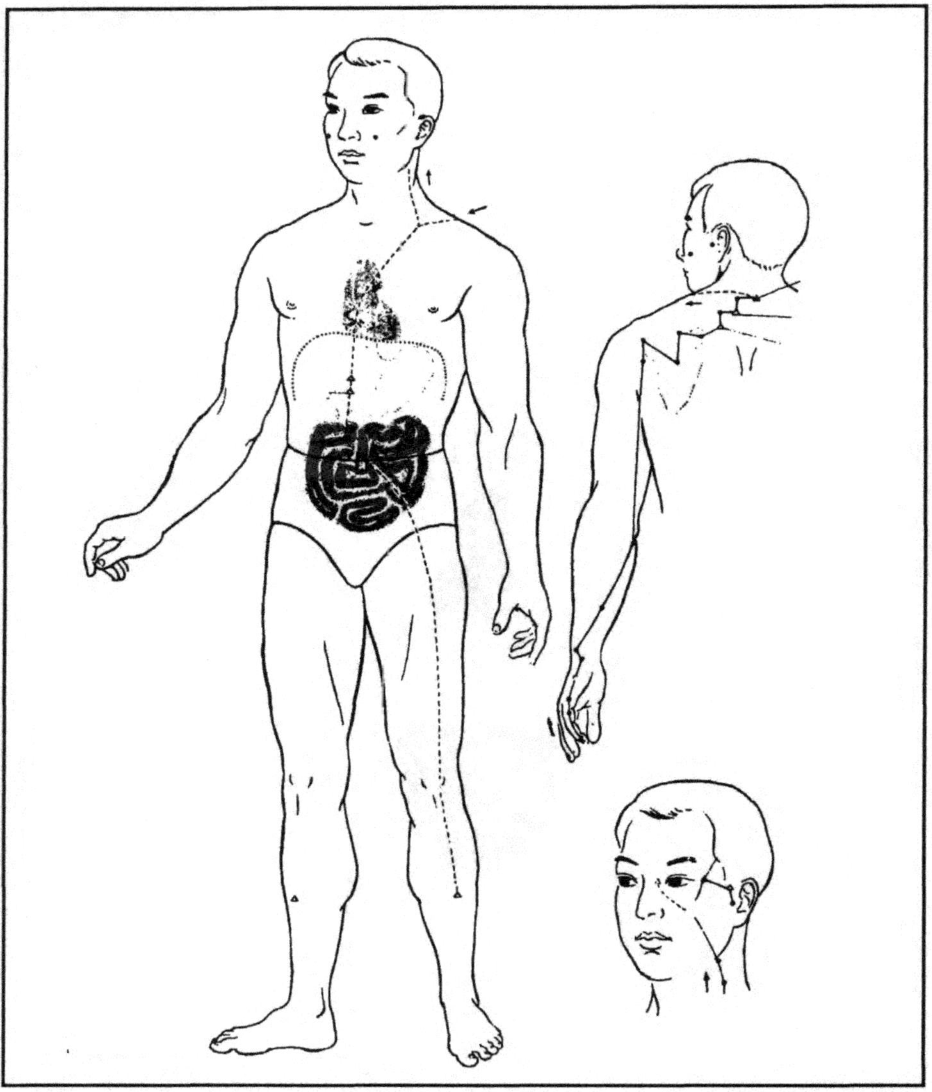

MÉRIDIEN DE L'INTESTIN GRÊLE SHOU TAI YANG

S'y regroupent également, comme pour le méridien précédent des troubles otorhinolaryngologiques, (sinusites frontales par exemples) avec également des troubles de la vision.

Mais aussi des troubles mentaux (délires, confusion).

Tout comme pour le méridien Intestin Grêle, le méridien de la Vessie appartient au Grand Méridien Tai Yang et les douleurs se présentent à type d'arrachement.

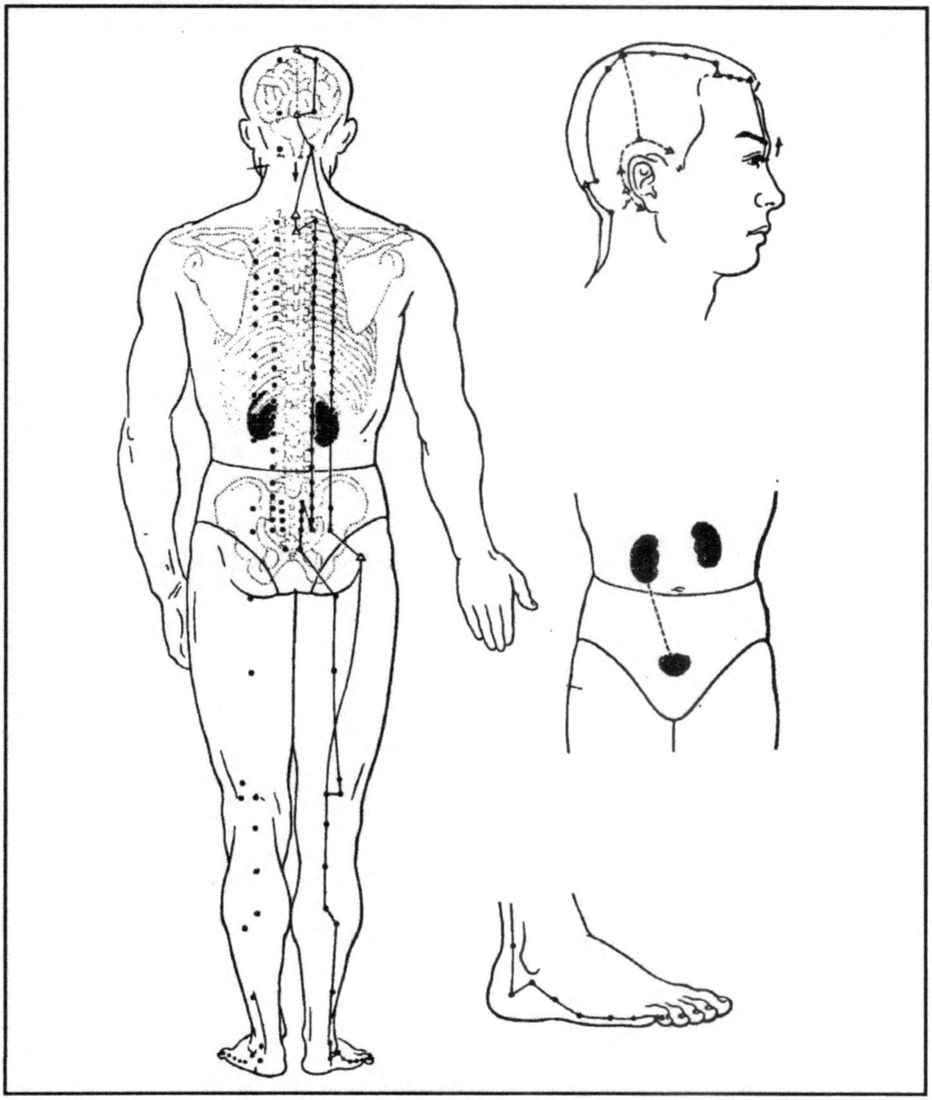

MÉRIDIEN DE LA VESSIE ZU TAI YANG

Les principales manifestations d'ordre psychiatrique sont des phobies ou plus simplement des craintes. Il existe également outre les troubles psychiatriques, des troubles O.R.L. (angines).

des troubles respiratoires (toux, difficultés respiratoires),

des troubles digestifs (diarrhées),

enfin, très souvent, les patients ont les membres inférieurs glacés.

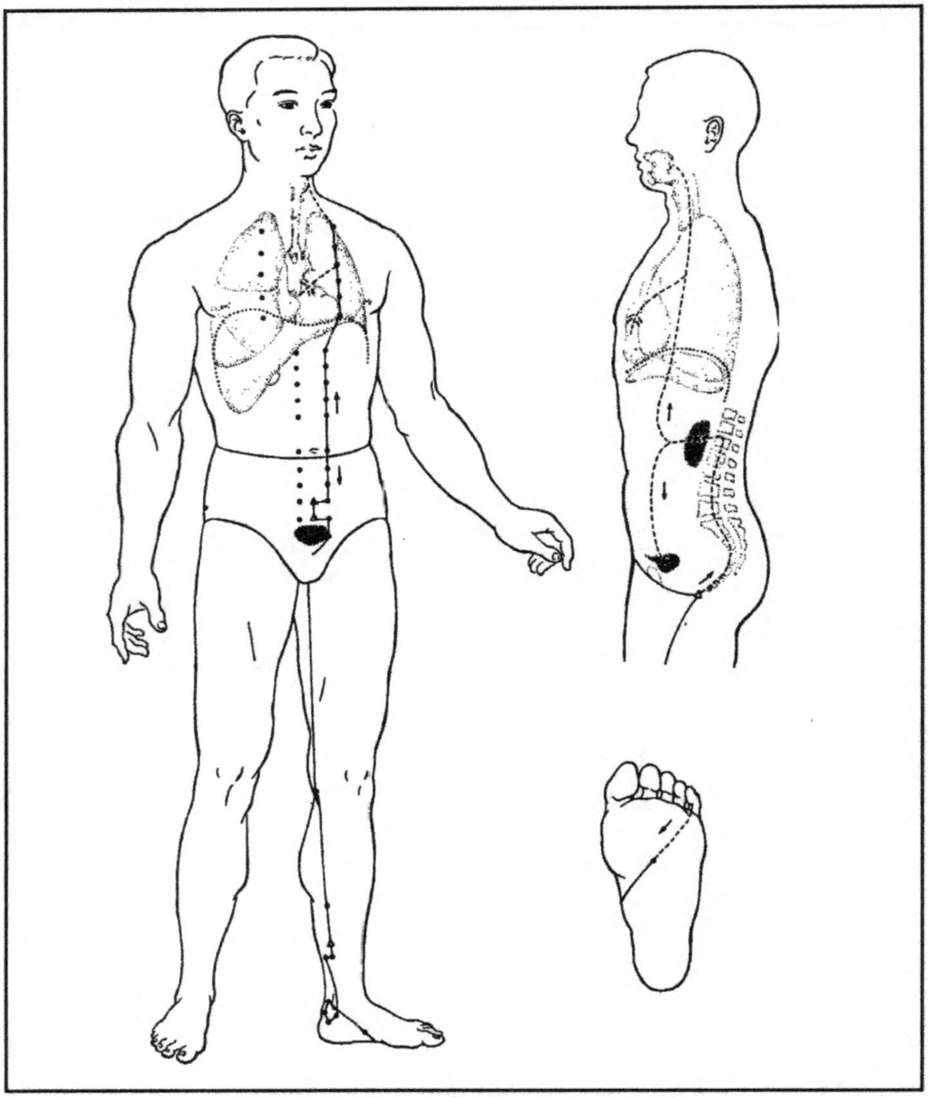

MÉRIDIEN DU REIN ZU SHAO YIN

Les manifestations sont essentiellement d'ordre cardio-vasculaire :
- douleurs dans la poitrine
- trouble du rythme

en rapport avec le trajet qui part de la poitrine et se termine au majeur.

Un symptôme spécifique de l'atteinte de ce méridien est un trouble de la température de la paume des mains.

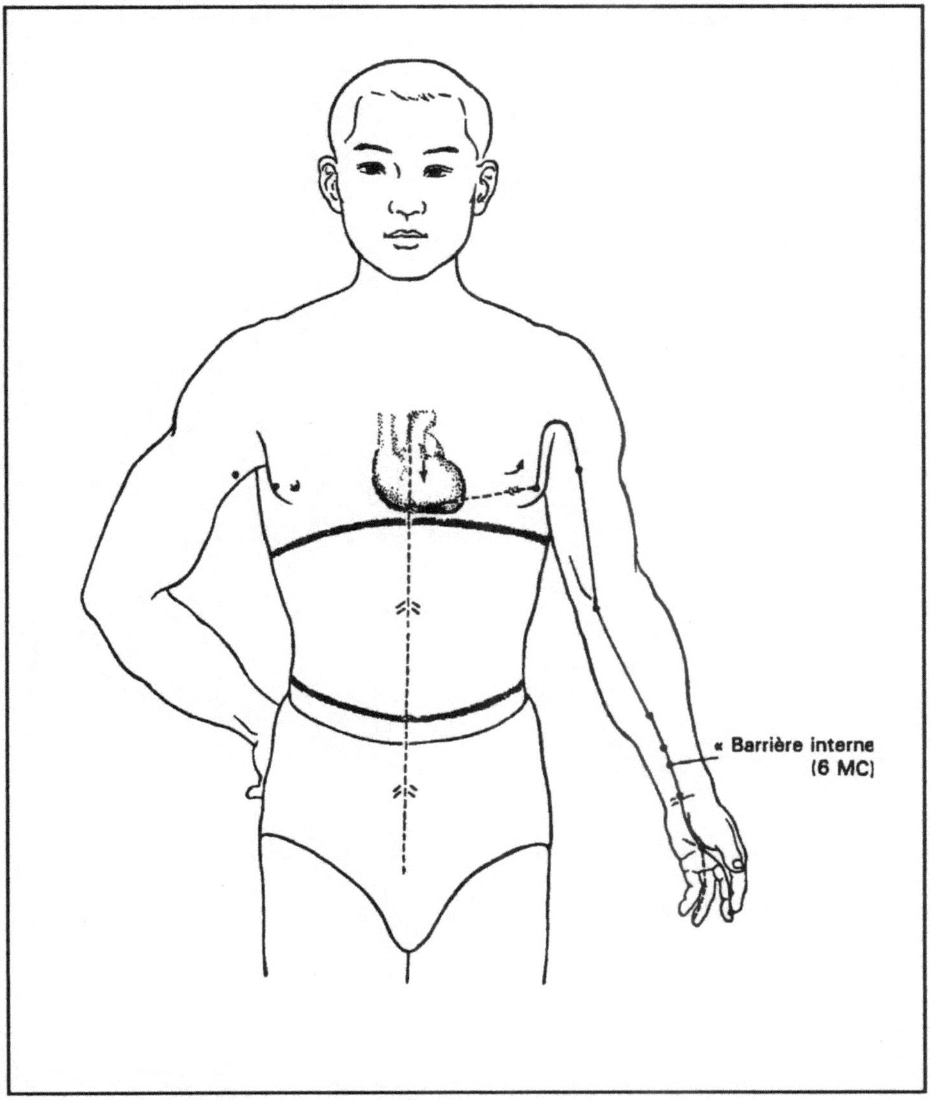

MÉRIDIEN DU MAÎTRE DU CŒUR SHOU JUE YIN

Essentiellement des troubles de la face, avec des troubles de l'audition (acouphènes, diminution de l'acuité auditive) et troubles de la vision.

En rapport avec son trajet qui débute à l'annulaire pour se terminer dans la région de l'oreille.

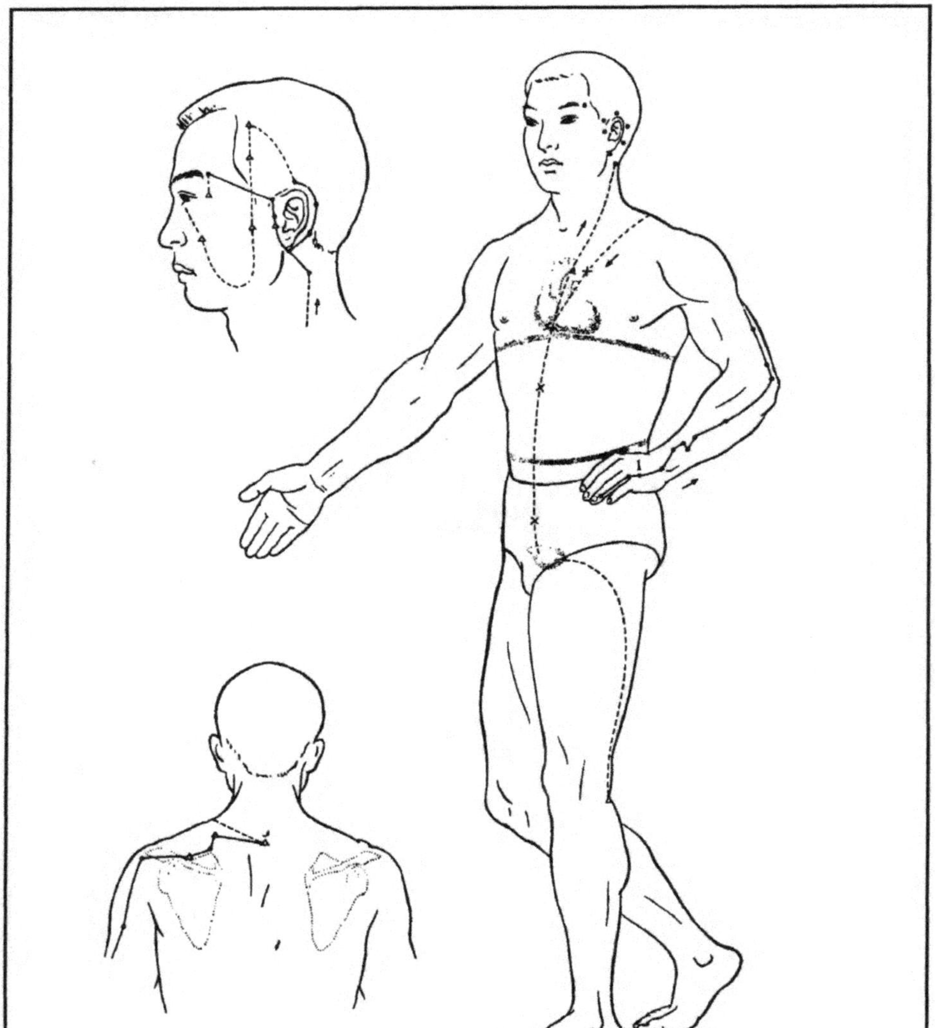

MÉRIDIEN DU TRIPLE RÉCHAUFFEUR SHOU SHAO YANG

Tout comme le méridien précédent dont le trajet passe par l'oreille, nous retrouvons pour le méridien du Zu Shao Yang des troubles de l'audition et de l'oreille interne.

Les troubles respiratoires existent également de par son trajet qui traverse le Thorax.

À noter un symptôme spécifique, l'incapacité à réaliser tout mouvement de rotation.

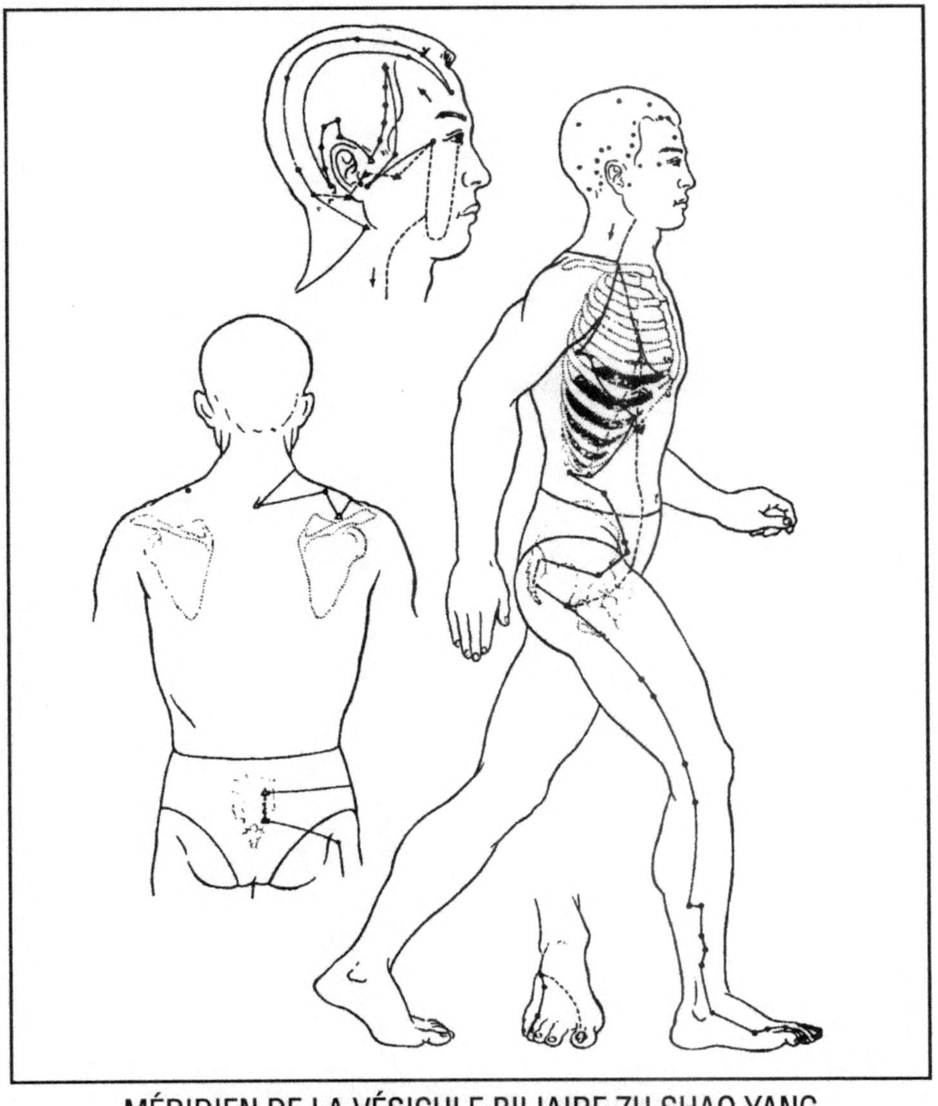

MÉRIDIEN DE LA VÉSICULE BILIAIRE ZU SHAO YANG

Ce méridien Yin qui part du gros orteil pour remonter jusqu'au vertex est responsable de nombreux troubles de par son trajet :

- troubles génitaux urinaires ;
- troubles digestifs (nausées, brûlures d'estomac) ;
- troubles respiratoires (difficultés respiratoires) ;
- troubles oculaires avec vision de scotomes scintillants, etc.

Si avec le méridien Zu Shao Yang, le patient était dans l'incapacité de faire des rotations, dans le cas du méridien Zu Jue Yin, c'est l'incapacité de faire des mouvements d'extension et de flexion qui prédominent.

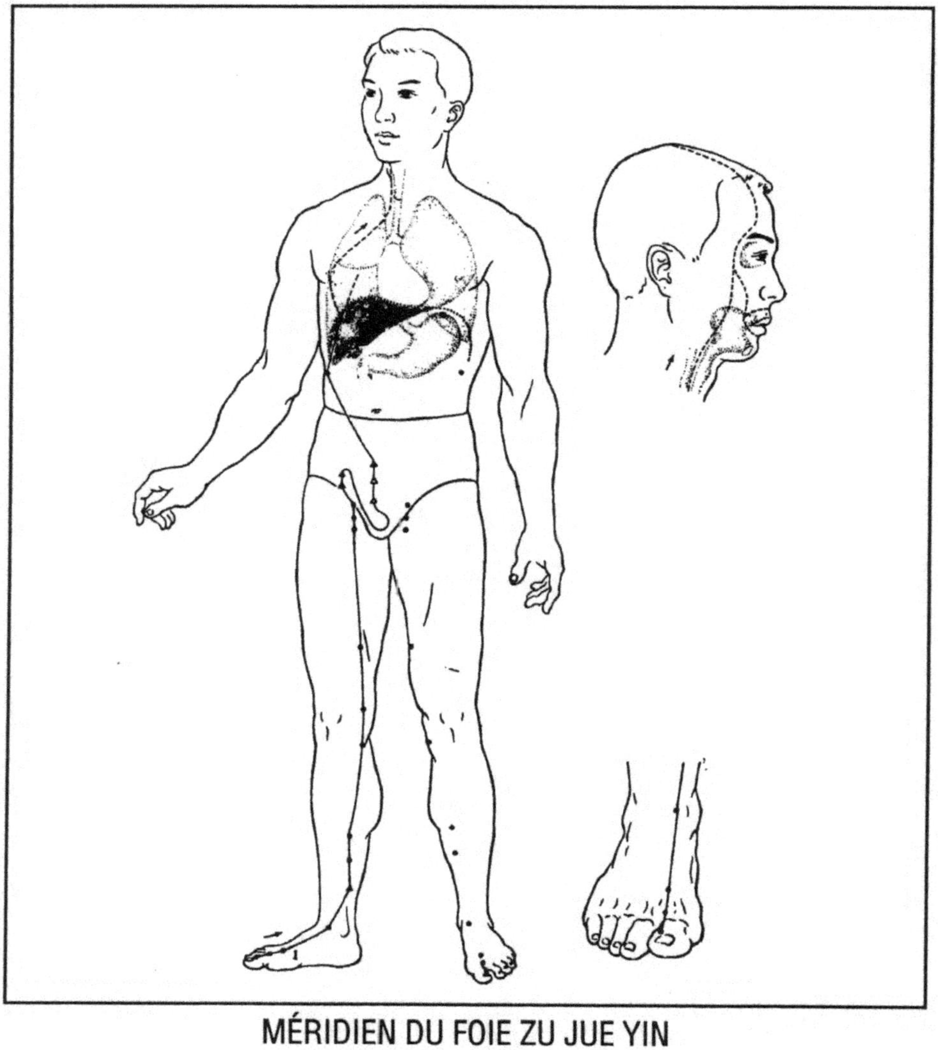

MÉRIDIEN DU FOIE ZU JUE YIN

LES MÉRIDIENS SECONDAIRES

Le sens de circulation de l'énergie

Pour cela, référons-nous à l'homme qui lève les bras vers le ciel.

Tous les Yin montent de la terre vers le ciel (ceux du pied, du pied au thorax, et ceux de la main, du thorax à la main).

Tous les Yang descendent du ciel vers la terre (ceux du pied, de la tête aux pieds, et ceux de la main, de la main à la tête) (voir schéma).

Le nom chinois, grâce à ces trois termes, nous renseigne immédiatement premièrement sur la localisation anatomique, et deuxièmement sur l'énergie véhiculée. Dorénavant nous n'utiliserons plus que cette dénomination, suivie de l'abréviation du terme français.

Prenons un exemple, le méridien Zu Tai Yin (Rate-Pancréas) : étant Yin, il part du thorax ou y aboutit ; étant Yin, il possède un trajet antérieur (la partie antérieure du corps est Yin par rapport à la partie postérieure) ; étant Zu, il part du pied ou y aboutit ; le Yin montant, il va donc du pied au thorax sur la face antérieure du corps. Étant Tai Yin, il est assez superficiel (référence profondeur/superficie), donc le plus latéral possible (plus nous nous rapprochons de la ligne médiane antérieure, plus l'énergie est Yin et profonde).

Il est impropre d'appeler un méridien par le terme habituel de foie, poumon, etc. Cette dénomination tend trop à assimiler et à réduire le méridien au viscère. Cela signifie uniquement que le méridien principal est en relation avec le viscère par une branche profonde.

À chaque méridien principal (composé d'un trajet superficiel et d'un trajet profond) sont associés des méridiens secondaires qui vont véhiculer des énergies plus spécifiques vues au chapitre I. L'énergie Ps/I (psycho-informatrice) circule dans le méridien distinct.

L'énergie Trophique (T) circule dans le méridien Luo.

L'énergie de Défense (D) circule dans le tendino-musculaire (TM).

Le rôle de chaque méridien secondaire est :

- l'apport de l'énergie, distribuée à tout l'organisme ;

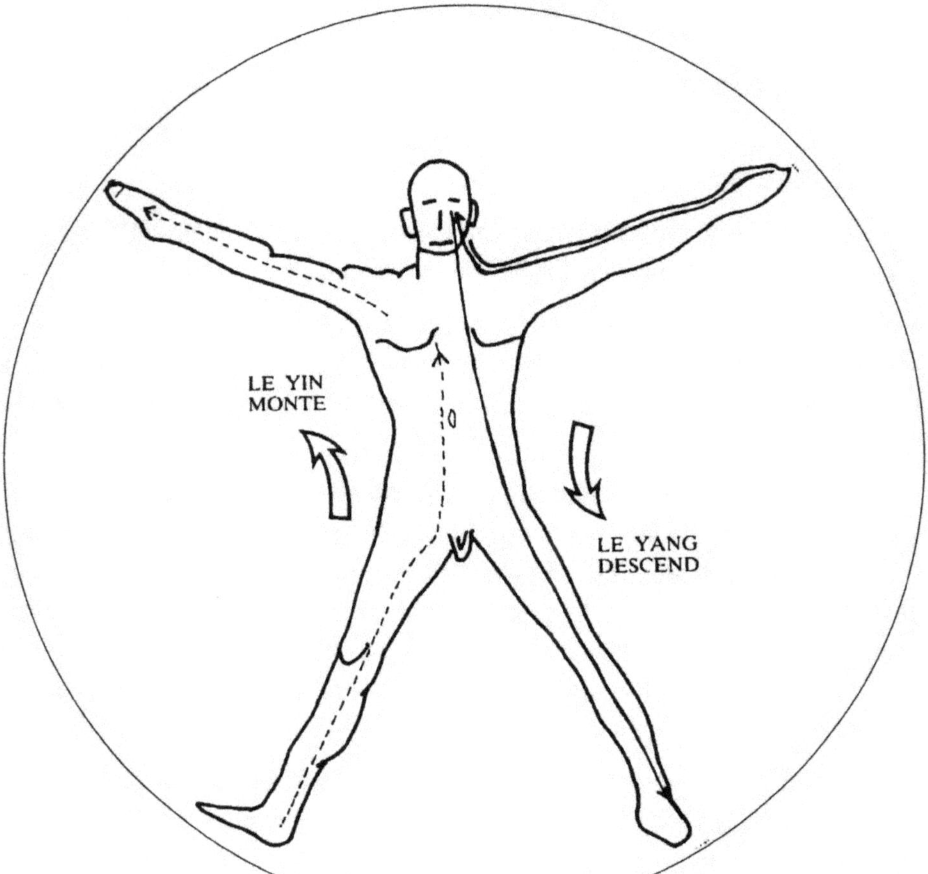

Les méridiens Yin circulent de bas en haut
Les méridiens Yang circulent de haut en bas (main-tête et tête-pieds)

CIRCULATION DE L'ÉNERGIE DANS LE CORPS HUMAIN

- l'apport de l'énergie, distribuée à un tissu bien spécifique qui appartient au même ensemble énergétique ;

- le drainage de ces énergies.

Chaque méridien secondaire peut faire tout ou partie de ces trois fonctions.

LES MÉRIDIENS DE PROGRAMMATION-RÉGULATION

Nous n'avons parlé ici que de trois énergies : l'énergie trophique, l'énergie défense et l'énergie psycho-informatrice, et nous n'avons pas parlé des méridiens secondaires dans lesquels circule l'énergie de programmation-régulation (ancestrale).

Ces méridiens sont au nombre de huit et sont appelés méridiens de programmation-régulation ou méridiens curieux. Quatre sont fondamentaux. (Du Mai, Ren Mai, Dai Mai et Chong Mai), quatre secondaires (Yin Quiao Mai, Yang Quiao Mai, Yin Wei Mai et Yang Wei Mai).

Parmi les quatre premiers, deux ont leur propre trajet, les deux autres ainsi que les quatre méridiens secondaires empruntent pour leur circulation des points appartenant aux méridiens principaux.

L'action de ces méridiens est d'irriguer harmonieusement en énergie de programmation-régulation (ancestrale) l'organisme, ainsi que d'équilibrer les méridiens principaux, soit selon leur quantité énergétique - fonction assurée par les méridiens Wei - soit selon leur vitesse circulatoire - fonction assurées par les méridiens Qiao (voir trajet de ces méridiens de pages suivantes).

A côté des méridiens secondaires, il existe des vaisseaux secondaires :

- les vaisseaux Luos qui relient deux méridiens couplés au sein d'une même loge (leur point de départ étant le même que celui du méridien Luo longitudinal, c'est-à-dire le point Luo) ;

- les vaisseaux secondaires qui sont de simples ramifications ou arborisations des méridiens principaux ou secondaires.

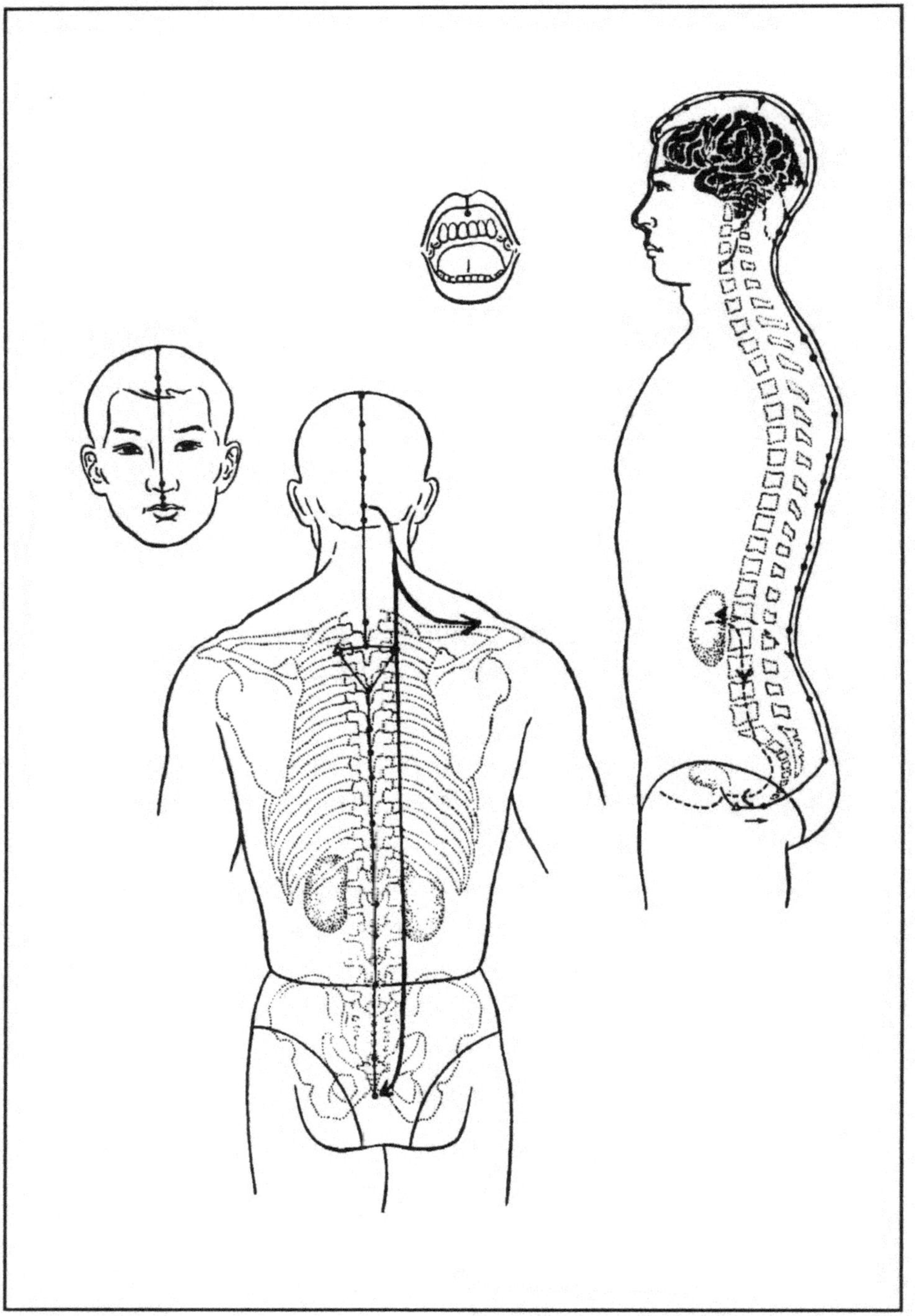

MÉRIDIEN DE MAI

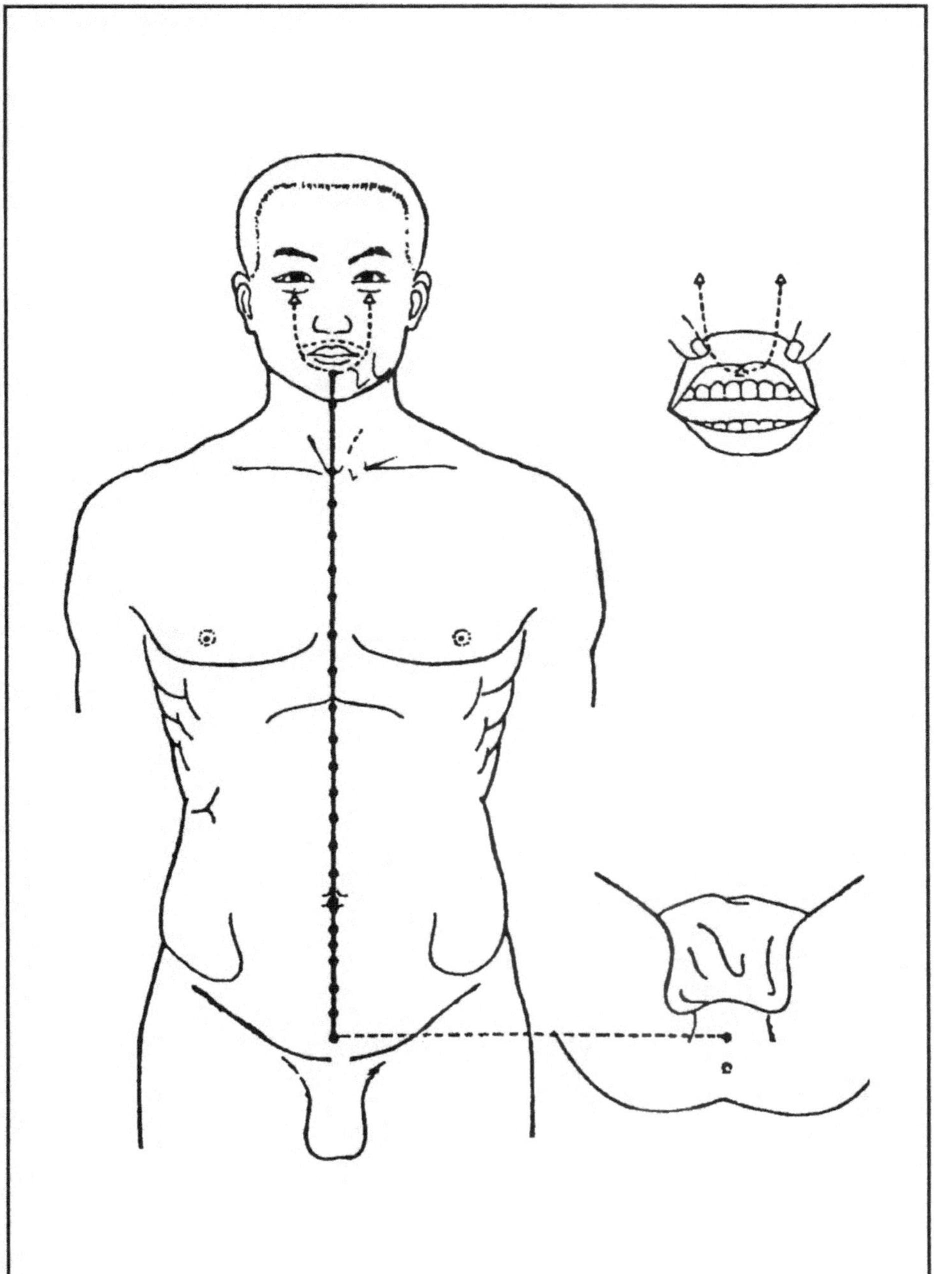

MÉRIDIEN REN MAI

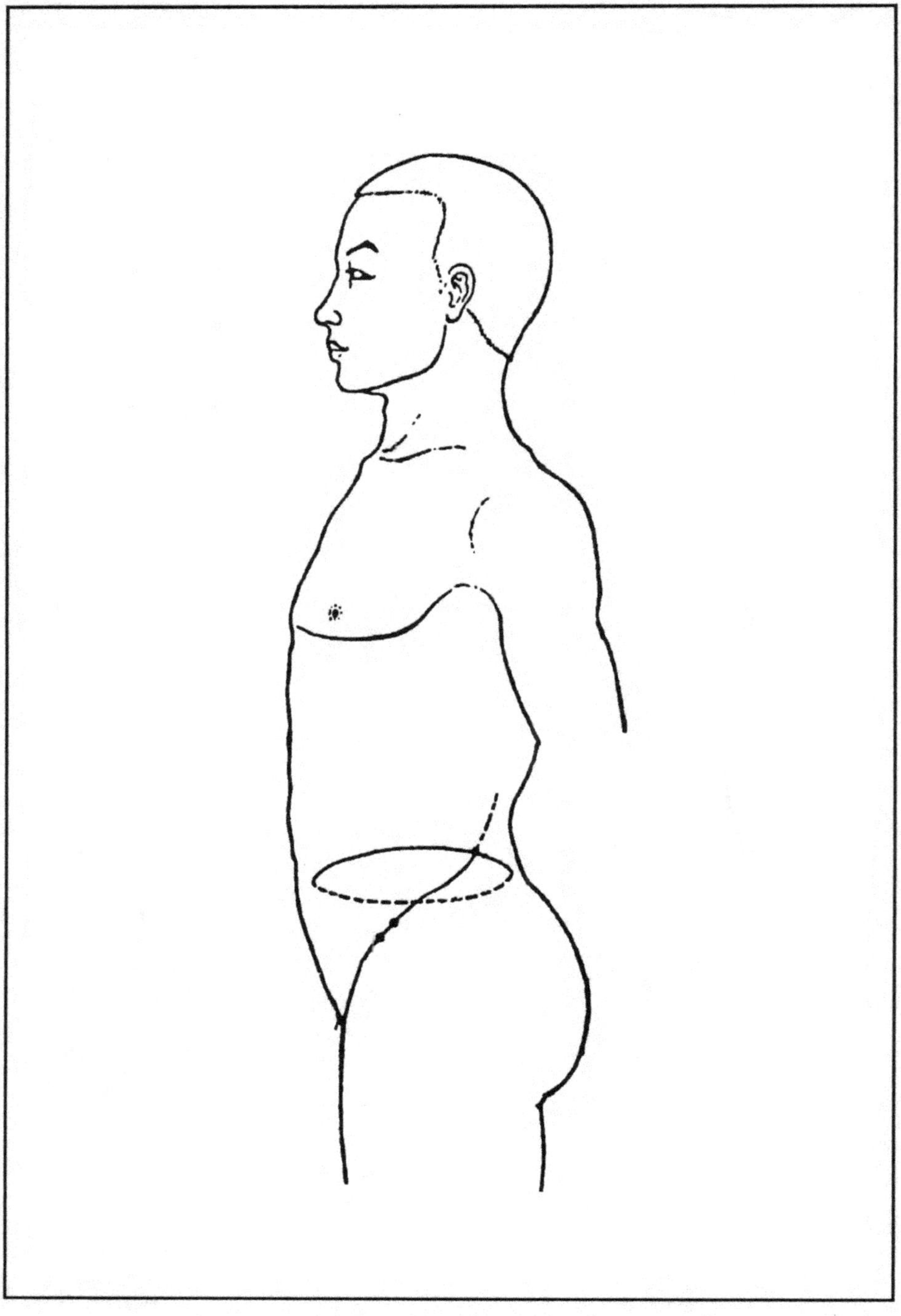

MÉRIDIEN DAI MAI

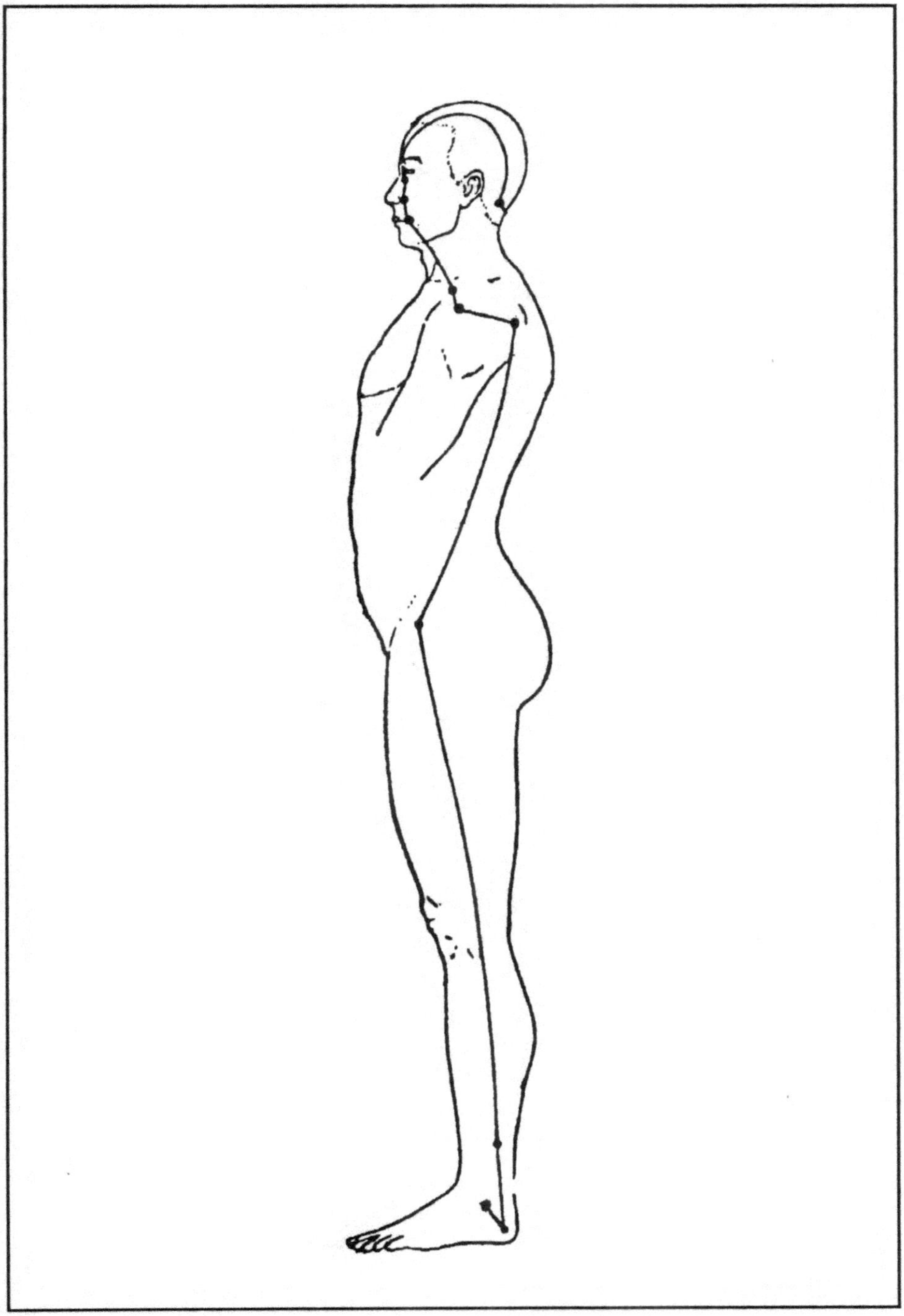

MÉRIDIEN YANG QIAO

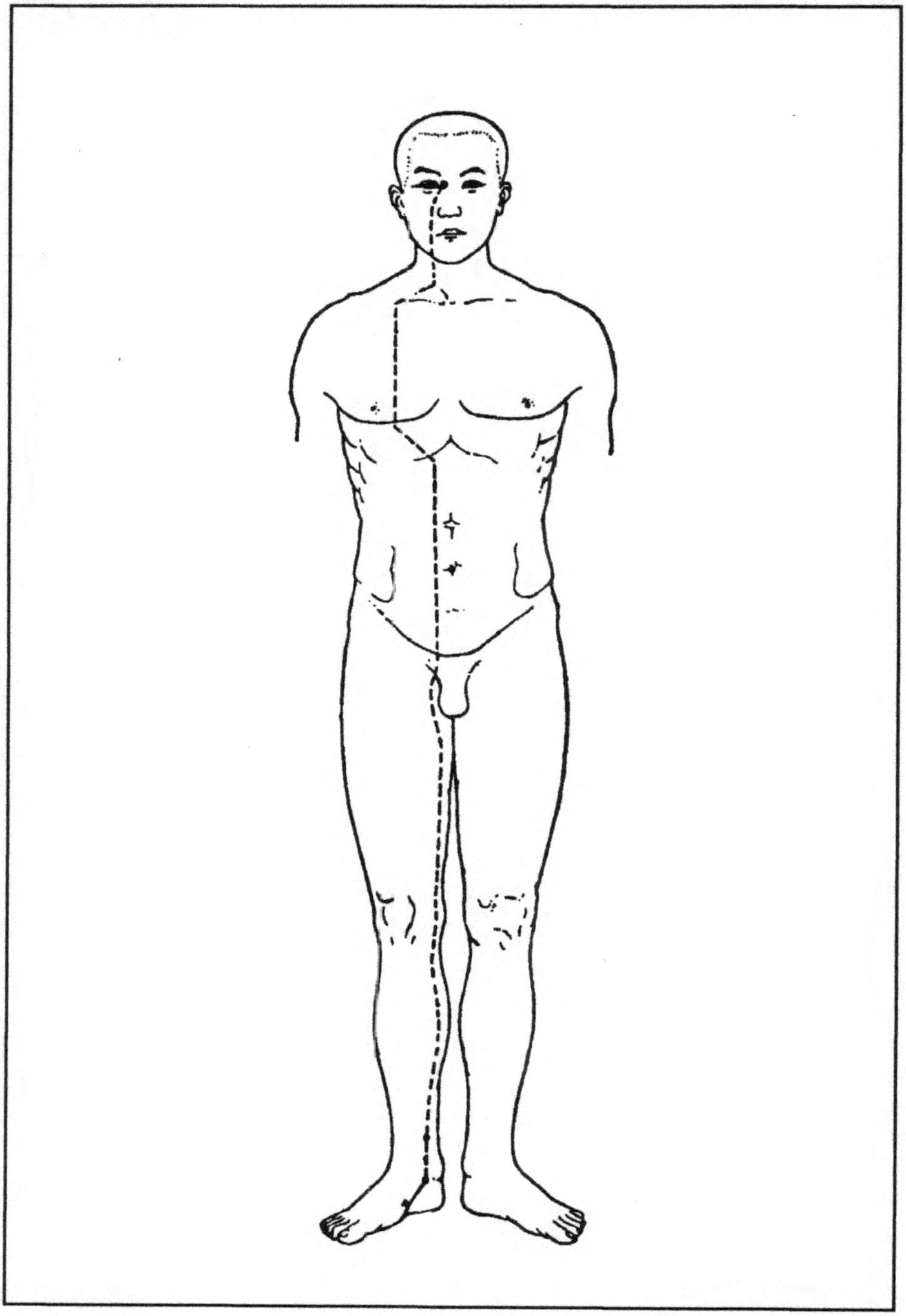

MÉRIDIEN YIN QIAO MAI

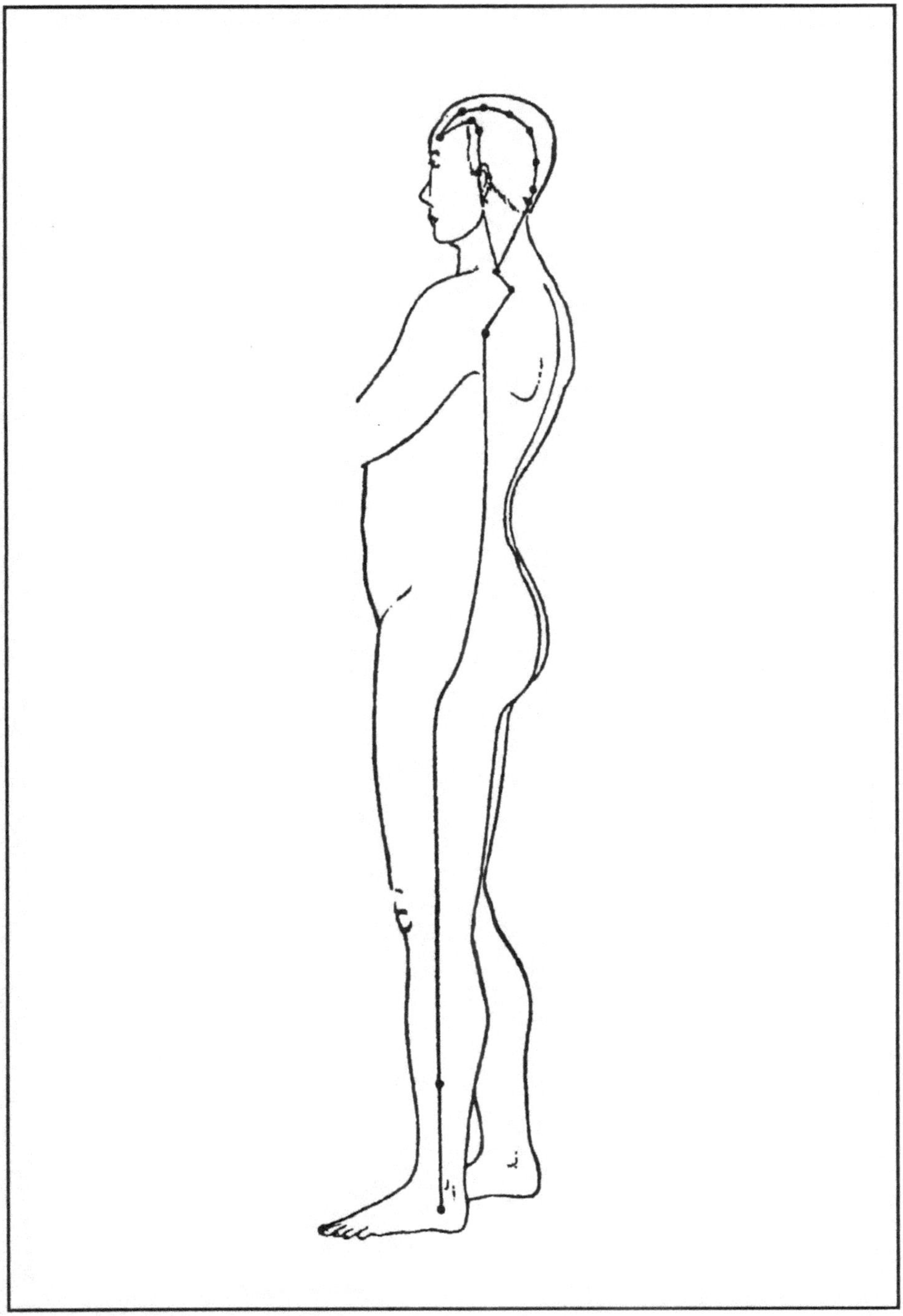

MÉRIDIEN YANG WEI MAI

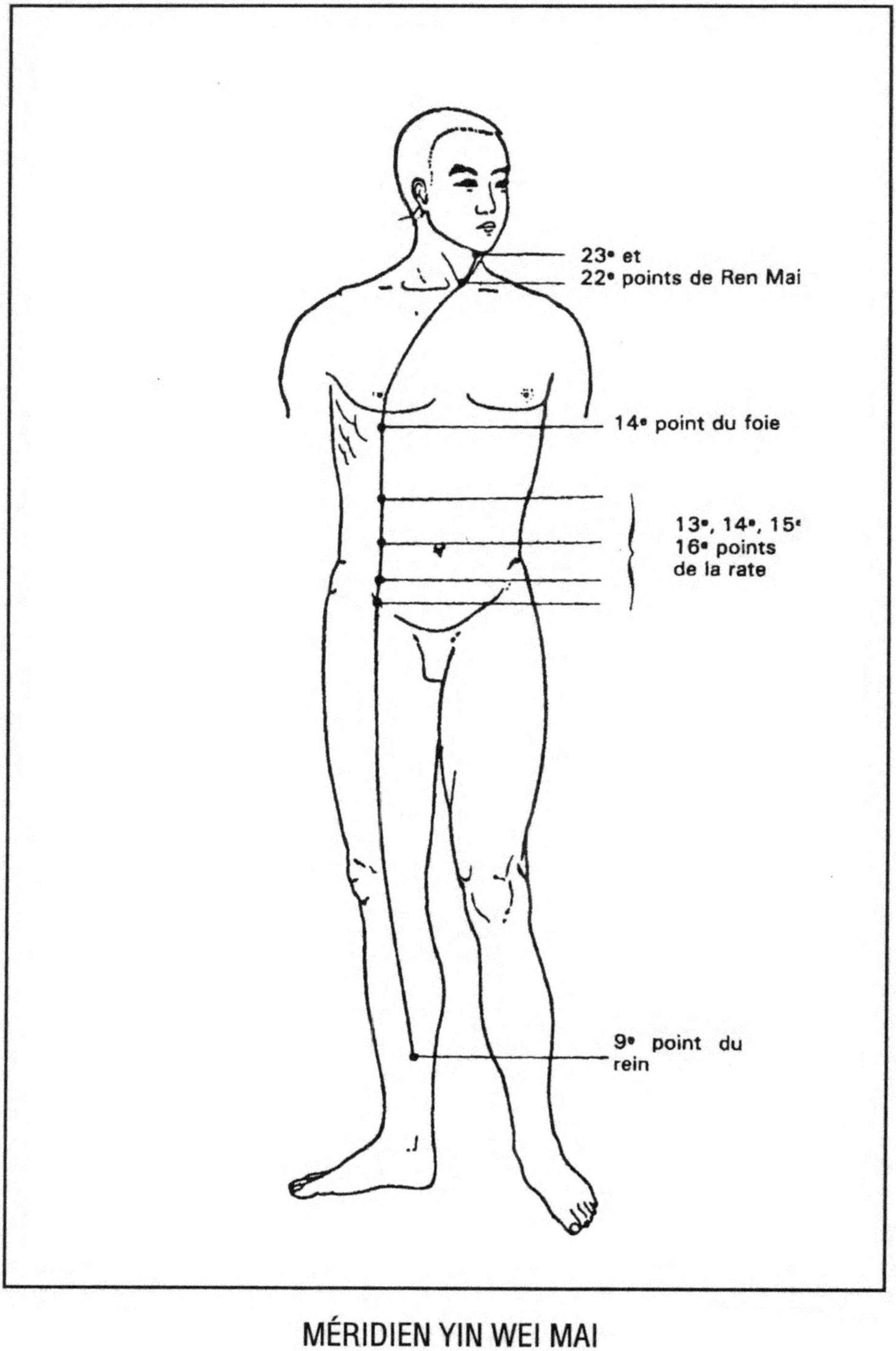

MÉRIDIEN YIN WEI MAI

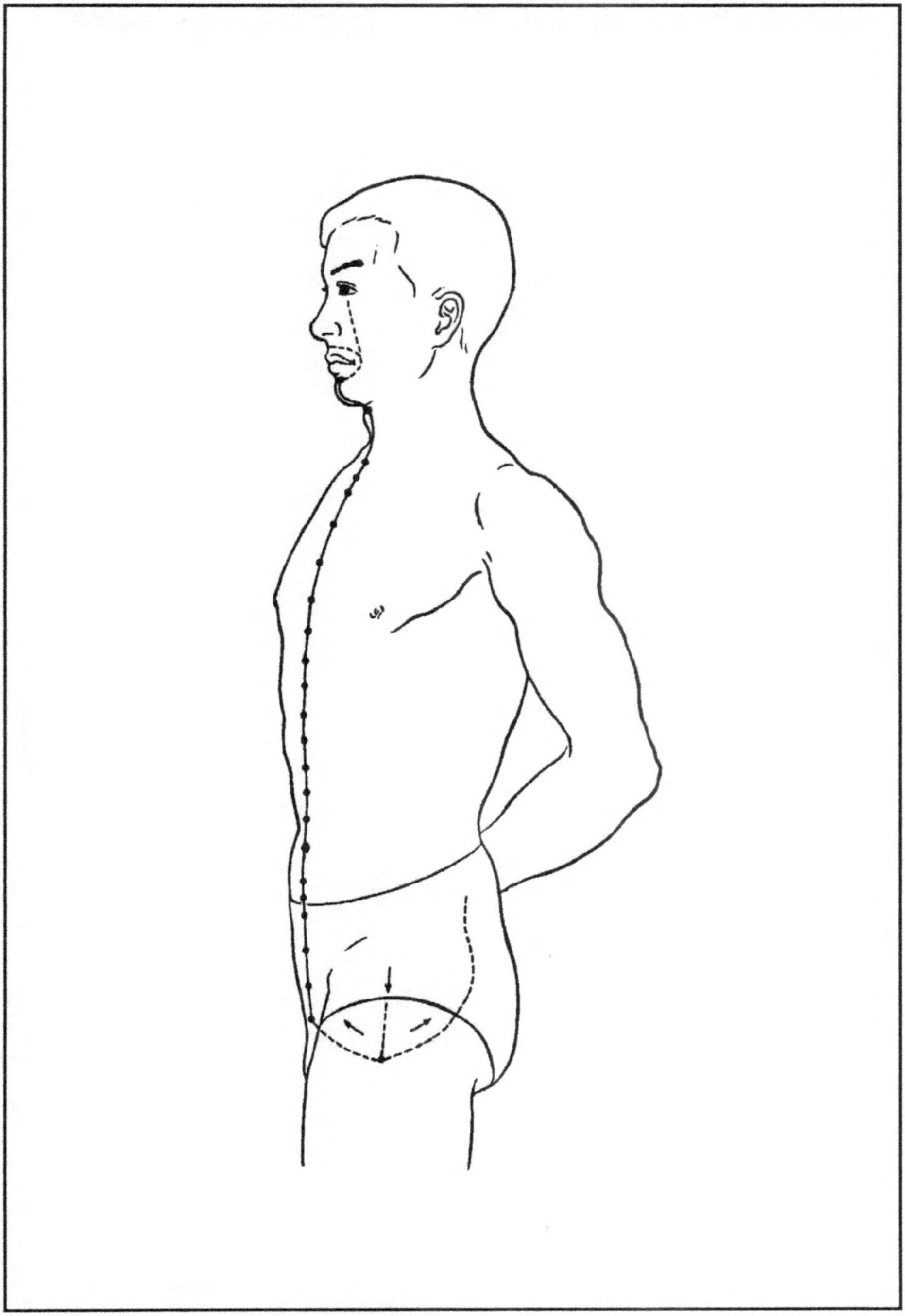

MÉRIDIEN CHONG MAI

Vide et plénitude des méridiens suivant leurs successions

Les douze méridiens principaux se suivent anatomiquement, formant un circuit fermé. Chaque méridien se trouve pendant deux heures de la journée (ce qui correspond à une heure chinoise) en plénitude physiologique ; puis, il donne son énergie au méridien qui le suit et qui se trouve alors en plénitude pendant deux heures. Pendant ce temps, le méridien qui a donné son énergie se trouve en vide physiologique (voir schéma page suivante).

Appelée loi midi-minuit (voir schéma page suivante).

Les horaires de plénitude physiologique des méridiens principaux sont :

Shou Tai Yin (P), 3-5 h.
Shou Yang Ming (GI), 5-7 h.
Zu Yang Ming (E), 7-9 h.
Zu Tai Yin (R.P.), 9-11 h.
Shou Shao Yin (C), 11-13 h.
Shou Tai Yang (I.G.), 13-15 h.
Zu Tai Yang (V), 15-17 h.
Zu Shao Yin (R), 17-19 h.
Shou Jue Yin (MC), 19-21 h.
Shou Shao Yang (TR), 21-23 h.
Zu Shao Yang (VB), 23-1 h.
Zu Jue Yin (F), 1-3 h.

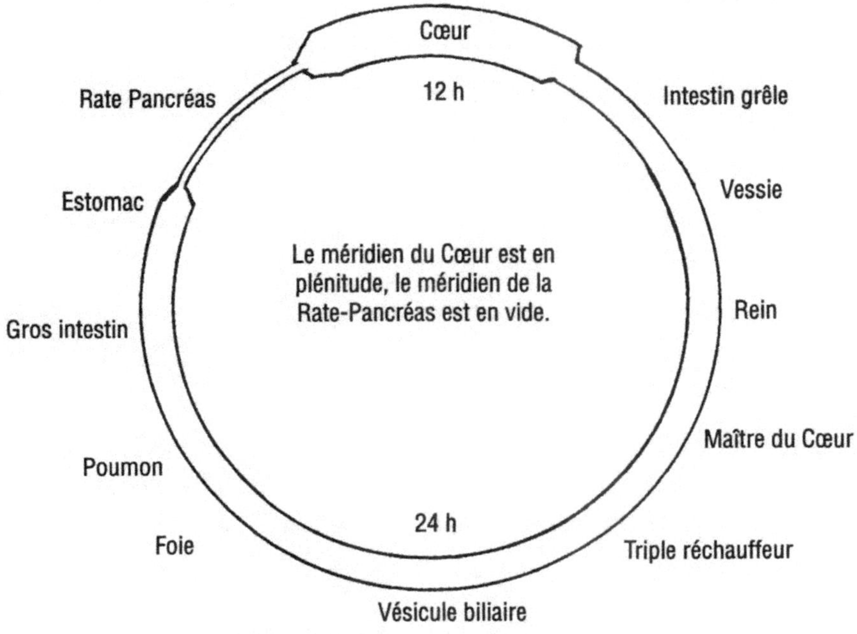

ÉTAT PHYSIOLOGIQUE (À 12 H)

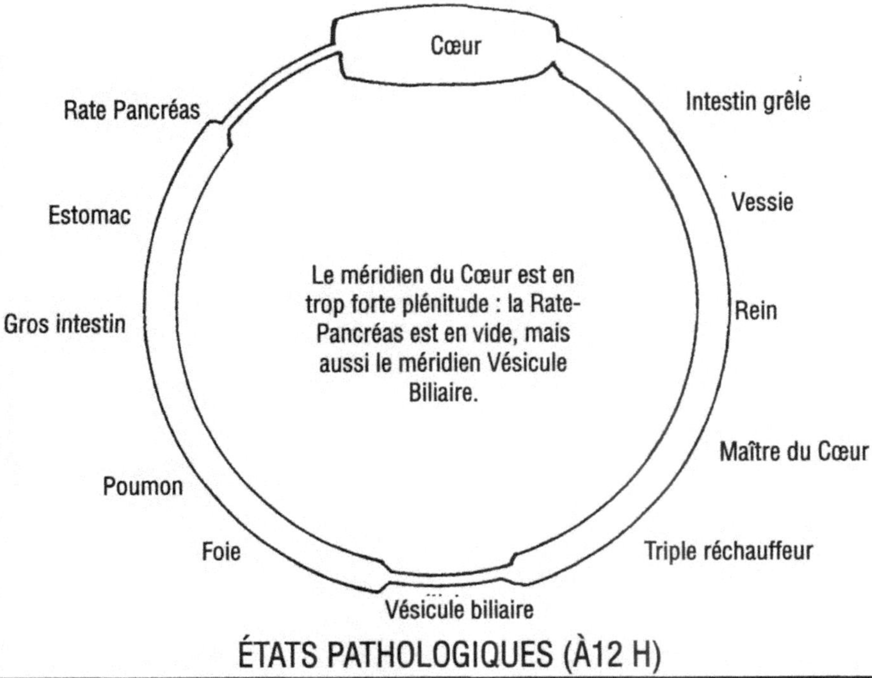

ÉTATS PATHOLOGIQUES (À12 H)

RÉSUMÉ

Les 5 éléments (en relation avec les 5 loges), sont régis par la loi d'engendrement et la loi d'inhibition. Ces deux lois physiologiques permettent le fonctionnement harmonieux entre les organes.

Pour leur part, les entrailles se succèdent selon leur position anatomique, en relation avec le Triple Réchauffeur.

Le nom chinois des 12 méridiens nous renseigne sur leur localisation anatomique (zone Yin, zone Yang et passage à la main ou au pied), ainsi que sur la qualité de l'énergie circulant.

À chacun des 12 méridiens principaux symétriques (12 X 2 = 24) s'ajoutent 3 méridiens secondaires, l'un véhiculant de l'énergie Psycho-informatrice, l'autre de l'énergie trophique, le dernier de l'énergie de Défense.

CHAPITRE III

QU'EST-CE QUE LA SANTÉ ? COMMENT LA CONSERVER OU LA RETROUVER ?

L'acupuncture, parce qu'elle porte un regard d'ensemble sur l'être humain, ne se limite pas à nous indiquer une thérapeutique utilisant des aiguilles, comme son nom le laisserait entendre, mais nous propose aussi de nombreux moyens de prévention et de thérapeutique.

AVANT LA MALADIE, LA PRÉVENTION

Dans les deux premiers chapitres, nous avons étudié la situation de l'homme dans l'univers, ainsi que les dynamismes qui l'habitent.

C'est à partir de ces conceptions que nous pourrons essayer de définir ce qu'est l'état de santé et, de là, en conclure ce qu'est la maladie. La vie est associée au dynamisme et au mouvement. L'organisme et toutes les parties de l'univers sont en perpétuelle recherche de leur équilibre. C'est ce qu'on appelle l'homéostasie.

Des milliers de récepteurs et d'effecteurs sont en perpétuelle action pour tendre vers cet équilibre. Il n'existe pas d'état stable représentant l'état de santé, mais nous ne citerons pour exemple que le système de régulation de la glycémie. L'organisme veille à maintenir le taux de sucre dans le sang dans certaines limites, grâce à des mécanismes qui tendent à l'augmenter ou à l'abaisser selon la demande, et cette demande dépend des besoins de l'organisme, eux-mêmes dépendants de l'environnement. Le système n'est pas isolé, mais en relation étroite avec son environnement. La santé se définit comme la capacité que nous avons à maintenir notre équilibre dans un certain milieu. Dès lors que la capacité d'homéostasie est déficiente, nous pourrons caractériser cet état de pathologique. Mais la frontière entre les deux états est mal définie. Ce n'est que lors d'un déséquilibre excessif que la maladie est évidente.

La maladie se traduira par un déséquilibre de l'énergie chez l'homme, par excès ou par insuffisance de Yin ou de Yang, dans les différentes structures que nous avons déjà évoquées.

Notre monde, tout comme l'être humain, est formé d'un ensemble de servomécanismes dont la caractéristique est d'être constituée de systèmes ouverts. Chaque élément fait partie d'un ensemble plus vaste auquel il est subordonné. Ainsi, par ordre hiérarchique nous avons l'énergie, les électrons et protons, l'atome, la molécule, les organismes intra-cellulaires, les cellules, les tissus, les organes, les systèmes organiques, l'organisme, le groupe social, l'espèce, l'environnement, l'univers et à nouveau l'énergie.

Lorsqu'un ensemble réagit correctement aux structures hiérarchiques supérieures, l'équilibre est respecté, le fonctionnement est harmonieux. Lorsque les différentes cellules s'adaptent aux besoins des tissus, les tissus aux besoins des organes, les organes aux besoins des systèmes organiques et les systèmes aux besoins de l'organisme, le fonctionnement est harmonieux, l'état de santé est respecté, mais la santé est non seulement le reflet d'un fonctionnement harmonieux des différentes énergies de l'organisme, mais aussi un état d'équilibre entre les énergies de l'individu et celles de l'environnement.

L'homme s'adapte remarquablement à son environnement écologique. Grâce à sa capacité d'imagination, il peut s'adapter mais aussi adapter l'environnement en sa faveur.

Cependant, il est des cycles immuables (voir les déterminants cycliques) qui sont à l'origine de marées énergétiques. L'homme peut alors se servir de ces cycles pour amplifier, catalyser les réactions qui se produisent en lui. Dans le cas contraire, s'il va à contre-courant de ces énergies environnantes, il contrarie les réactions dont il est l'objet.

Il nous faut donc entretenir notre organisme par le respect d'une hygiène de vie pour permettre à celui-ci de s'adapter le plus facilement possible. Mais pour savoir quels sont les terrains sur lesquels nous avons à combattre pour conserver la santé, il nous faut d'abord déceler les causes des maladies (déséquilibres excessifs) et, ainsi, nous pourrons plus facilement y remédier.

Nous distinguons deux types d'origine des pathologies :

- les atteintes endogènes, qui sont le résultat d'une pathologie constituée (programmation-régulation), ou acquise (nutritionnelles, psychiques) ;

- les atteintes exogènes qui sont le résultat d'une agression directe de l'extérieur sur l'intérieur (déséquilibre des énergies modulatrices exogènes des climats ou traumatismes).

L'énergie héréditaire (ancestrale), ou celle de programmation-régulation, distribue de l'énergie à tout l'organisme dans certaines proportions, variables selon les individus. Ce sont ces différences qui sont à l'origine de la multiplicité des êtres, de leur différence de caractère, de résistance physique et de morphologie.

Cependant, ces variations ne peuvent se faire que dans le cadre de limites étroites. S'il existe un excès ou une insuffisance d'énergie de manière trop importante, ces variations «anormales» formeront alors le terrain prédisposant à telle ou telle pathologie. Celles-ci peuvent être d'emblée graves dès le développement intra-utérin, et même non viables, ou bien entraîner une maladie héréditaire, manifestée à la naissance. Mais la plus grande partie des êtres humains (et des animaux) a un point faible, dû à un petit déséquilibre congénital. Les règles d'hygiène sont alors nécessaires pour ne pas aggraver le trouble pré-existant.

Les deux autres causes de troubles endogènes sont d'ordres nutritionnel et psychique. Il est possible d'agir à leur niveau, contrairement à celui de l'énergie de programmation-régulation, puisque ce sont des maladies acquises. Cependant, il nous faut expliquer pour quelles raisons ces deux causes sont appelées endogènes.

Les aliments que nous pouvons intégrer au fil des années agissent progressivement au sein de notre corps ; ils modifient lentement notre terrain de l'intérieur, et c'est pour cela que les causes nutritionnelles sont classées dans les groupes de maladies endogènes. De même, les relations psychiques que nous pouvons établir avec notre environnement conditionnent notre terrain et peuvent être à l'origine de troubles et de maladies. Tout comme les causes nutritionnelles, elles appartiennent au groupe des maladies endogènes.

Les atteintes exogènes se manifestent généralement sur un terrain légèrement déficient, mais ce n'est pas toujours le cas. Par exemple, les atteintes virales qui appartiennent à ce groupe se produiront à l'évidence sur un terrain déficient dans le cas de rhumes à répétition : elles peuvent atteindre un organisme sain mais en simple déficience momentanée, ou dépassé par la virulence ou le nombre des agents pathogènes.

Si nous retrouvons les virus comme atteintes exogènes, il nous faut aussi bien évidemment citer les bactéries, les parasites, mais aussi les traumatismes qui se conduisent comme des agressions exogènes sur notre organisme.

L'homme est ainsi en relation avec l'extérieur, aussi bien par l'alimentation et la respiration que par son système nerveux relationnel (qui regroupe la sensibilité et la motricité).

Il nous faut donc, pour éviter la survenue de déséquilibres, intervenir sur l'alimentation, la respiration, l'activité physique (motricité) et nos relations avec le monde qui se font par l'intermédiaire de l'énergie psycho-informatrice, et nous accorder avec les rythmes des déterminants cycliques exogènes, etc.

- Cette prévention qui se situe en amont de l'apparition de la maladie s'appelle la prévention primaire.

- La prévention secondaire consiste à dépister les maladies le plus tôt possible (détection du cancer du sein ou du col de l'utérus par des examens systématiques).

- La prévention tertiaire consiste à éviter l'aggravation dans une pathologie déjà installée (exemple : dans le cas d'une insuffisance respiratoire, lutter contre la survenue d'une infection aiguë).

APRÈS L'INSTALLATION DU DÉSÉQUILIBRE, LE TRAITEMENT

Malheureusement, il arrive que l'organisme soit dépassé, et survient alors la maladie.

Celle-ci peut être plus ou moins grave, selon qu'elle touche les structures plus ou moins profondes, et que son évolution est plus ou moins ancienne. Toutefois, lorsque le déséquilibre est installé, il est nécessaire d'avoir recours à une technique pour rééquilibrer l'organisme.

Il est évident qu'il faudra en premier lieu supprimer la cause de la maladie, c'est-à-dire respecter la partie prévention. Nous nous adresserons ensuite aux thérapeutiques proprement dites.

Les thérapeutiques en acupuncture ont toujours inclus d'autres méthodes que celles des aiguilles et des moxas (cigares d'armoise qui permettent de stimuler les points d'acupuncture par la chaleur). Certaines techniques, à l'heure actuelle, telles que la chirurgie, ont été développées et modernisées dans nos pays ; il en est de même des médicaments. C'est pourquoi il est indispensable que tout acupuncteur connaisse leurs indications et y ait recours lorsque cela est nécessaire.

Parmi les médicaments figurent les plantes, soit utilisées telles quelles (phytothérapie) ou sous forme d'extraits, ce qui est parfois moins dangereux et beaucoup plus maniable (connaissance des doses exactes, répertoire des contre-indications et effets secondaires, etc.). Il n'est pas vrai par ailleurs de penser que les plantes, parce que naturelles, sont sans danger. Toute thérapeutique a des effets secondaires, que ce soit des plantes ou des médicaments de synthèse. Le rôle du médecin est aussi de choisir avec son patient les médicaments qui lui conviendront le mieux, en mettant en balance les avantages et les inconvénients.

Les thérapies corporelles, telle la gymnastique ne sont pas à négliger. Elles permettent de rétablir des courants énergétiques bloqués, emprisonnés dans notre corps. Plus les déséquilibres sont importants, anciens et organiques, et plus ils nécessitent une intervention externe à l'organisme, c'est-à-dire la chirurgie ou les médicaments. Si le trouble est plus récent, plus superficiel ou plus fonctionnel, nous pouvons utiliser des thérapeutiques qui font intervenir de manière moins importante les agents externes :

- la psychothérapie qui va permettre de manière plus subtile d'agir sur l'organisme ; celle-ci est comprise dans un sens très large : elle englobe l'effet du psychisme, du mental, inconscient et conscient, de l'homme sur son équilibre énergétique qu'est la santé ! Cela recouvre aussi bien les thérapeutiques modernes (psychanalyse, thérapies de groupe, bio-énergie, relaxation, sophrologie-hypnose) que les effets placebos ou de la foi (à l'origine des guérisons «miracles»).

- la gymnastique qui agit de même : elle concerne tout aussi bien la gymnastique classique que les autres sports, le yoga, la Dai Qi chuan, etc...

- l'acupuncture qui nécessite une intervention extérieure, (voir schéma). «La stimulation du point» agit par l'intermédiaire de relais internes, c'est-à-dire qu'à partir d'une stimulation, d'une aide extérieure, l'organisme va de lui-même, grâce à cette information, faciliter ou inhiber la sécrétion de substances (par exemple les endorphines), faciliter ou ralentir des réactions enzymatiques, etc., dans le but de rééquilibrer le milieu intérieur de l'organisme.

Bien souvent une association des différentes thérapeutiques a un effet potentialisant, si bien que lors de maladies profondes et graves, l'utilisation de l'acupuncture permet de diminuer la dose de certains médicaments.

L'acupuncture proprement dite se sert traditionnellement d'aiguilles, comme nous l'avons évoqué, ainsi que de cigares d'armoises qui sont appliqués sur des points choisis.

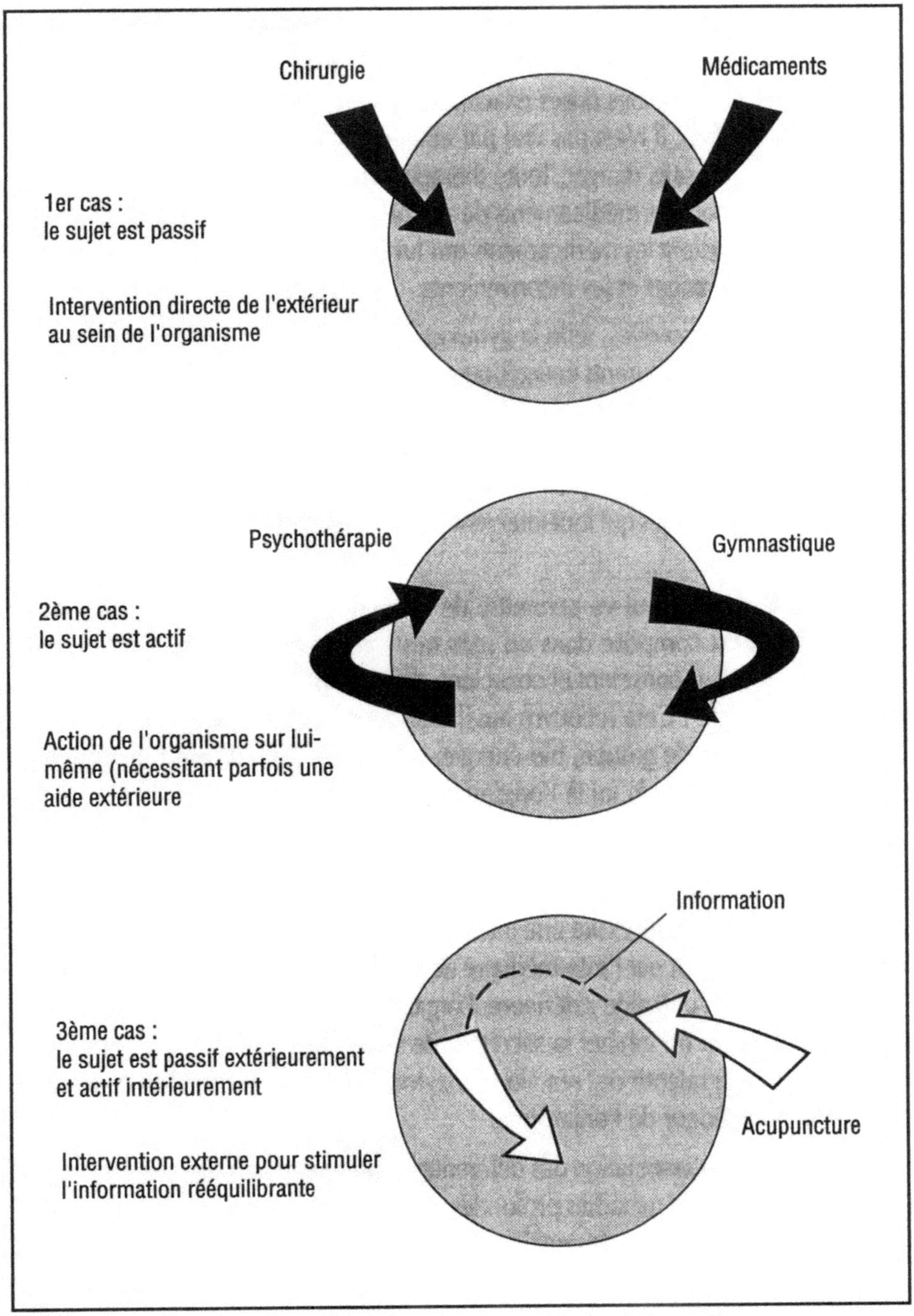

LES DIFFÉRENTS MODES D'INTERVENTION SUR L'ORGANISME

L'acupuncteur va, à l'aide de la fonction des divers points et leur stimulation, renforcer, déverser, dériver, accélérer, ralentir la circulation de l'énergie dans les méridiens et, de ce fait, provoquer des retentissements sur toutes les structures de l'organisme.

LE POINT D'ACUPUNCTURE

Outre ces caractéristiques électriques étudiées au premier chapitre, le point d'acupuncture a une structure histologique bien précise, comme l'ont montré de récentes recherches.

De faible dimension (de l'ordre de 80 microns de long), le point d'acupuncture est constitué d'un amas nerveux et vasculaire, appelé glomus, composé d'artérioles, de veinules et de vaisseaux lymphatiques. De forme allongée, dans une position verticale par rapport au derme, il est enchâssé dans un tissu conjonctif avoisinant et avec une résistance électrique moindre (voir schéma). Compte tenu de la faiblesse de ses dimensions, la localisation du point d'acupuncture doit être la plus précise possible.

Mais il est probable que la stimulation (à l'aiguille) entraîne localement, même lorsqu'elle ne se fait pas directement sur le point, des désordres électrolytiques et des libérations de substances (vasopressives et histaminiques) qui retentissent alors sur le glomus, ce d'autant que le traumatisme à l'aiguille se fait proche du point.

La fonction des points

Revenons à l'étude de la physiologie énergétique.

Chaque point a une fonction spécifique lorsqu'il est stimulé. Certains accélèrent les courants énergétiques de par leur nature propre, d'autres les ralentissent, etc.

Ainsi, le point ayant été stimulé, son action se répercute sur le méridien puis :

- sur les méridiens couplés,

- les organes et entrailles,
- les tissus anatomiques,
- les niveaux énergétiques,
- les déterminants cycliques endogènes et exogènes,
- sur toutes les autres structures énergétiques.

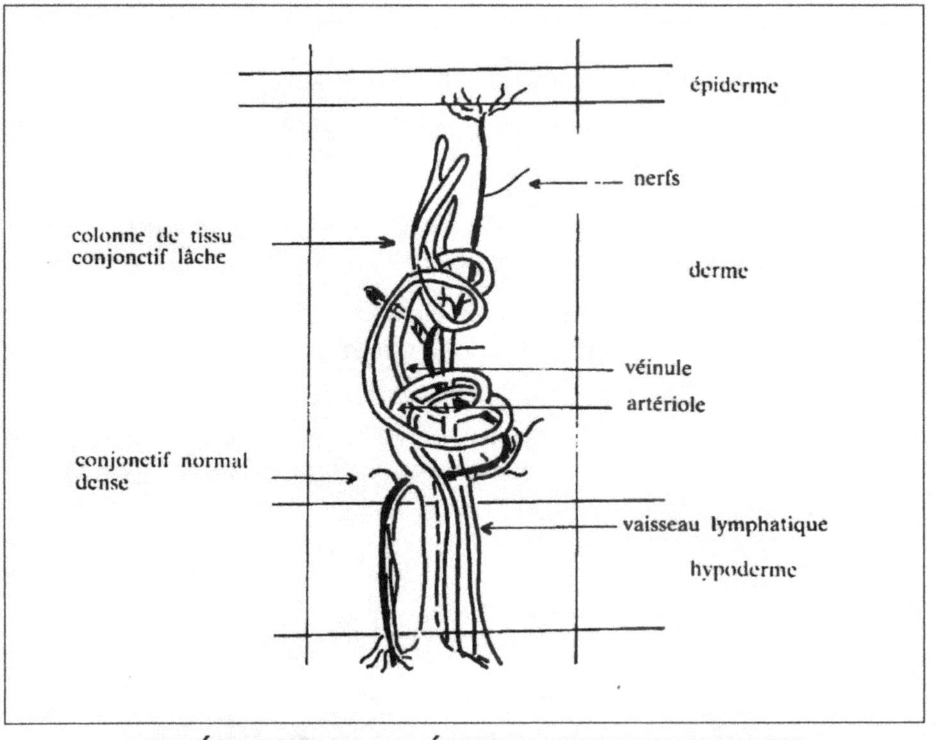

REPRÉSENTATION SCHÉMATIQUE DE L'HISTOLOGIE D'UN POINT D'ACUPUNCTURE

LES GRANDES CATÉGORIES DE POINTS

Les points Shu antiques

Ils sont tous localisés aux extrémités des membres, à partir des genoux ou des coudes, et de ce fait, en zone où l'énergie est superficielle et facilement accessible. Ils revêtent une très grande importance, car sont en relation avec les cinq éléments.

Chaque point est le représentant d'un élément sur le méridien. Le point pourra, lors de sa stimulation, imprimer au méridien son dynamisme énergétique. Les points Shu antiques sont au nombre de six: Jing, Ying, Shu, Yuan, Jing, He. Les premiers, les points Jing, sont appelés Jing distaux car ils se situent tous au bout des doigts ou des orteils, à ne pas confondre avec les autres points Jing situés soit à l'avant-bras, soit à la jambe. Ils sont donc soit les premiers points pour les méridiens Yang du membre supérieur et les méridiens méridiens Yin du membre inférieur, soit les derniers points pour les méridiens Yang du membre inférieur et Yin du membre supérieur.

Leur vocation sur les méridiens Yang est de faire passer le Yang vers le Yin.

Lorsque l'individu est debout bras tendus, les méridiens Yang circulent de haut en bas (voir schéma).

Les points Ying des mains sont la limite entre le ciel qui est Yang et l'homme qui est Yin ; l'énergie passe donc du Yang au Yin.

Aux membres inférieurs, les points Jing distaux font passer l'énergie, celle qui descend dans les méridiens vers le bas du Yang qui est l'homme, vers la terre qui est Yin (voir schéma).

Cette vocation que possèdent les points Jing distaux des méridiens Yang est symbolisée par le dynamisme métal. le métal dans le cadre des cinq éléments fait passer le Yang vers le Yin.

Pour les méridiens Yin, les points Jing distaux sont en correspondance avec l'élément bois. Par sa vocation le bois fait passer l'énergie du Yin au Yang.

Rappelons que sur le cercle des cinq éléments, le bois se situe entre l'eau et le feu. Si nous reprenons notre homme, bras tendus vers le ciel, nous remarquons que tous les méridiens Yin ont un trajet de bas en haut. Les points Ying distaux sont donc bien des points de transition entre le Yin et le Yang, tant aux membres inférieurs (terre/homme) qu'aux membres supérieurs (homme/ciel). cette notion appartient au bois.

En dehors de ce point carrefour Shu antique, quatre autres points Shu antiques agissent :

- deux sur la vitesse circulatoire, l'un en accélérant et l'autre en ralentissant ;

- deux sur la perméabilité du méridien, l'un en favorisant la sortie de l'énergie vers le milieu extra-méridien, et l'autre en favorisant la rentrée de l'énergie vers le méridien à partir du milieu extra-méridien.

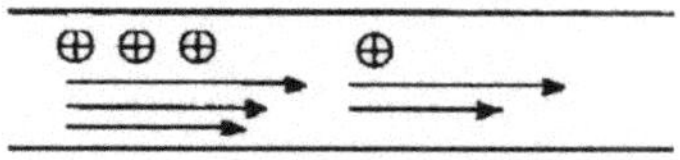

Accélération
1 • Rôle du point shu antique correspondant au Feu

Ralentissement
2 • Rôle du P.S.A. correspondant à l'eau

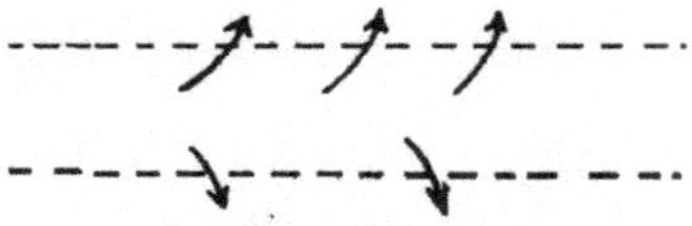

Diffusion d'énergie
3 • Rôle du P.S.A. correspondant à l'eau pour les Yang et au Métal pour les Yin

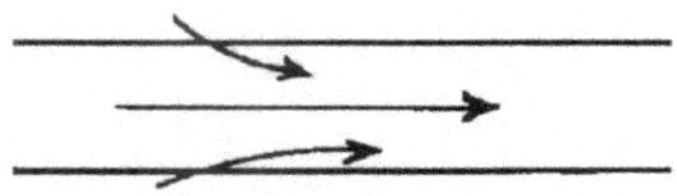

Réintégration de l'énergie
4 • Rôle du P.S.A. correspondant au Bois pour les Yang et à la Terre pour les Yins

REPRÉSENTATION SCHÉMATIQUE DES MÉRIDIENS PAR UN CANAL

Les points agissants sur l'accélération sont les points Shu antiques correspondant à l'élément feu ; ceux qui ont un pouvoir décélérateur sont en correspondance avec l'élément eau.

C'est parmi ces points Shu antiques que se recrutent les points de tonification ou de dispersion du méridien.

L'élément auquel est relié le point de tonification d'un méridien est l'élément mère de celui qui correspond à ce méridien (loi mère-fils).

Exemple :

- le méridien Vessie est rattaché à l'élément eau ;
- l'élément mère de l'eau est le métal ;
- le point de tonification est donc le point Shu antique relié au métal, soit en l'occurrence dans cet exemple le point Jing distal, le 67 V.

Parallèlement, l'élément auquel est relié le point de dispersion est l'élément fils de celui qui correspond au méridien. (loi mère-fils de prélèvement, voir page 63).

Dans l'exemple précédent :

- l'élément fils de l'eau est le bois ;
- le point Shu antique s'y rattachant est le point Shu, qui est le 65 V.

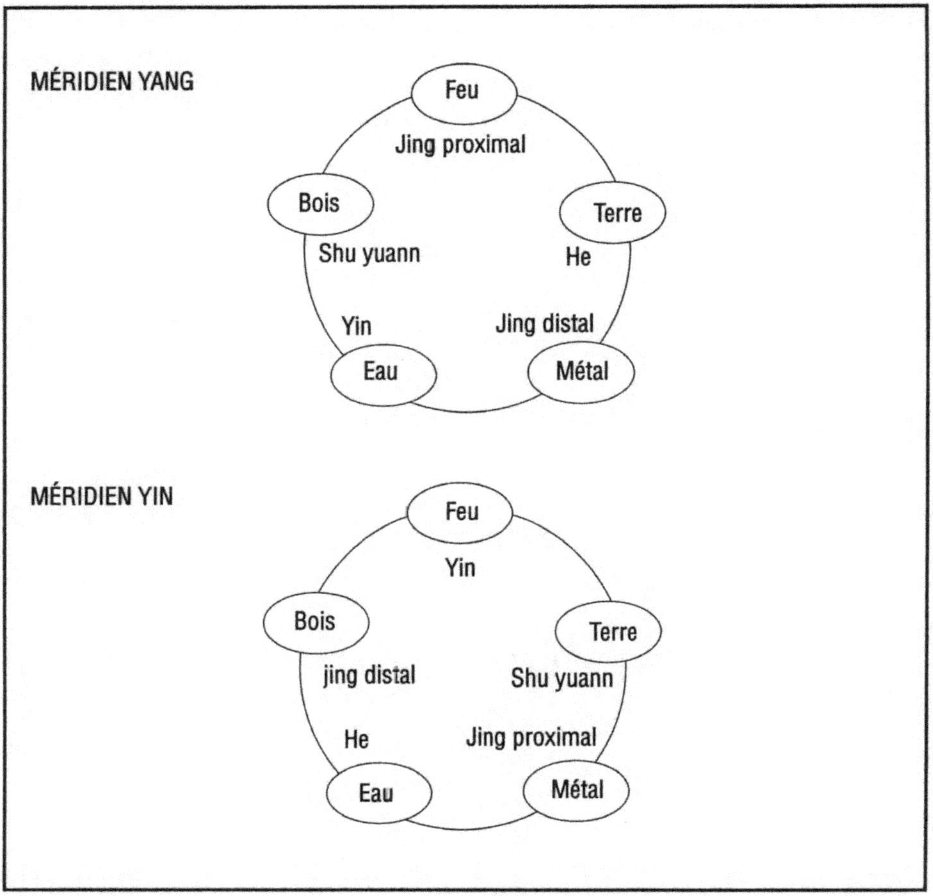

CORRESPONDANCE DES POINTS SHU ANTIQUES
AVEC LES ÉLEMENTS SELON LEUR APPARTENANCE
À UN MÉRIDIEN YANG OU YIN

CINQ POINTS SHU ANTIQUES
- 1 point carrefour
- 2 points régissant la vitesse
- 2 points régissant la perméabilité

TABLEAU RÉCAPITULATIF

Les points Luo et les points Xi

Ce sont des points qui agissent sur la répartition d'énergie entre le méridien lui-même et ses structures d'amont et d'aval.

Le point Luo

C'est le point d'origine du méridien Luo longitudinal (dont la vocation première est la trophicité), ainsi que du vaisseau Luo transversal qui va s'aboucher au point Yuann (qui fait partie des points Shu antiques) situé sur le méridien couplé.

Le point Yuann est donc le point d'embarquement de l'énergie trophique, couplé avec le point Shu pour les méridiens Yin, dissocié du point Shu pour les méridiens Yang.

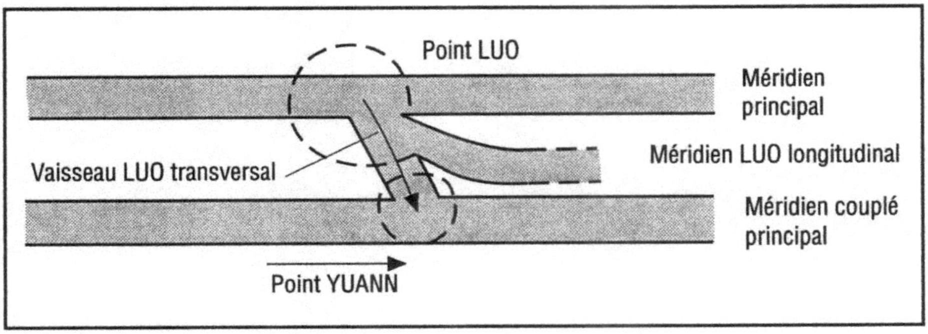

SCHÉMATISATION DU POINT LUO ET DU POINT YANN
PASSAGE DE L'ÉNERGIE D'UN MÉRIDIEN À SON MÉRIDIEN COUPLÉ

Le point Xi

C'est un point de déblocage du méridien, facilitant la communication avec l'organe ou l'entraille.

Les points Shu et Mu (dorsaux et ventraux)

Ce sont des points qui équilibrent la quantité d'énergie Yang et Yin (respectivement Shu et Mu) au sein des loges par l'intermédiaire des organes et des entrailles, grâce aux déterminants cycliques endogènes.

Il existe douze points Shu, tous situés sur le méridien Zu Tai Yang (vessie) paravertébral.

Leur localisation sur la face postérieure s'explique par le fait que le dos est Yang (voir schéma) et qu'il a donc une action yanguisante ; de plus, le méridien Zu Tai Yang (V) est le plus Yang.

Il existe douze points Mu situés sur la face antérieure qui possèdent une action yinisante sur les loges énergétiques.

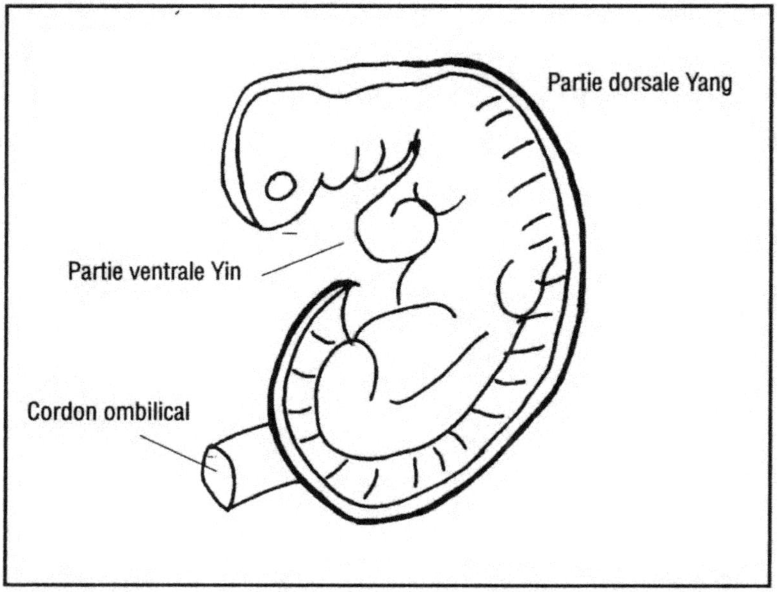

FŒTUS À LA FIN DE LA QUATRIÈME SEMAINE

Il existe d'autres catégories de points regroupés sous diverses dénominations selon leur fonction :

- les points mouvements qui agissent sur le comportement ;
- les points He à action spéciale qui agissent spécifiquement sur telle ou telle structure organique (os, moelle, vaisseaux, etc.) ;
- les points de réunion des niveaux ;
- les points fenêtre du ciel ;
- les points constellation ;
- les points de commande des méridiens programmation-régulation (MP/R) ;

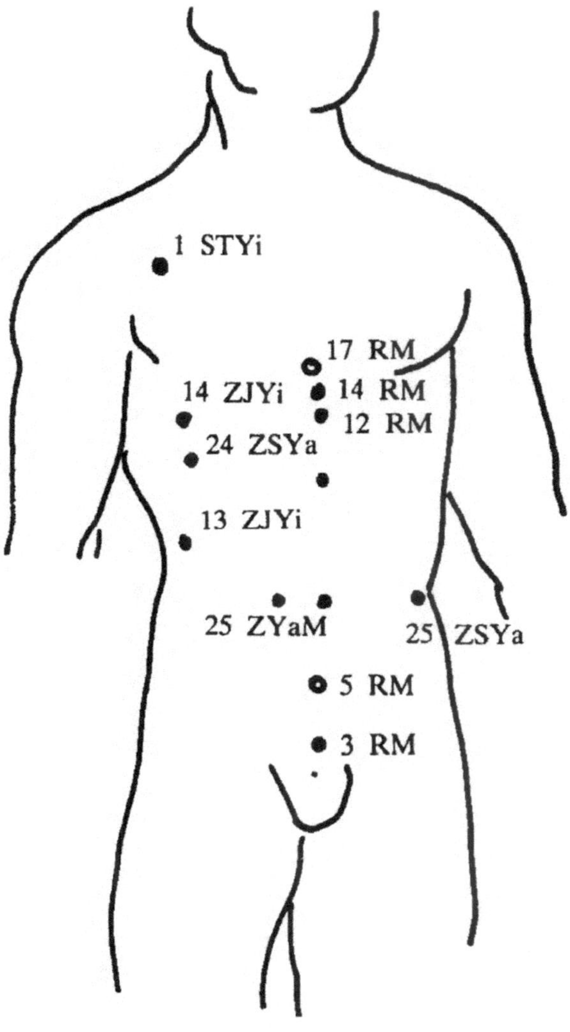

Point Mu (Symétriques) des 5 organes, 5 entrailles et des 2 super fonctions tous situés sur la face antérieure du corps

POINTS MU SUR LA FACE ANTÉRIEURE

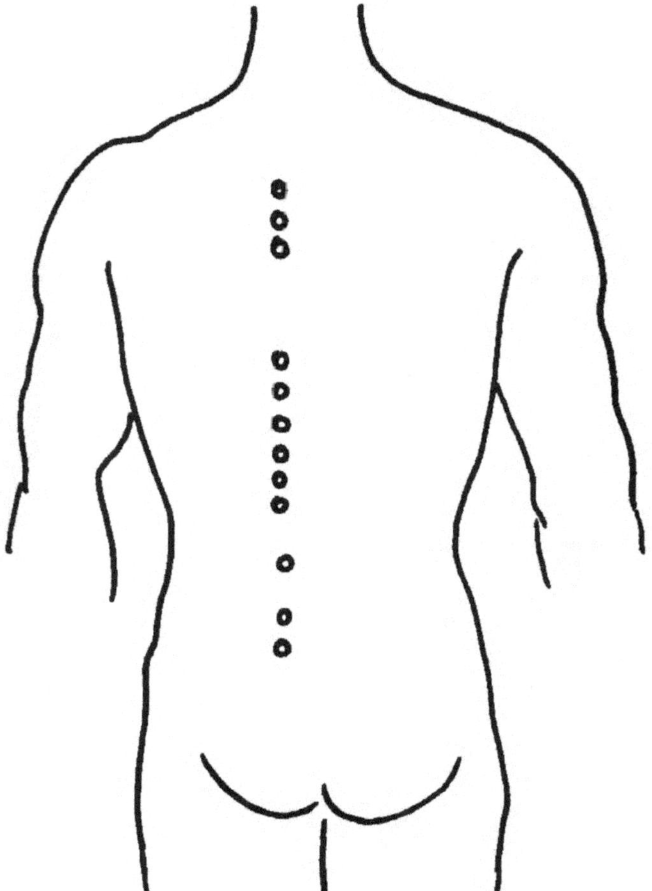

Point Shu, tous situés sur le méridien Zu Tai Yang (et symétriques)

POINTS SHU SUR LA FACE EXTÉRIEURE

- ainsi que des points caractérisés par leur localisation à un carrefour et, donc, ayant une fonction de régularisation entre un ou plusieurs méridiens ;

- les points de réunions centrales périphériques des méridiens de contrôle centraux (MCC) ;

- les points de réunion des méridiens tendino-musculaires (MTM) ;

- les points Luo de groupe de méridiens principaux ;

- les points Ling, shen, etc.

Cette longue énumération nous permet d'apprécier, d'autant qu'elle n'est pas exhaustive, la grande possibilité qui est offerte à l'acupuncteur pour faire circuler et équilibrer l'énergie par l'intermédiaire des points d'acupuncture.

Nous pouvons ainsi dresser un schéma de l'unité énergétique résumant les principales propriétés des points les plus importants.

RÉSUMÉ

La santé est un état d'équilibre des différentes énergies au sein de l'organisme et de celui-ci avec son environnement dont il est étroitement interdépendant. Tout état de déséquilibre trop important se manifeste par un état que l'on nomme maladie.

Ces déséquilibres peuvent être d'origine endogène (héréditaire, psychique, nutritionnelle) ou exogène (traumatisme, épidémie, etc...).

Chacun de nous est caractérisé par certains points forts et certains points faibles (terrain). Aussi, nous veillerons à éviter l'aggravation en renforçant les défenses naturelles et en maintenant l'équilibre par une prévention adaptée. Lorsque la maladie est déclarée, nous faisons appel à un procédé thérapeutique.

L'un d'eux spécifique à l'acupuncture consiste à stimuler un point de commande situé sur le revêtement cutané qui informera les autres structures. De nombreux points existent totalisant un ensemble de 670 points.

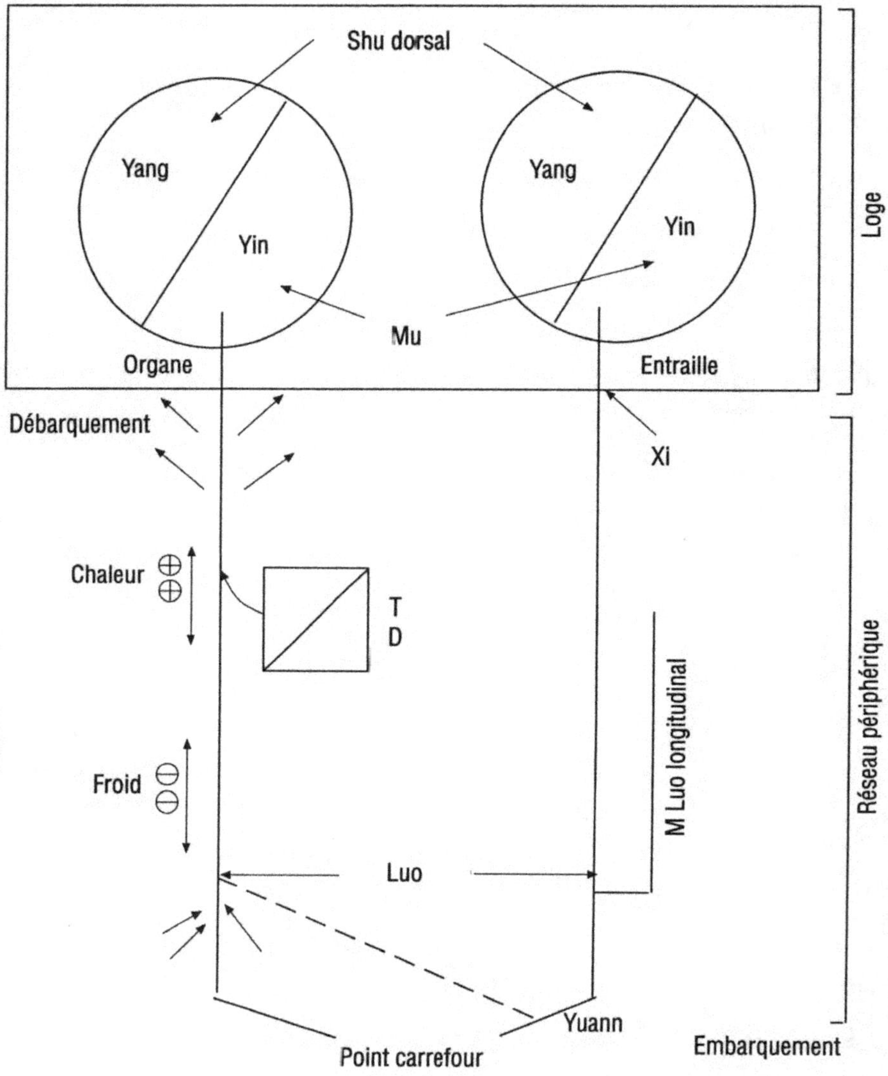

- Shu et Mu agissent directement en profondeur.
- Xi agit sur l'équilibre méridien loge.
- Luo agit sur l'équilibre méridien-méridien et méridien-tissu.
- Shu antiques agissent sur le méridien lui-même.

Les points de tonification (T) et de dispersion (D) sur le viscère qui est un appendice au méridien.

ACTION DES DIFFÉRENTS POINTS SUR L'UNITÉ ÉNERGÉTIQUE

CHAPITRE IV

ÉQUILIBRE ET HARMONIE DU CORPS, SANTÉ DE L'HOMME

L'homme est un tout indissociable, chaque structure retentissant sur les autres. Il ne peut donc être étudié que dans sa globalité. Cependant, par souci pédagogique, nous avons été amené à séparer les différents chapitres qui vont suivre. Nous avons choisi arbitrairement la succession suivante, mais le lecteur ne doit pas y voir un ordre privilégiant l'une ou l'autre de ces activités. Chacune est indispensable et indissociable des autres.

L'ACTIVITÉ PHYSIQUE

À chaque marche gravie dans l'évolution de la vie, l'énergie s'adapte pour obtenir de plus en plus d'autonomie. À l'origine, les minéraux sont entièrement tributaires de leur environnement, puis les végétaux gagnent en degrés de liberté, enfin les animaux, grâce à leur capacité de se déplacer, deviennent moins dépendants de leur environnement immédiat.

De nombreux systèmes sont alors mis en place, tels que le système digestif, le système locomoteur et le système nerveux.

Le système digestif autorise l'animal à ne s'alimenter qu'épisodiquement, et donc à se déplacer, ce qui n'est pas le cas dans le règne végétal.

Le système locomoteur permet de se déplacer dans l'espace.

Le système nerveux qui se répartit en deux systèmes, le système neuro-végétatif (avec les deux systèmes sympathique et para sympathique) et le système nerveux de relation, contribue au bon fonctionnement des deux précédents. Le rôle du premier est d'assurer essentiellement l'homéostasie interne, le deuxième l'adaptation à l'environnement immédiat.

L'aptitude à se déplacer, à marcher, nager, courir, sauter, nous permet donc d'être plus indépendant et s'inscrit comme une fonction normale de l'organisme humain. En contrepartie, l'homme ainsi créé possède un corps conçu pour exercer une certaine activité physique. Cette activité assure le bon fonctionnement de tous les autres systèmes ; elle est par ailleurs en étroite connexion avec le réseau méridien qui la nourrit.

La circulation de l'énergie

L'énergie qui s'écoule librement dans les méridiens se voit cependant fréquemment entravée, lors de sa circulation, par ce que l'on nomme des barrages énergétiques et qui sont en fait les articulations.

De même que la qualité de l'énergie influe sur le corps, le bon état du corps influe sur la circulation de l'énergie. Il arrive que les articulations deviennent de véritables obstacles à sa circulation, et que l'insuffisance d'exercices physiques ralentisse le dynamisme énergétique. Par contre, lorsque tout le corps est mobilisé, la circulation énergétique se trouve favorisée harmonisant ainsi tout le corps.

De plus, la relation est étroite entre le corps et l'esprit, c'est une des qualités de l'acupuncture que de nous permettre d'appréhender l'individu dans sa globalité psycho-somatique.

À chaque terrain énergétique s'associe telle ou telle morphologie, tel ou tel caractère, telle ou telle maladie. Les attitudes, tant physiques que psychiques, sont toujours étroitement dépendantes. Ainsi, l'étude de la morphologie, du caractère et des antécédents médicaux nous permettent de cerner le terrain du patient. Cette notion de l'individu global est une des notions les plus importantes de l'acupuncture, et nous explique pourquoi l'activité et l'entretien physique sont importants.

Ainsi, un personnage Yang non seulement adopte une attitude Yang en bougeant, en gesticulant, en occupant un large espace, mais aussi parle beaucoup, pouvant même avoir un débit précipité.

Une personnalité Yin, en revanche, sera ramassée sur elle-même, n'ose pas occuper un grand espace, fait le moins de bruit possible et parle peu.

Le corps et l'esprit sont tous deux indissociables et sont tous deux des manifestations de l'énergie.

L'intervention sur le corps physique ou le corps énergétique (par l'intermédiaire des méridiens), ou le corps psychique, retentit inévitablement sur les deux autres (voir schéma).

L'entretien du corps physique trouve son importance dans l'amélioration de la circulation de l'énergie et du retentissement sur le plan de l'esprit.

Lorsque le corps est raide, et les muscles et articulations peu souples, l'énergie circule moins bien. Inversement, s'il est entretenu par l'hygiène et des exercices réguliers, l'énergie circule plus facilement, influençant les autres niveaux du corps, grâce à une harmonisation des différents niveaux.

Les maladies

L'influence d'exercices physiques ou la sédentarité favorisent la survenue de maladies, essentiellement pour deux raisons :

- la première est que la sédentarité favorise la stagnation énergétique. Le mouvement qui est Yang, facilite normalement la yanguisation. En cas de sédentarité, l'insuffisance de Yang provoque une mauvaise stimulation des processus de dynamisation ;

- la deuxième raison est le déséquilibre provoqué entre les entrées d'énergie et les sorties. Les entrées étant supérieures aux sorties, l'excès d'énergie s'accumule dans l'organisme et apparaît sous forme de graisse. L'obésité entrave alors la circulation de l'énergie ainsi que le fonctionnement des trois étages du Triple Réchauffeur et du Maître du Cœur.

Santé et Détente musculaire

Nous avons vu que l'énergie circule plus difficilement au niveau des articulations, et cela de façon naturelle. Il est donc nécessaire d'entretenir la souplesse des articulations pour éviter le blocage complet.

Cependant, si l'activité physique est nécessaire, ainsi que la souplesse des articulations, un troisième élément est lui aussi capital, c'est la détente musculaire.

Les muscles ne sont pas naturellement des obstacles à la circulation, mais ils peuvent le devenir lorsqu'il existe des contractures ou des tensions permanentes.

La tension est définie dans ce contexte comme l'inverse de la relaxation. C'est la contraction inutile d'un muscle au maintien de la posture.

Chaque tension musculaire correspond à un blocage d'énergie qui, immanquablement, se répercute sur le plan psychique et inversement, (ne parle-t-on pas de tension nerveuse). Il s'agit le plus souvent d'une action avortée. Le mouvement est ébauché et bloqué à mi-chemin, entraînant une contraction musculaire.

Prenons par exemple, la tension musculaire des mâchoires : la crispation qu'elle entraîne est souvent due à une émotion ressentie par la personne qui contracte avec fermeté ses mâchoires, mais qu'il ne peut exprimer dans son intégralité (peur, volonté, pleurs, etc.).

De nombreuses autres tensions sont le reflet de cicatrices émotionnelles ressenties par la personne.

Il est ainsi aisé de lire l'histoire et la personnalité des patients d'après leur attitude, les contractions de tels ou tels groupes musculaires.

Nous allons maintenant illustrer notre propos en prenant l'exemple des «maux de tête». Ils sont le plus souvent provoqués par des tensions musculaires qui siègent à la nuque. Mais avant d'imaginer les remèdes possibles, définissons la structure énergétique atteinte. Le blocage se situe au niveau du méridien Zu Taï Yang (vessie) dont le trajet passe par cette région.

Dans ce cas nous pouvons :

- diminuer l'intensité des agressions responsables de cette tension ;

- utiliser les points d'acupuncture pour reperméabiliser les courants d'énergie ;

- décontracter directement la zone de tension par une attitude favorisant la relaxation ou par un mouvement qui permettra également de refaire circuler l'énergie et de l'harmoniser avec les autres parties du corps.

C'est pourquoi, l'attitude du corps physique occupe une telle place dans l'équilibre et l'entretien de la santé.

Attitude statique, attitude dynamique

Nous distinguerons de premier abord d'une part l'attitude statique et d'autre part l'attitude dynamique.

L'attitude statique est, bien sûr, l'attitude que le corps occupe lors du repos, allongé, assis ou debout ; et les différentes parties du corps ne se placent pas par hasard les unes par rapport aux autres. Les vides et plénitudes d'énergie apparaissent déjà. Cependant, il existe un élément plus important qui conditionne toute l'attitude du corps : on l'appelle l'arbre de vie, c'est la colonne vertébrale ou rachis.

Dès que cette statique est perturbée, elle retentit irrémédiablement sur les méridiens qui l'encadrent de part et d'autre. Or, c'est sur ce méridien, Zu Taï Yang (vessie), que sont localisés les points Shu dorsaux qui augmentent la polarité Yang des organes et des entrailles.

Toute perturbation du méridien entraîne dès lors des troubles dans l'alimentation en énergie Yang du noyau central.

Mais avant d'aller plus loin dans l'étude des manifestations pathologiques, faisons un peu d'anatomie et de physiologie de la colonne vertébrale. Le rachis qui est un ensemble d'articulations, est partagé comme toute articulation entre deux nécessités : être rigide pour donner une structure solide à l'édifice, et être mobile pour permettre les mouvements et les déplacements. Il est composé, pour ce faire, d'un ensemble de trente-trois vertèbres qui s'articulent les unes aux autres par l'intermédiaire d'un petit disque fibro-cartilagineux. Ce disque permet d'absorber les chocs lors des déplacements, tout comme les courbures de la colonne vertébrale qui jouent un rôle de ressort. Ces courbures qui sont donc physiologiques et nécessaires, sont en relation avec les trois étages du Maître du Cœur.

Chaque étage du Maître du Cœur, de par sa nature Yin, attire la colonne vertébrale, l'enroulant sur ces niveaux et provoquant une cyphose vertébrale (voir schéma).

C'est l'équilibre entre le MC et le TR qui assure la statique de la colonne vertébrale, l'inverse est également vrai.

La rectitude dans le plan sagittal est en rapport avec les méridiens bilatéraux.

Une bonne statique du rachis, inversement, harmonise les différentes structures énergétiques, retentissant ainsi sur tout l'organisme.

Pour ce faire, les courbures ne doivent être ni diminuées ni exagérées. Il existe trois types fréquents de troubles de la statique :

- l'hyperlordose lombaire, due à un excès de yinisation du petit bassin, gêne la circulation de l'énergie vers les autres parties du corps. Cela favorise l'apparition des troubles du petit bassin, tels que les problèmes gynécologiques chez la femme ;

- la cyphose dorsale s'accompagne d'un affaissement de la cage thoracique, l'amplitude respiratoire s'en trouvant diminuée. Les épaules sont ramenées en avant, donnant un air triste et abattu. Cette attitude se voit fréquemment chez les personnes déprimées. L'utilisation d'exercices pouvant corriger les attitudes anormales de la colonne vertébrale facilite la guérison ;

- l'hyperlordose cervicale correspond à une hyper-extension de la nuque par rapport au reste du rachis. C'est un mouvement Yang. Cette attitude se remarque chez les personnes regardant les autres «d'en haut», bravant leur entourage.

Les pathologies associées dans ce dernier cas seront des douleurs des régions concernées, ainsi que des troubles essentiellement localisés dans la région haute du corps.

Il existe d'autres pathologies, liées au dysfonctionnement des méridiens en rapport avec la statique vertébrale que nous n'énumérons pas ici. Par contre, nous allons maintenant envisager quelques exercices pratiques permettant, par une harmonie du corps, de faciliter la circulation énergétique.

Mise en place de l'attitude statique

Elle est fondée avant tout sur une bonne position de la colonne vertébrale. Il nous faut vérifier la verticalité de celle-ci, tout en respectant les courbures physiologiques.

Lorsque les vertèbres sont bien empilées les unes sur les autres, les tensions musculaires sont beaucoup moindres, l'énergie circule avec facilité, n'étant pas gênée par les tensions. Les douleurs n'apparaissent pas.

Si la colonne vertébrale est inclinée, une tension naît naturellement pour contrecarrer la force de la pesanteur, par simple réflexe. L'énergie du méridien Zu Taï Yang (vessie) est contrecarrée, provoquant à la longue une tension douloureuse. Parfois, celle-ci n'est pas perçue spontanément, mais lors de l'examen de la région concernée, une pression du muscle réveille une douleur aiguë.

Mais, s'il est très important de maintenir une attitude droite et ferme, il ne faut pas dépasser l'objectif visé et créer par excès des tensions inutiles. C'est pourquoi il faut que cette rectitude soit tenue avec souplesse et équilibre (voir schéma). N'oublions pas que les articulations doivent établir un compromis entre solidité et mobilité. Il en est de même pour l'ensemble du corps qui doit respecter l'harmonie entre fermeté et souplesse.

La recherche de cet équilibre entre fermeté et souplesse est un des buts proposés par le hathayoga dans les postures. C'est ce qui et appelé Sukha et Sthira (Sukha signifie agréable, Sthira ferme et stable) Patanjali, yogi du début de notre ère, nous dit dans le Sutra 46 Sadhana Padam : «Par la pratique régulière, la posture devient ferme et agréable pendant qu'on est assis pour la concentration».

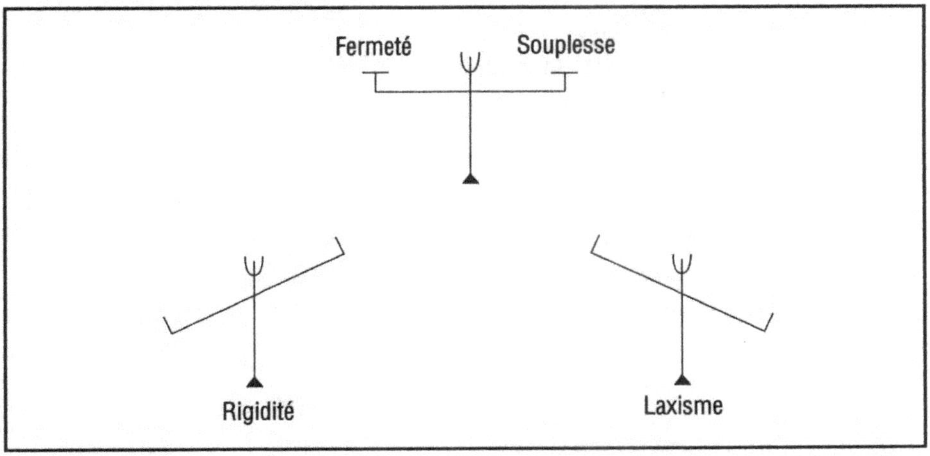

La rigidité physique, due à l'excès de fermeté, s'associe bien souvent avec une rigidité d'esprit. Il en est de même pour l'hyperlaxité. Ainsi, si les déséquilibres physiques peuvent être propices à un déséquilibre du fonctionnement de l'énergie, et donc du mental, l'équilibre physique est propice à un équilibre énergétique et mental.

Une fois la verticalité vérifiée dans le plan sagittal, ainsi que dans le plan frontal, nous pouvons envisager par la pratique des postures, la correction des courbures exagérées du rachis.

Ces exercices permettent également de meilleurs échanges énergétiques par le mouvement qu'ils induisent entre les trois étages du TR et du MC.

Exemple d'exercices

Dans un premier temps, s'allonger sur le sol, les jambes légèrement écartées, les bras le long du corps. Veiller à relâcher tout le corps, évitant ainsi les tensions inutiles ; les pieds tombent d'eux-mêmes vers l'extérieur, les paumes des mains sont tournées vers le ciel. Veiller encore à relâcher les épaules en les descendant vers les pieds et vers le sol.

Prendre conscience de la colonne vertébrale qui est en contact avec le sol, puis imprimer au bassin un mouvement de bascule. Lorsque le bassin s'enroule, le bas du corps s'étire et se plaque au sol ; lorsque le bassin se relâche, le bas du dos peut se redécoller du sol. Ceci favorise la respiration énergétique dans le petit bassin. Etirer d'autre part la nuque sur le sol en regorgeant le menton contre la poitrine.

Ainsi, dans un premier temps, nous pouvons apprécier la rectitude du rachis, la mobilité du bassin et les tensions musculaires éventuelles.

Dans un deuxième temps, se mettre debout et répéter le même mouvement en imaginant que le bassin est une cuvette dans laquelle reposent les organes. Il faut ainsi positionner le bassin à l'horizontale en le ramenant vers l'avant pour éviter que la «cuvette» ne se renverse. Répéter plusieurs fois le mouvement de bascule et maintenir la position horizontale de bascule du bassin, de telle sorte que la courbure lombaire soit diminuée. Cet exercice pourra être répété le plus souvent possible dans la journée.

Terminer cet exercice en corrigeant la position de la tête en étirant la nuque pour l'aligner au reste de la colonne.

Cet exercice permet une meilleure descente de l'énergie respiratoire dans le bassin vers l'énergie P/R et une meilleure distribution de l'énergie trophique vers le poumon d'où elle est distribuée.

Lorsque l'attitude statique est bien acquise, il est facile d'y adjoindre des mouvements qui vont étirer la colonne vertébrale, l'assouplir par des mouvements de flexions en avant, de flexions latérales, d'extensions et de rotations.

Ces exercices, exécutés sans forcer, entretiennent la souplesse du corps, facilitent une attitude correcte de la colonne vertébrale, dénouent les tensions musculaires et donc énergétiques, assurant un bien-être et une meilleure forme physique.

Les mouvements dynamiques qui ne concernent pas seulement la colonne vertébrale, relèvent eux de la position des membres par rapport au rachis. Se déroulant au même moment que la recherche du point de centre de gravité pour conserver son assise, ils permettent d'accélérer les échanges tant sanguins qu'énergétiques.

Tous les sports qui interviennent dans ce sens peuvent être pratiqués sans conséquences néfastes. L'homme, à l'origine, marchait, courait, nageait, sautait. La pratique harmonieuse de ces différentes activités est bénéfique, d'autant qu'elle s'effectue à l'extérieur. Les sports qui se pratiquent avec des à-coups, des arrêts brusques et des accélérations brusques peuvent être pratiqués sans excès, sauf contre-indication ; mais il est toujours bon de les compléter par d'autres activités qui rétabliront une harmonie, souvent perturbée.

Rappelons-nous que tout le monde peut pratiquer la marche et que celle-ci devrait être faite chaque jour en extérieur pour notre plus grand bien.

S'il est préférable de pratiquer les exercices en extérieurs, c'est parce que les échanges y sont favorisés : non seulement les échanges respiratoires - la qualité de l'air et sa teneur en oxygène y est généralement supérieure -, mais aussi les échanges thermiques. Le fait de travailler en atmosphère plus fraîche permet d'éliminer plus facilement la chaleur. Ceci est particulièrement recommandé aux personnes qui ont tendance à l'embonpoint.

Voyons donc maintenant quelques exercices qui font intervenir les membres et plus particulièrement les extrémités.

Exercices favorisant les échanges entre les terminaisons des méridiens

Les méridiens débutent ou finissent, soit à la tête ou à la poitrine, soit aux mains ou aux pieds.

Chaque passage de l'énergie d'un méridien à un autre peut être considéré comme un obstacle (de même que les articulations). C'est pourquoi nous pourrons favoriser cette circulation en assurant souplesse et tonicité des poignets et des doigts, des chevilles et des orteils, de la nuque, qui sont des zones propices à un blocage d'énergie.

Voici un exemple de travail simple des poignets : s'asseoir sur les talons, à genoux (les chevilles travaillant déjà), entrelacer les doigts, tourner la paume des mains et tendre les bras, puis les porter à droite, à gauche et étirer les bras vers le ciel.

Ainsi chaque poignet est travaillé progressivement.

Respiration : inspirer en étirant les bras devant et en haut, expirer en portant les bras sur les côtés.

Travail des orteils : s'asseoir sur les talons, à genoux, poser les mains sur les cuisses. Rentrer les orteils et s'asseoir sur les talons, puis quitter la position.

Respiration : libre.

La circulation entre les méridiens de la tête et de la poitrine sera facilitée par les mouvements de rotation de la nuque : s'asseoir sur les talons, à genoux ; incliner le menton sur la poitrine, puis faire rouler le menton vers l'épaule gauche et regarder en haut à gauche, puis revenir vers la droite en regardant en haut à droite, puis menton épaule droite et menton poitrine. Refaire le mouvement dans l'autre sens pour revenir à la position de départ.

Respiration : inspirer en levant la tête, expirer en abaissant la tête.

Les trois exercices précipités assouplissent, et tonifient ligaments et muscles, favorisant ainsi un libre écoulement de l'énergie dans son réseau circulatoire.

Il existe de nombreux autres exercices ayant chacun leurs effets spécifiques.

LA NUTRITION

Lorsque l'homme pense, marche, communique, il dépense de l'énergie. Il la puise dans son environnement, par l'intermédiaire de l'alimentation et de la respiration : les aliments sont le carburant et les éléments puisés par la respiration (oxygène) sont le comburant. Ces deux systèmes sont sous la dépendance du Triple Réchauffeur.

Les aliments que l'homme ingère sont créés, comme lui, de la réunion du ciel et de la terre. Tous ces aliments ne sont pas identiques et se répartissent en quatre classifications selon l'acupuncture. Chaque aliment, selon son appartenance à l'une ou l'autre de ces classes, retentit sur une ou plusieurs structures : il peut être la source de déséquilibres lorsqu'il est consommé en excès ou en insuffisance, mais aussi le moyen de conserver notre équilibre, voire de le retrouver.

Classification I

Dans cette première classification, les aliments se répartissent en cinq groupes, rattachés aux cinq éléments, selon leur saveur : l'acide au bois, l'amer au feu, le doux à la terre, le piquant au métal, le salé à l'eau.

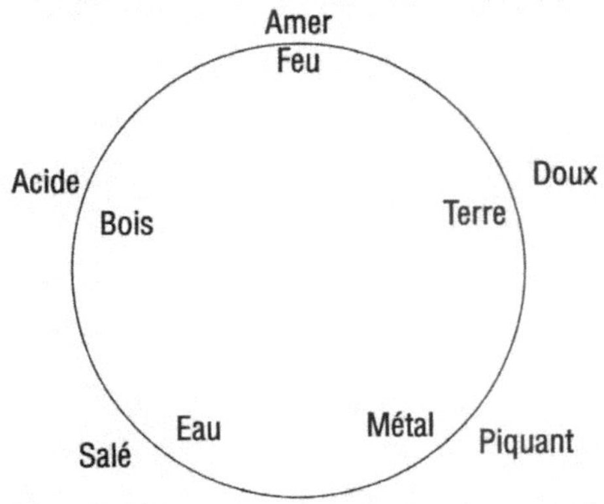

CORRESPONDANCE ENTRE LES ÉLÉMENTS ET LES SAVEURS

BOIS	FEU	TERRE	MÉTAL	EAU
Sésame	Alcool de vin	Millet (avec gluten)	Avoine	Maïs
Fromages blancs	Millet (avec gluten)	Maïs	Nèfle	Alcool de vin
Yaourts	Orge	Fève	Riz (non décortiqué)	Oeuf de poule
Échalote	Sarrasin	Riz (décortiqué)	Grenade	Marron
Oseille	Endives	Graine de lotus	Poire	Cerise
Choucroute	Pissenlit	Thé	Pêche	Noix
Prune	Salsifis	Rose	Cacahuète	Rognon
Orange	Fèves	Cacahuète	Amande	Pigeon
Citron	Chicorée	Cerise	Radis	Fromages cuits
Pamplemousse	Gentiane	Sucre	Piment	Céleri
Groseilles	Absinthe	Potiron	Oignons	Porc
Framboises	Houblon	Fleur d'oranger	Ail	Charcuterie
Ananas	Camomille	Banane	Gingembre	Poissons de mer
Blé	Tabac	Mangue	Raifort	Crustacés
Canard	Mouton	Melon	Cresson	Caviar
Poule	Gibier	Miel	Moutarde	Oeufs de poisson
Vin blanc	Abricot	Jujube	Poivre	Ginseng
Oeufs	Fromages fermentés	Datte	Curry	Pousses de soja
		Bœuf	Paprika	
		Pruneaux	Cheval	

CORRESPONDANCE DE QUELQUES ALIMENTS AVEC LES 5 ÉLÉMENTS

Voyons maintenant quel est le devenir de ces cinq saveurs.

Lors de leur trajet dans les entrailles, les aliments, après avoir été ingérés, arrivent à l'estomac (voir loi de succession des entrailles). À ce niveau, siège du TR moyen, les saveurs sont distribuées à la rate (pivot central), puis aux autres loges, selon le cycle d'engendrement.

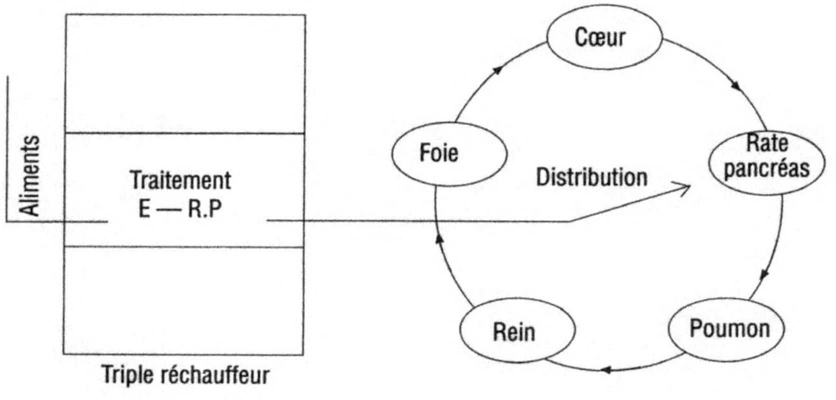

Pénétration de l'Énergie par le TR Moyen et distribution des saveurs à la rate-pancréas puis aux autres organes selon la loi d'engendrement.

ABSORPTION ET DISTRIBUTION DES SAVEURS

L'action de cette saveur yanguise la loge dans un premier temps, puis l'yinise immédiatement après.

Une fois parvenue à la loge qui lui correspond, la saveur tonifie le Yin de cette loge. Par exemple, l'amer renforce le Yin de la loge feu, donc de l'organe cœur. Lorsque l'alimentation n'est pas déséquilibrée au profit d'une saveur particulière, le Yin qui arrive progressivement nourrit le Yang et assure une fonction harmonieuse des loges énergétiques.

Dans le cas où une saveur est apportée en excès, l'yinisation se fait de manière trop importante. Le premier résultat en est une diminution de l'aspect Yang de la loge. Cet aspect Yang manquant, la deuxième conséquence en est la libération du Yang de la loge normalement inhibée dans le cycle de destruction.

En conclusion, une saveur en excès nuit d'abord à la loge à laquelle elle est rattachée, puis à la loge qui la suit en second

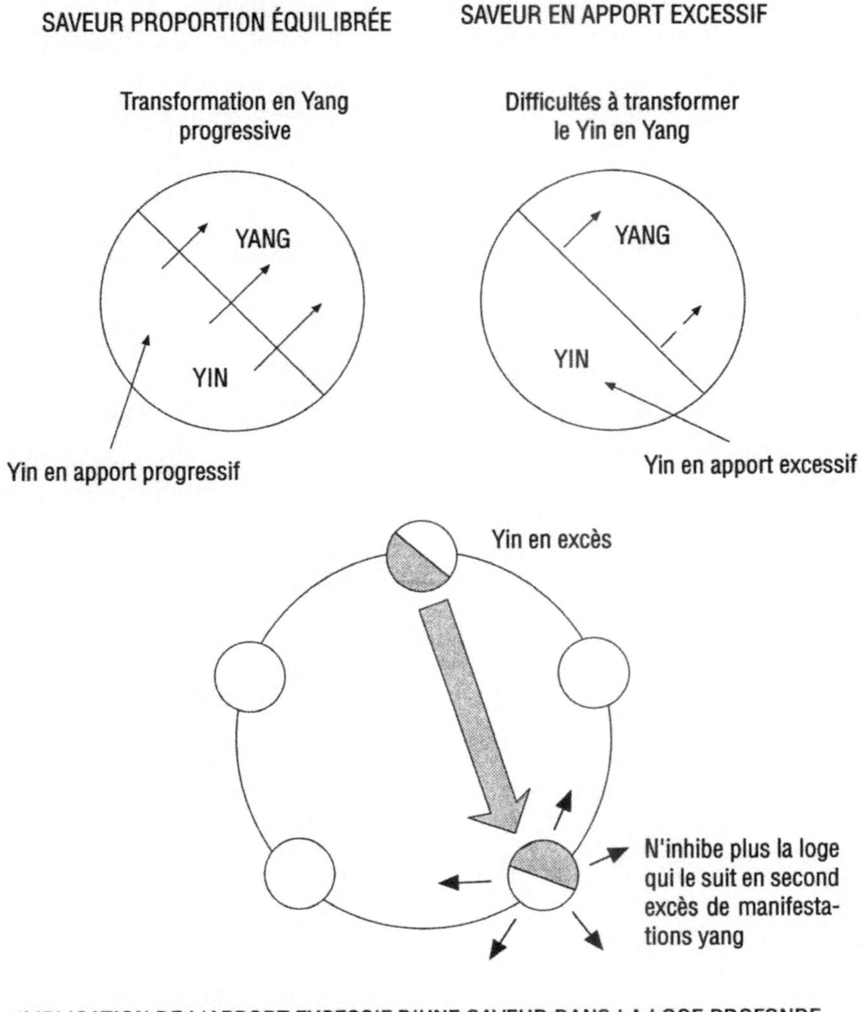

IMPLICATION DE L'APPORT EXCESSIF D'UNE SAVEUR DANS LA LOGE PROFONDE, D'APRÈS LE CYCLE D'INHIBITION

Tout apport excessif d'une saveur peut engendrer une pathologie de la loge. Il est donc important d'équilibrer les apports d'aliments selon leur saveur.

Classification II

Cette deuxième classification concerne également les saveurs, en les classant en Yin ou Yang : salé et doux sont Yin ; acide, amer, piquant sont Yang.

Les saveurs Yin et Yang agissent directement au niveau du MC/TR et donc sur l'équilibre entre le sang (rattaché au MC) et l'énergie (rattachée au TR). Les saveurs Yang dynamisent le TR. Les saveurs Yin ralentissent sa fonction.

Classification III

Dans la troisième classification, ce n'est plus la saveur qui est retenue, mais nous tenons compte de la teneur en énergie de chaque aliment et, une fois ingéré, de sa rapidité à la libérer.

Ainsi, nous distinguons d'une part les aliments à haut potentiel de diffusion énergétque (HPDE) qui contiennent une quantité d'énergie importante et rapidement libérable, et d'autre part les aliments à bas potentiel de diffusion énergétique (BPDE) qui contiennent une quantité énergétique libérable progressivement.

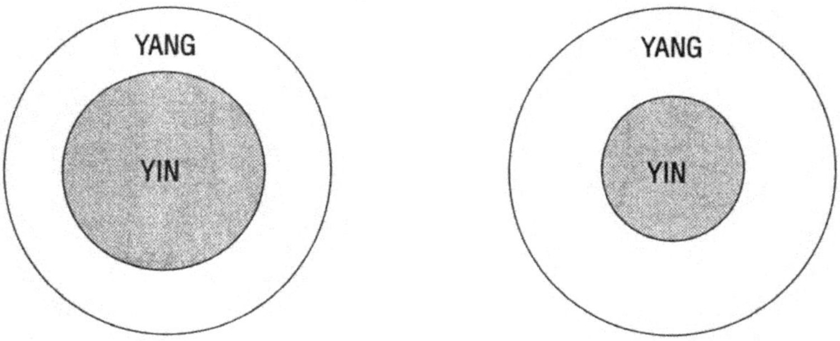

Aliments à haut potentiel de diffusion énergétique (HPDE)

Aliments à bas potentiel de diffusion énergétique (BPDE)

Cette énergie, qui est libéré plus ou moins rapidement, est alors prise en charge par l'ensemble de la superfonction TR qui va la traiter, la spécifier, éliminer l'énergie inutile, et assimiler l'énergie nécessaire à l'organisme qui pourra la stocker et la faire circuler, soit par les méridiens, soit par le système sanguin.

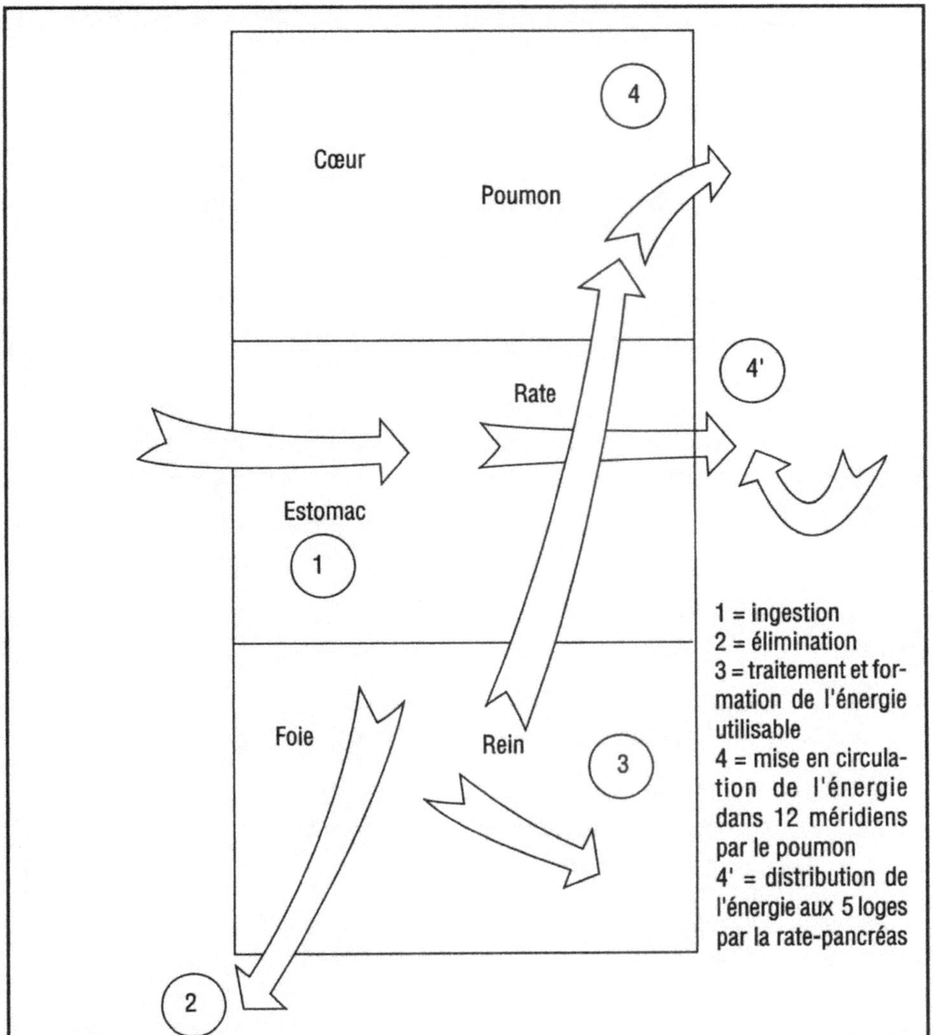

CHEMINEMENT DE L'ÉNERGIE DANS LE TRIPLE RÉCHAUFFEUR

Classification IV

Enfin, certains aliments sont reconnus comme tonifiant, réchauffant, désaltérants, donnant soif ou rafraîchissants.

Ils ont, eux aussi, comme les aliments à bas potentiel de diffusion énergétique, une action parallèle aux déterminants cycliques exogènes qui viennent influencer le fonctionnement du noyau central par l'intermédiaire du réseau périphérique.

Connaissant ces quatre classifications, il sera important d'équilibrer les apports d'énergie. Pour cela il convient :

- d'harmoniser les saveurs pour équilibrer les loges et harmoniser le fonctionnement du MC/TR ;

- d'équilibrer les apports en aliments à haut potentiel de diffusion énergétique et à bas potentiel de diffusion énergétique ;

- de ne pas abuser des aliments tonifiants, désaltérants, réchauffants, etc.

Prenons quelques exemples pour illustrer les méfaits de l'ingestion déséquilibrée d'aliments.

Dans la classification le tabac, saveur amère, nuit à l'organe cœur ; l'alcool, saveur piquante, nuit au poumon (dans ce cas, il libère le mouvement Yang du foie en levant l'inhibition et conduit au comportement agressif de l'alcoolique).

Le café et le thé de saveur amère, consommés de manière abusive (c'est-à-dire importante et répétée), sont des excitants pour la loge cœur, qu'ils épuisent à la longue.

Dans la classification II, l'excès de piquant, comme les épices, favorisent les manifestations Yang du tube digestif, telles les gastrites, les hémorroïdes.

Ainsi grâce à la notion des saveurs, nous retrouvons quelques règles simples de nutrition qui ne sont malheureusement pas suffisamment respectées et qui sont à l'origine de tant de pathologies :

- Le tabac et l'alcool sont responsables directement ou indirectement de plus de la moitié des hospitalisations.
- Les excitants nécessitent ensuite la prise de tranquillisants.
- Le sel pourvoit aux hypertensions artérielles.

À ces trois habitudes alimentaires, qui sont assez anciennes dans notre pays, viennent s'ajouter trois autres, plus récentes, datant du siècle dernier et qui concernent la classification III.

- Augmentation de la consommation de viande et de sous-produits animaux (fromages, lait).
- Diminution de la consommation de sucres d'absorption rapide (boissons sucrées, sucre).

Ces trois tendances se renforcent par ailleurs à l'heure actuelle, se traduisant en ce qui concerne les nutriments, par une augmentation de la consommation de lipides saturés et de sucres d'absorption rapide, et par une diminution de la consommation de fibres et de sucres d'absorption lente.

Ces trois bouleversements concernent les aliments à haut et bas potentiel de diffusion énergétique.

Dans ce type d'alimentation, un déséquilibre se crée au profit des graisses, nutriments riches en énergie, au détriment des céréales, légumineuses et légumes, alors que ceux-ci, appartenant à l'ensemble terre, donc pivot central, devraient être la base de notre alimentation.

Les céréales sont riches en glucides, respectent des proportions équilibrées et sont dotées d'un haut pouvoir de satiété. Chaque région ou pays voit son alimentation reposer sur une céréale de base (Europe : blé, Orient : riz, etc.).

Les légumineuses sont riches en protéines et complètent harmonieusement les céréales. Quant aux légumes, riches en fibres et en glucides, ils sont aussi une source importante de vitamines, de sels minéraux et d'oligo-éléments. Les lipides essentiels se trouvent dans ces classes d'aliments.

La viande (qui est d'un coût économique élevé) n'est pas indispensable à une alimentation équilibrée. Si toutes les viandes sont riches en protéines, la plupart sont également riches en graisses (par exemple 100 g de viande de bœuf contiennent 20 g de protéines mais aussi 20 g de graisses pour la majorité saturées).

Ce sont, bien sûr, les habitudes alimentaires qui doivent être l'objet d'une réflexion critique, car toute prévention, en ce domaine, repose sur des années, voire des siècles ; elle concerne la population dans son ensemble ; et il est bien difficile de modifier les habitudes alimentaires de toute une société. Ces habitudes sont liées à la culture et ne sont pas dépourvues d'affects. 95% de la population y est sensible et risque de faire une des pathologies nommées dans le tableau, si quelques règles d'hygiène alimentaire ne sont pas respectées. En effet, ce n'est que 95% de la population qui est concernée, car le reste, 5%, est «anormalement» résistante et peut se permettre des excès. Cependant des habitudes saines n'excluent pas de faire «des repas de fête», où la qualité et la quantité des aliments peuvent être inhabituellement excessifs. Mais vouloir faire chaque jour des repas de fête conduit à consommer en excès des aliments facteurs de risques, responsables de maladies.

Tout naturellement, nous avons tendance à multiplier nos sources d'alimentation pour varier nos plaisirs et pour diminuer nos tensions. Nous augmentons de ce fait la ration alimentaire.

La qualité des aliments

La qualité énergétique de l'alimentation ne dépend pas seulement de l'équilibre des différentes saveurs et nutriments, mais aussi de la nature de chaque aliment : c'est-à-dire d'une part sa pureté bactériologique et d'autre part sa faible teneur en résidus et sa richesse en vitamines, sels minéraux et oligo-éléments.

La pureté bactériologique, c'est-à-dire l'absence de contagiosité par des germes, s'est considérablement améliorée depuis deux siècles grâce aux procédés de conservation et de distribution et grâce à la surveillance sanitaire.

En revanche, l'utilisation des engrais (azote, phosphore, potassium, etc.), des pesticides conservateurs, colorants, gélifiants, anti-oxydants, etc. a appauvri la richesse des aliments en vitamines et en oligo-éléments tout en augmentant la quantité de certaines substances qui, pour la plupart, ne sont pas sans influence sur la santé. L'agriculture dite agro-biologique (et non pas traditionnelle) nous apparaît le meilleur garant pour respecter la qualité énergétique de l'aliment.

Exemple d'un régime à base de céréales

Tout régime alimentaire doit respecter les équilibres en saveurs, en nutriments et en aliments Yin et Yang.

Pour lutter contre l'obésité ou les maladies de pléthore par exemple, le régime indiqué ci-dessous est propre à donner une sensation de mieux-être et des résultats après trois semaines. Il se compose ainsi :

- à base de céréales ;
- accompagnées de légumes cuits et crus ;
- de quelques fruits ;
- de laitages (lait, fromage et yaourt) et d'œufs en quantité modérée (pas plus de 100g par jour).

Il est conseillé pour la première semaine d'établir un menu quotidien identique; la monotonie du régime est un facteur important de réussite.

Exemple de menu

Petit déjeuner : pain, crème de noisette, malt ou thé léger ou café léger, yaourt.

10 heures : fruit.

Déjeuner : salade de crudités (de saison), riz ou blé ou sarrasin ou millet ou orge ou avoine, avec légumes cuits ou champignons, fromage, dessert (tartes avec farine complète).

4 heures : fruit ou yaourt.

Dîner : même repas qu'à midi, mais au lieu d'une céréale, mettre une légumineuse (lentilles, pois, soja...).

La céréale de base ne devra pas varier durant les trois premières semaines, ainsi que la légumineuse. Tabac, alcool, café seront proscrit.

Les boissons ne seront pas prises lors des repas, sauf une boisson chaude, si on le désire, un quart d'heure après le repas. L'eau, seul liquide indispensable, pourra être consommée à volonté à distance des repas (une demi-heure avant, une heure après).

Dans le cas de carence, de pathologie d'insufisance, les céréales, les légumes et les légumineuses devront être impérativement changées à chaque repas.

La quantité de laitage et d'œufs peut être augmentée.

Le choix des légumes sera fait en fonction de la saison et de la région, de même que celui des fruits.

La nutrition joue donc un rôle capital dans le maintien de la santé. Les aliments doivent être équilibrés selon les quatre qualifications vues précédemment. Cependant, en cas de désordres énergétiques, il est possible d'intervenir grâce à un choix des aliments plus judicieux. La prescription sera alors plus spécifique à chaque individu.

Avant de clore le chapitre sur la nutrition, il nous faut souligner l'importance de la régularité de la prise des repas et de la tranquillité dans laquelle ceux-ci doivent se dérouler.

N'oublions pas enfin que l'alimentation ne joue pas qu'un rôle nutritionnel ; elle est aussi une occasion de partage avec la famille, les amis, les relations. Un équilibre entre les exigences culturelles et sociales doit être établi sans hypertrophier l'un ou l'autre. C'est à ce prix que la nutrition deviendra une source d'harmonie.

LA RESPIRATION

Comme l'exprime l'idéogramme chinois, énergie est synonyme de souffle. Dès lors, il nous apparaît que la respiration ne se limite pas à la simple cage thoracique, mais qu'elle concerne tout l'être vivant.

La respiration nous permet, grâce au système respiratoire, de puiser à l'extérieur certains gaz nécessaires et de rejeter ceux qui ne le sont pas. Cela concerne les échanges gazeux entre l'organisme et l'environnement.

Le souffle exprime aussi le prolongement de l'extérieur vers l'intérieur, étant bien entendu que l'extérieur n'est pas limité à l'air, mais concerne toute l'énergie telle que nous l'avons déjà définie.

La respiration, avec l'alimentation, sont les deux systèmes qui nourrissent l'organisme, lui permettant de renouveler son énergie d'entretien (trophique et défensive).

Ils sont tous les deux impliqués dans les deux superfonctions du Triple Réchauffeur et du Maître du Cœur qui puisent, transforment et stockent l'énergie.

Cette action synergique permet d'entretenir, de réparer l'organisme et de lui fournir de l'énergie pour qu'il puisse se mobiliser.

La nourriture est la composante Yin.

L'oxygène est la composante Yang.

Issus de la réaction des déterminants cycliques endogènes sur la terre (voir page 34), ces deux éléments vont réagir l'un sur l'autre, la nourriture formant le carburant et l'oxygène le comburant.

Le poumon est un organe composé d'une multitude de sacs alvéolaires. L'air contenu dans ces alvéoles est séparé du sang par une membrane perméable aux gaz.

L'oxygène pénètre dans le sang où il est transporté par les globules rouges. Le gaz carbonique est rejeté dans l'autre sens.

Néanmoins, si le poumon est un effecteur important de la respiration, il est utile de souligner le rôle de la circulation sanguine relié au Maître du Cœur, qui autorise la respiration cellulaire. C'est à ce niveau que la respiration prend sa véritable dimension.

L'oxygène, parvenue dans les tissus, se combine aux molécules de glucose pour donner de l'eau et du gaz carbonique.

Cette réaction est fortement productrice d'énergie, récupérée par des molécules d'ADP (Adénosine diphosphate) qui forment des molécules d'ATP (Adénosine triphosphate).

C'est sous cette forme d'ATP que l'énergie est directement utilisable par les tissus.

Cette réaction fait partie des nombreuses autres réactions d'oxydo-réduction présidées par le Maître du Cœur, qui conduisent aux échanges énergétiques.

Les produits de cette réaction seront réutilisés pour d'autres réactions, soit éliminés par la respiration en ce qui concerne le gaz carbonique, par la transpiration et les urines ou la respiration en ce qui concerne l'eau.

Nous le voyons bien, le poumon se trouve être un carrefour entre l'intérieur et l'extérieur, lieu d'échanges permanents.

L'organe appartient à la loge Yang Ming et préside à tous les échanges. La peau et le gros intestin appartiennent au même ensemble énergétique.

La peau est également un lieu d'échange entre l'intérieur et l'extérieur, puisqu'elle limite l'individu.

Le gros intestin se trouve être au Triple Réchauffeur inférieur, l'équivalent des bronches, régulant les échanges d'eau entre le bol alimentaire et le milieu inférieur, tout comme les bronches régulent, au Triple Réchauffeur supérieur, les échanges entre l'air et le sang.

Toutes les muqueuses appartiennent aussi à ce même ensemble.

Le poumon est également investi du rôle d'injecteur de l'énergie dans la circulation méridienne.

L'énergie en provenance de l'alimentation est qualifiée au Triple Réchauffeur inférieur, dynamisée par la respiration. De là, elle remonte pour être relancée par l'intermédiaire du méridien Shou tai Yin dont l'horaire de plénitude est 3-5 heures.

L'air et le souffle pénètrent par le Maître du Cœur moyen. De là, une partie monte vers le Maître du Cœur supérieur et est alors spécifiée et distribuée par le système circulatoire.

Une autre partie passe au Triple Réchauffeur moyen qui la distribuera dans le cadre des cinq éléments grâce à la rate.

Enfin, une troisième partie descend jusqu'au Maître du Cœur inférieur et Triple Réchauffeur inférieur. Son rôle est alors de dynamiser cette zone qui est la plus Yin du corps.

La région du petit bassin est le lieu de stockage de l'énergie de programmation-régulation - énergie la plus Yin du corps qui a tendance naturellement à s'yiniser de manière extrême. Elle est compensée par une yanguisation due à la respiration.

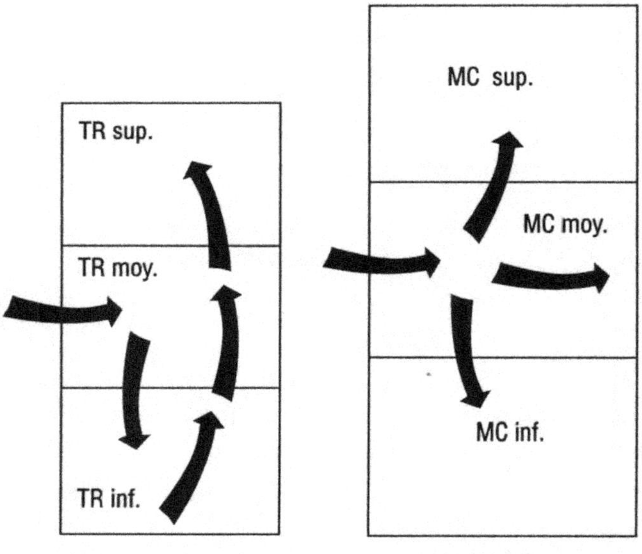

Trajet de l'énergie dans de triple réchauffeur

Trajet de l'énergie dans le Maître du Cœur

La respiration consiste en une succession de phases, l'une d'inspiration, l'autre d'expiration, avec entre chacune, une période de rétention, à plein en fin d'inspiration et à vide en fin d'expiration, généralement virtuelle. Ces quatre phases forment un cycle.

L'inspiration nécessite une intervention active de la part de la musculature :

- le diaphragme qui, en se contractant, abaisse la partie inférieure du poumon ;

- les muscles intercostaux qui écartent les côtes, élargissant la cage thoracique.

D'autres muscles, tels les sternocléïdomastoïdiens ou ceux des épaules, peuvent aussi intervenir.

Tous ces muscles contribuent à une expansion du volume thoracique. La dépression créée suite à l'inspiration permet la rentrée de l'air.

Ce processus est actif et provoque une expansion de la cage thoracique. La phase inspiratoire est donc la phase Yang.

Inversement, lors de l'expiration, les muscles n'interviennent pas de façon active. C'est la simple élasticité du poumon qui permet la rétraction de la cage thoracique. Cette phase est passive. Le rejet de l'air est donc la phase Yin de ce cycle.

La phase Yin est la phase de récupération, accompagnée d'une détente musculaire. Elle est d'une durée supérieure à celle de l'inspiration.

Nous retrouvons le même phénomène dans la succession des systoles (contractions) et diastoles (relaxation) du muscle cardiaque.

Cependant, si la phase d'inspiration est Yang pour notre organisme, elle correspond à une phase Yin pour l'air. En pénétrant, l'air subit une yinisation.

De même, l'expiration est Yin pour l'organisme mais Yang pour l'air.

Nous avons ici un exemple de la nécessité de définir précisément ce à quoi s'attachent les qualificatifs Yin et Yang, car dans le même temps le contenant et le contenu évoluent en sens opposé.

Le contenant (la cage thoracique avec le poumon) se yanguise, entraînant une yinisation du contenu (l'air).

L'alternance des phases Yin et Yang permet l'équilibre permanent des deux polarités énergétiques.

Au maximum de la phase d'inspiration, c'est-à-dire de la yanguisation du corps, survient la rétention à plein, virtuelle généralement mais que l'on peut prolonger par intervention de la volonté.

Cette phase correspond à une yanguisation maximale. C'est une phase qui, lorsqu'elle est maintenue dans les exercices respiratoires, est à manier avec prudence. Elle peut provoquer chez des personnes non entraînées des troubles de type Yang : éréthisme cardiaque, troubles caractériels par exemple. Par contre, la phase de ré-

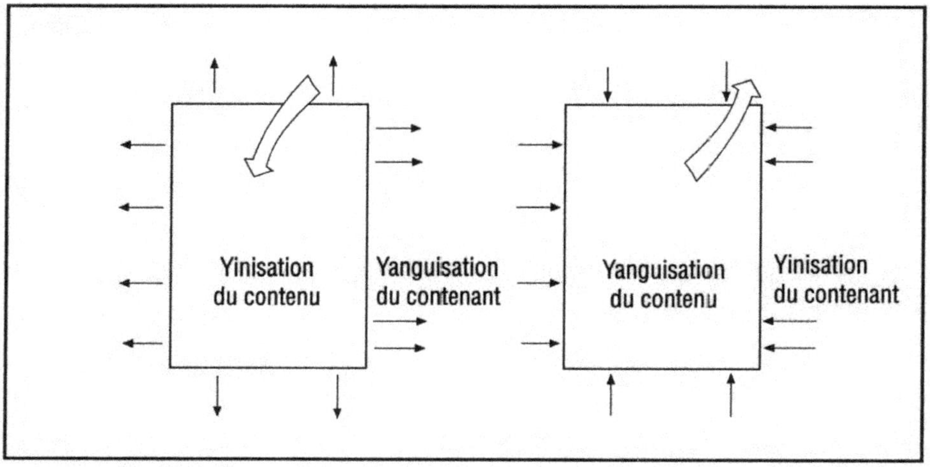

ÉVOLUTION DE LA CAGE THORACIQUE ET DE L'AIR AU COURS DES RESPIRATIONS

tention à vide, plus difficile à garder, est au contraire une phase yinisante pour l'organisme et rarement responsable de dérèglements.

Dans tous les cas, et nous le détaillerons plus longuement, il est préférable lors de l'étude des exercices respiratoires, de débuter par les phases Yin d'expiration et de rétention à vide.

De même qu'il est possible de définir dans le cycle des phases Yin et Yang, nous pouvons attacher à chaque niveau respiratoire un qualificatif de yanguisation ou de yinisation.

Artificiellement, nous distinguons trois niveaux dans la respiration :

- une respiration basse, abdominale, qui est due à la contraction du diaphragme. Celui-ci en s'abaissant refoule les viscères et provoque une expansion de l'abdomen ;

- une respiration haute qui fait intervenir les muscles des épaules et du cou ;

- une respiration intermédiaire, thoracique basse, due aux intercostaux, provoquant l'ouverture de la cage thoracique.

La respiration basse est Yin en rapport avec la terre.

La respiration haute est Yang, en rapport avec le ciel

La respiration moyenne est en rapport avec l'homme, trait d'union entre la terre et le ciel.

L'homme plonge ses racines dans la terre et se dresse vers le ciel.

La respiration basse nous apporte l'assise, la solidité du Yin sur laquelle se construisent les autres phases respiratoires.

La respiration haute nous dynamise, nous projette vers l'extérieur.

les trois niveaux sont indissociables et mobilisent le système respiratoire dans les trois directions de l'espace :

- en avant avec la respiration abdominale ;

- sur les côtés avec la respiration thoracique ;

- vers le haut avec la respiration sus-claviculaire.

Cette respiration complète occasionne un massage permanent des viscères et, de ce fait, la dynamisation du Triple Réchauffeur.

Par ailleurs, lors de l'inspiration, le retour veineux est facilité grâce à la dépression créée dans le Maître du Coeur moyen, - Triple Réchauffeur supérieur, entraînant une décongestion de la moitié basse du corps. La respiration favorise une descente du Yang et une remontée du Yin.

Elle joue un rôle d'harmonisation des différents étages du Triple Réchauffeur et du Maître du Cœur et, par ce biais, d'harmonisation de tout le corps.

La corrélation entre la respiration et l'attitude physique est étroite. La traduction directe en est bien sûr la morphologie de la cage thoracique.

Au chapitre de l'activité physique, nous avons évoqué les personnalités Yang et Yin.

Les personnalités Yang se tiennent en hypertension avec une lordose exagérée de la nuque et la poitrine poussée en avant. Cela favorise bien sûr la phase Yang de la respiration et, de ce fait, une personnalité Yang.

Les personnes Yin se trouvent inversement le dos voûté ; la cyphose dorsale s'exagère, et les épaules sont poussées en avant, la poitrine en retrait. Autant d'éléments qui empêchent l'inspiration et favorisent l'expiration.

Ainsi, une meilleure respiration (inspiration pour les Yin, expiration pour les

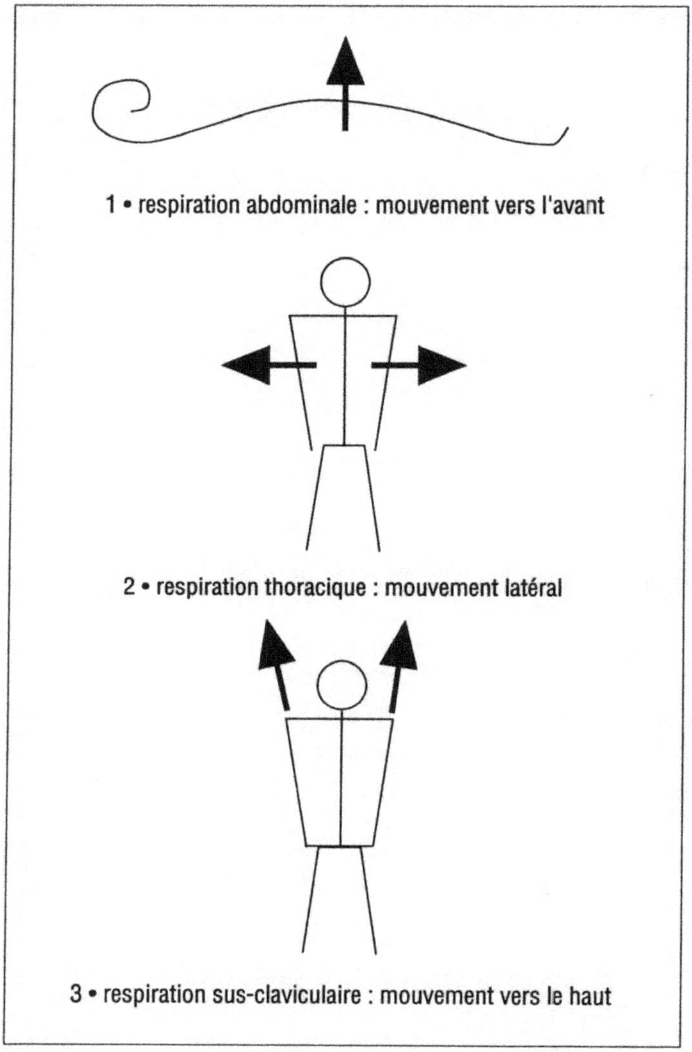

LES 3 PHASES DE LA RESPIRATION COMPLÈTE MOBILISANT LE CORPS DANS LES 3 DIRECTIONS DE L'ESPACE

Yang) développera les deux phases de la respiration en les harmonisant. La répercussion sur le plan de l'individu en sera l'équilibre entre le Yin et le Yang.

L'attitude Yang provoque une tension, inversement l'attitude Yin une relaxation. L'inspiration de ce fait sera dynamisante. Elle permet d'ouvrir la cage thoracique, favorisant une attitude plus Yang et des échanges plus importants.

L'expiration procure un état de détente chez la personne tendue.

Aussi il est tout particulièrement recommandé, lors de périodes de tension importante, d'allonger et de forcer l'expiration.

La respiration complète, mobilisant les différents niveaux vus précédemment, régularise tout à la fois les excès de Yang et de Yin.

Elle permet aussi une respiration n'excluant pas le petit bassin qui, dans les cas d'hyperlordose, se trouve isolé par yinisation excessive.

La pénétration du souffle jusqu'au Triple Réchauffeur inférieur lève ce blocage en dynamisant le petit bassin.

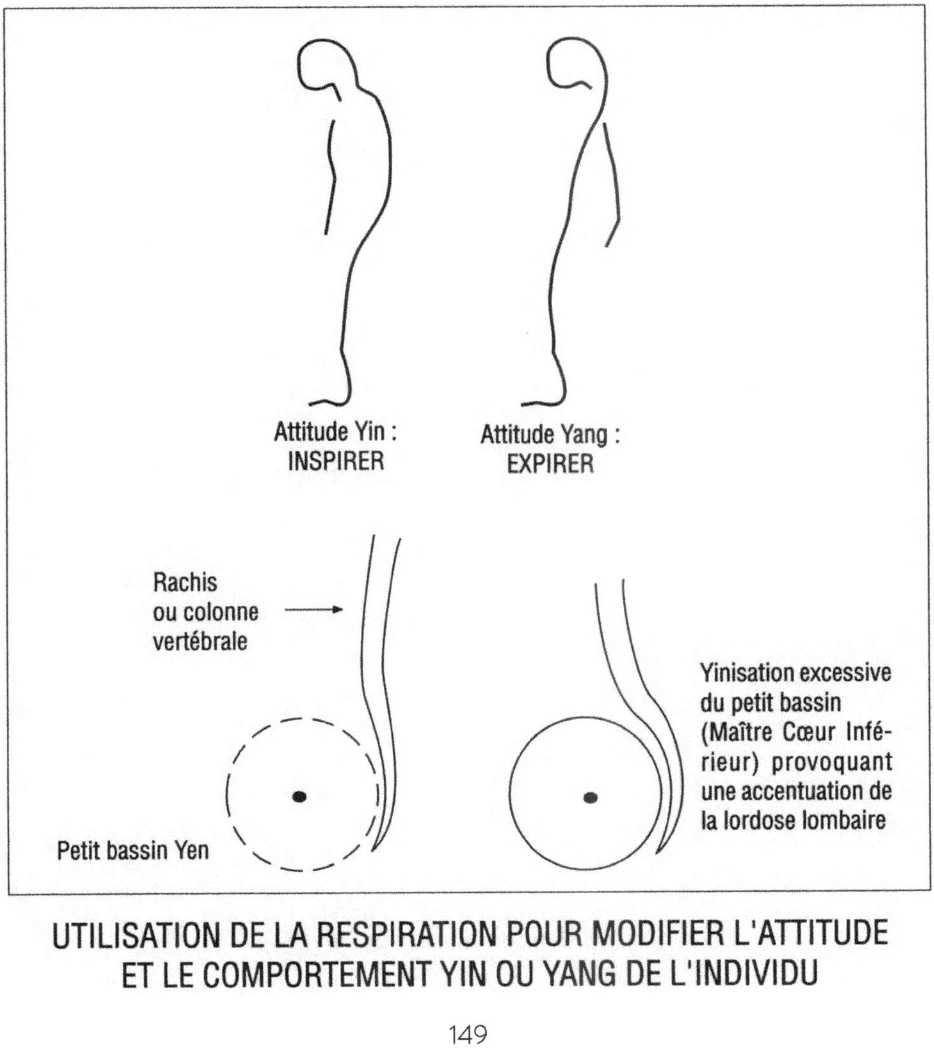

UTILISATION DE LA RESPIRATION POUR MODIFIER L'ATTITUDE ET LE COMPORTEMENT YIN OU YANG DE L'INDIVIDU

De même que la respiration est liée à l'attitude physique, la respiration est en étroite liaison avec le tempérament et le comportement. Elle est le reflet permanent de l'état émotionnel de l'individu.

Lors d'une émotion (joie, colère, angoisse ou peur), la fréquence respiratoire s'accélère ; la respiration se superficialise et se développe essentiellement dans le niveau supérieur, délaissant la respiration abdominale.

Parfois la respiration peut être suspendue lors d'une émotion brutale, telle que la peur. L'expression «avoir le souffle coupé» traduit bien cette suspension momentanée.

Toutes ces modifications sont la traduction d'un nouvel état d'équilibre entre les systèmes sympathique et parasympathique au profit du système sympathique. Les perturbations de la respiration ne sont qu'un des changements qui surviennent ; le cœur, le diamètre des pupilles, le transit intestinal sont également affectés.

Si le retentissement des émotions sur la respiration est indéniable, l'inverse l'est également.

La pratique d'une respiration lente et profonde apaise les manifestations exagérées et non adaptées des émotions.

Cependant, lors d'une situation d'urgence qu'est une émotion, l'application de la technique du contrôle de la respiration est difficile, car en situation d'urgence le raisonnement est difficile.

Aussi, pour obtenir un résultat, il est nécessaire de s'entraîner auparavant, jusqu'à connaître parfaitement sa respiration. Ce n'est qu'après l'avoir comprise et maîtrisée que nous serons à même de nous en servir.

Cette technique se révèle alors d'une grande efficacité. La pratique des quelques respirations profondes (qui consiste à reprendre son souffle) rétablit le calme intérieur en agissant sur les systèmes parasympathique et sympathique au profit du système parasympathique.

Pour cela, nous insisterons sur la phase Yin, en expirant lentement pour conduire à une yinisation.

Nous mobiliserons dans le même temps la respiration diaphragmatique et abdominale, qui agira sur la profondeur en nous rééquilibrant. Une plus grande assise sera ressentie ainsi qu'un meilleur enracinement.

C'est grâce aux qualités de cette respiration abdominale que le calme intérieur apparaîtra.

Mais il est toutefois nécessaire de mobiliser les autres étages. La respiration se doit aussi d'utiliser les autres muscles.

Dans tous les cas, la simple baisse de la fréquence permettra de constater une disponibilité du mental qui ne sera plus agité.

Les relations avec le corps et avec l'esprit sont capitales. La respiration est bien une charnière entre ce corps et cet esprit, entre le Yin et le Yang. C'est en ce sens que de nombreuses techniques l'utilisent.

La pratique de certains exercices permet la survenue d'états psychiques particuliers, l'un des plus importants étant l'obtention du calme vu plus haut, ainsi que de la concentration.

La respiration est un objet de concentration sur lequel il est facile de stabiliser son esprit. Cela est tout particulièrement recommandé chez le débutant qui a du mal à fixer son attention sur un objet immobile. Ici, la respiration est tout à la fois mobile et immobile, grâce à la succession de ses cycles respiratoires. La pensée est ainsi captée et apprivoisée plus facilement par ce mouvement.

Il n'est pas étonnant de ce fait de voir la place si importante que lui accorde le hathayoga.

Le hatayoga dans sa définition même (ha : solaire, tha : lunaire, yoga dont un des sens étymologiques signifie union, harmonisation) vise à harmoniser les énergies Yin et Yang. L'étude du souffle est une phase très importante qui permet de puiser directement l'énergie et de la moduler suivant nos besoins.

C'est aussi un merveilleux moyen de travail sur le conscient et l'inconscient. Car si c'est effectivement une charnière entre le corps et l'esprit, c'en est aussi une entre les phénomènes conscients et inconscients. La respiration relève de ces deux procédés. En général elle est réflexe et, dans ce cas, nous ne faisons pas directement intervenir notre volonté consciente. Si nous le désirons cependant, nous pouvons la modifier, comme nous le mentionnons précédemment, et agir sur les systèmes végétatifs qui, en général, sont inconscients et réflexes.

Nous pouvons ainsi modifier la fréquence, l'amplitude, l'étage préférentiel de la respiration, et ceci avec comme répercussion, selon la technique utilisée, une yanguisation, une yinisation de telle ou telle partie ou même de l'ensemble du corps et de l'esprit.

Étude de la respiration complète

Les buts recherchés sont l'intervention des trois niveaux et la diminution de la fréquence en insistant sur l'expiration pour mobiliser les énergies et obtenir un état de calme et de disponibilité.

Précédemment nous avons décrit un exercice qui permet la correction des courbures rachidiennes lorsque celles-ci étaient exagérées. Nous allons le reprendre et y installer un exercice respiratoire.

Allongé sur le sol après avoir fait les mouvements indiqués, nous allons rester immobile et observer les mouvements du souffle dans notre corps. Nous apprécions la sensation perçue au niveau des narines, au passage de l'air.

Puis nous suivons le trajet de l'air dans l'arrière-gorge, puis dans la poitrine, et nous imaginons qu'il descend jusqu'au ventre, tel que nous le concevons dans l'optique du Triple Réchauffeur.

À l'inspiration, l'air pénètre en profondeur, à l'expiration le trajet est inverse et remonte du ventre qui s'abaisse vers la poitrine, l'arrière-gorge et les narines.

Nous pouvons ainsi pratiquer cet exercice pendant quelques cycles.

Lors d'une expiration suivante, la pensée reste au niveau du ventre en observant l'abdomen qui se lève et s'abaisse alternativement au gré des inspirations et expirations.

Le troisième temps consiste à suivre la respiration dans le sens inverse, c'est-à-dire de bas en haut pour le mouvement de yanguisation du corps et de haut en bas pour le mouvement de yinisation. Le premier temps consistait à suivre le contenu - l'air - ; celui-ci consiste à suivre le contenant nous-mêmes.

À partir du petit bassin, comme une vague, l'inspiration prend naissance, mobilisant l'abdomen, remontant jusqu'à la poitrine pour redescendre progressivement sur l'expiration.

L'exercice, ainsi fait, allie mouvement, respiration et pensée. Il permet d'unifier et d'harmoniser ces trois strates qui forment notre être.

Lorsque ce mécanisme est bien acquis, nous pouvons ralentir le mouvement et la fréquence respiratoire. Pour cela, nous augmentons le temps et de l'inspiration et de l'expiration, mais, compte tenu de ce qui a été dit précédemment, en allongeant essentiellement la phase d'expiration.

Cette diminution de la fréquence respiratoire est largement compensée par l'augmentation de l'amplitude.

Ce processus nourrit le Yin qui, lorsqu'il est fort, assure une bonne assise, une stabilité et une profondeur d'être qui lui permettent à tout instant de puiser dans ses propres ressources pour le transformer en Yang si nécessaire. Nous avons alors une force non pas anarchique ou un état d'excitation, mais une sensation de puissance profonde et sereine, un état de bien-être et de disponibilité enthousiasmant.

Cette régularisation se répercute sur tous les autres systèmes, tant sanguins, que digestifs, sexuels ou nerveux.

Nous n'approfondirons pas plus l'étude de la respiration et du souffle. Cependant, il nous faut savoir qu'il existe de nombreuses autres possibilités pour varier les exercices :

- les rétentions à plein et à vide ;
- l'obstruction d'une narine ;
- l'utilisation de contractions.

Toutes ces techniques ne sont à faire qu'avec l'aide d'une personne compétente, les ayant déjà pratiquées. En effet, ces exercices ne sont pas sans effet et peuvent être dangereux si leur pratique était inconsidérée, en particulier :

- forcer dans les exercices ;
- ne pas respecter une progression logique ;
- ne pas avoir préparé son corps par les postures ;
- ne pas avoir préparé son esprit par une attitude adéquate ;
- ne pas débuter ces exercices sans avoir auparavant retrouvé une respiration équilibrée (des trois étages).

L'exercice étudié ici - prise de conscience de sa propre respiration sans rythme imposé en simple observateur - est la première démarche à faire lors de l'étude du souffle, exercice tout à fait inoffensif et d'une efficacité très grande dans la recherche d'un calme et d'une stabilité souvent perdus dans notre monde d'agitation confuse.

À noter

L'expiration et la rétention à vide peuvent être faites sans inconvénient lors de la pratique des postures.

Postures de fermeture favorisant l'expiration. Débouche sur une sensation de calme. Si l'on insiste sur l'inspiration : difficultés.

Postures d'ouverture favorisant l'inspiration. Débouche sur une sensation de dynamisme. Si l'on insiste sur l'expiration : difficultés.

Les postures visant à favoriser l'expiration seront toutes calmantes et apporteront toutes la détente et la relaxation.

Les postures favorisant l'inspiration et consistant en une extension seront au contraire tonifiantes.

Nous tiendrons ainsi compte de l'effet recherché lors d'une pratique.

Nous aurons plutôt tendance à pratiquer les postures de fermeture le soir et en automne, et d'ouverture le matin et au printemps.

Enfin, si les postures favorisent la respiration dans un sens ou dans un autre, la respiration, à son tour, favorise les postures dans un sens ou dans un autre.

Pour les débutants (sauf exception), il est conseillé d'adapter toujours la respiration au sens de la posture, sans la contrecarrer. Exemple : à vide lorsqu'on se penche en avant et ne pas au contraire, rester à plein.

LE MENTAL : PLACE DE L'ÉNERGIE PSYCHO-INFORMATRICE DANS L'ORGANISME

L'énergie psycho-informatrice forme, avec l'énergie de programmation-régulation (appelée aussi ancestrale), les deux énergies fondamentales, non renouvelables, par opposition à l'énergie trophique et à l'énergie de défense qui sont les deux énergies d'entretien et qui se forment grâce au prélèvement d'énergie sur l'environnement par l'organisme.

L'énergie ancestrale est liée à la programmation et à la régulation de l'organisme, selon le codage génétique. Elle est la résultante de l'évolution de l'espèce et de son adaptation. Elle est donc symbole du patrimoine génétique et intéresse tout ce qui a trait à la survie de l'espèce, c'est-à-dire à la reproduction, ainsi qu'à l'homéostasie de l'individu. Etant entendu que l'espèce ne peut survivre que par la survie de chaque individu. C'est cette fonction, plus dévolue à l'énergie psycho-informatrice, qui va permettre l'adaptation de l'homme à son environnement, tant matériel que relationnel.

Si nous avons artificiellement opéré une distinction entre survie de l'espèce (l'énergie programmation-régulation), et survie de l'individu (l'énergie psycho-informatrice), la réalité est toute autre, car les deux sont étroitement liées, bien sûr.

Energie P/R adaptation de l'espèce

Energie Ps/I adaptation de l'individu

Chaque loge, par l'intermédiaire de son organe, élabore une énergie psychique appelée Tinh, qui va transiter par le cœur et se stocker au niveau cérébral. Ainsi, chaque organe selon sa plénitude, ou son vide, déterminera un tempérament ou un comportement spécifique à chaque élément concerné.

Ce Tinh est traduit généralement par le terme d'âme végétative, terme qui indique la relation entre les processus physiologiques et psychologiques.

Cinq essences sont ainsi sécrétées : le Hun par le foie, le Shen par le cœur, le Hi par la rate et le pancréas, le Po par le poumon, le Zi par le rein.

À chaque Tinh correspond une étape du processus intellectuel et une manifestation émotionnelle.

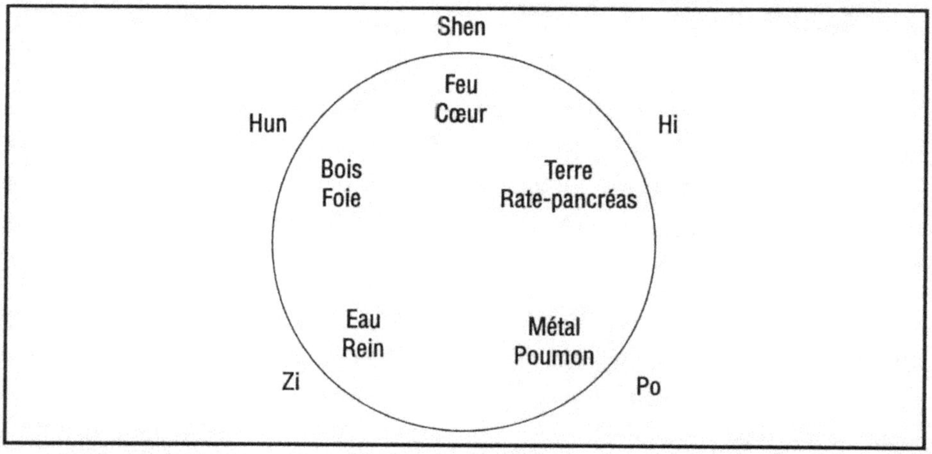

RELATION ENTRE LES "ÂMES VÉGÉTATIVES" ET LES ÉLÉMENTS ET ORGANES

Le versant yin sera rattaché au processus intellectuel, le versant Yang à l'émotivité.

Le Shen, de plus, est l'intelligence globale. Il existe en dehors de nous. Il est «ce qui tombe du ciel et traverse le corps». Il est lié aux activités psychiques humaines, s'enrichissant continuellement au cours de la vie en fonction de la relation à l'environnement.

Le Shen est le propre de l'homme, lit-on dans les textes d'acupuncture. Il est rattaché à la loge cœur et intestin grêle et à l'élément feu.

La loge cœur correspond, sur le plan intellectuel, à la prise de conscience qui caractérise notre espèce (prise de conscience assimilable à la corticalisation).

Les informations sont drainées par les méridiens spécifiques, les méridiens de contrôle centraux (MCC) et passent par le «cœur» en tant qu'organe, puis sont conduites à la zone de réserve de l'énergie Ps/I qu'est l'entraille curieuse cerveau (voir page 54 ???), soit sous forme d'aspect conscient ou inconscient. De là naîtra une réponse de l'individu face à l'influx initial.

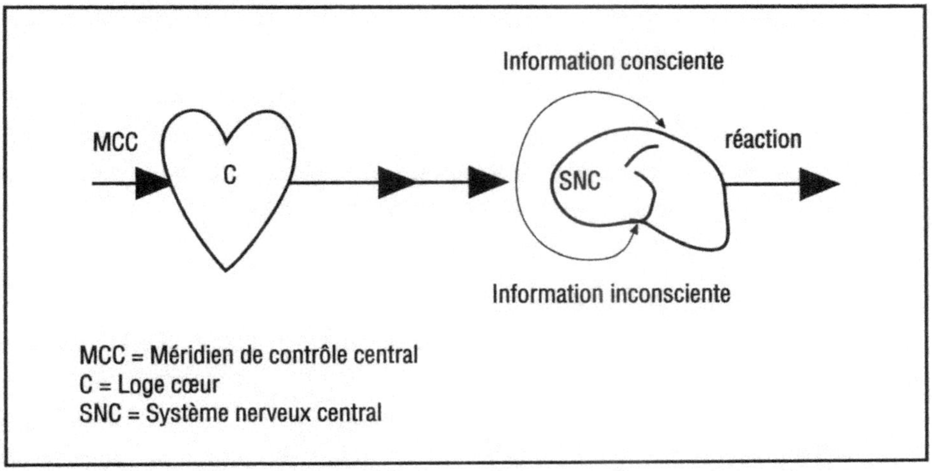

TRAJET DES INFLUX VÉHICULÉS PAR LES MÉRIDIENS DE CONTRÔLE CENTRAUX

Le Shen ou loge cœur se conduit en fait comme un décodeur en amont du système nerveux central. Il va décrypter l'information drainée par les MCC et la «colore» selon le vécu de l'individu (et bien sûr, de son tempérament hérité à la naissance).

Une information brute sera vue comme bénéfique ou mauvaise selon les expériences (réelles ou non) qui auront précédé.

Puis cette information est transmise au système nerveux central qui adapte la réaction de l'organisme de manière à préserver l'intégrité de l'individu (le plus souvent liée à la sensation de plaisir ou de bien être).

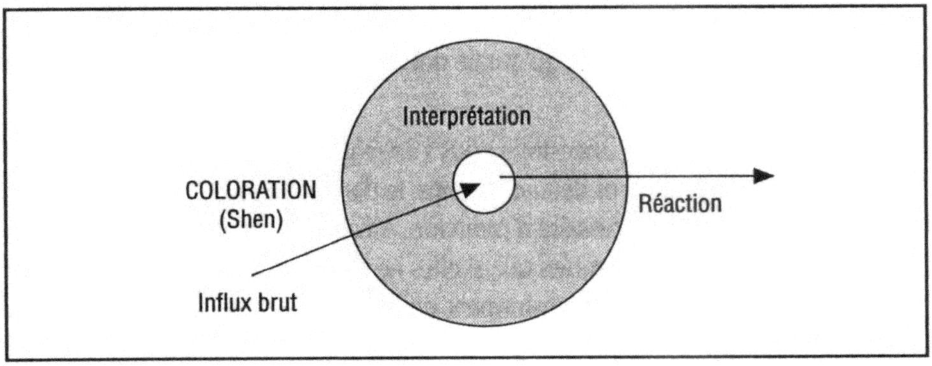

Dans les premières années de la vie, ce système est vierge et le Shen se sculptera selon les expériences plaisir/déplaisir, bonne/mauvaise, en essayant d'éviter les stimuli désagréables et, au contraire, en recherchant ceux qui sont agréables. L'empreinte restera et cette mémoire sera le fil conducteur des réactions futures. Les premières années sont les plus importantes (car le Shen est alors vierge), mais tout au long de la vie de nouvelles expériences modifient le Shen. Tous ces mécanismes visent à adapter l'individu face à son environnement.

Malheureusement, la plupart du temps, cette mémoire peut faire interpréter des situations, neutres au départ, comme mauvaises. L'inverse, c'est-à-dire l'interprétation des situations neutres ou mauvaises comme bonnes, est vrai mais moins fréquent. Cela a pour effet d'entraîner une réaction non adaptée. L'organisme en subit alors le préjudice et, au lieu d'en retirer un bien être, en retirera au contraire un désagrément.

Ce Shen comporte aussi les buts que l'on s'est fixés ou que l'on nous a assignés, ainsi que l'image que nous avons de nous-mêmes. Si bien que généralement, les événements extérieurs sont modifiés, dénaturés, dans une compréhension correspondant à notre Shen. Cette mémoire nous bloque dans notre comportement qui n'est plus adapté à la situation présente mais à celle passée qui est à l'origine de cette mémorisation.

De plus, à notre époque, la publicité, les médias et l'accélération du rythme de vie sollicitent notre cerveau qui se trouve quotidiennement bombardé d'informations de toute espèce. Des influx nous parviennent en trop grand nombre pour que nous puissions y faire face. Nous assistons à une mauvaise adaptation de l'espèce humaine face à sa civilisation.

Notre mémoire est encore trop empreinte de notre vécu à l'Age de pierre où tout événement se comptabilisait en vie ou en mort. A une même agression, un même influx (que l'on appelle stress) correspond une réponse chez l'homme actuel qui est totalement différente de celle qu'aurait donné notre ancêtre d'il y a cinquante mille ans.

Or, si notre expérience ancestrale nous a enseigné à utiliser nos ressources, notre force physique pour nous défendre contre le danger de mort, nous battre et tuer pour survivre n'est plus nécessaire d'ordinaire. Ainsi, les stress créent chez l'homme moderne des réactions inadaptées qui, si elles ne peuvent s'exprimer pleinement en agressivité envers l'autre, se transforment en agressivité plus ou moins sournoise envers lui-même.

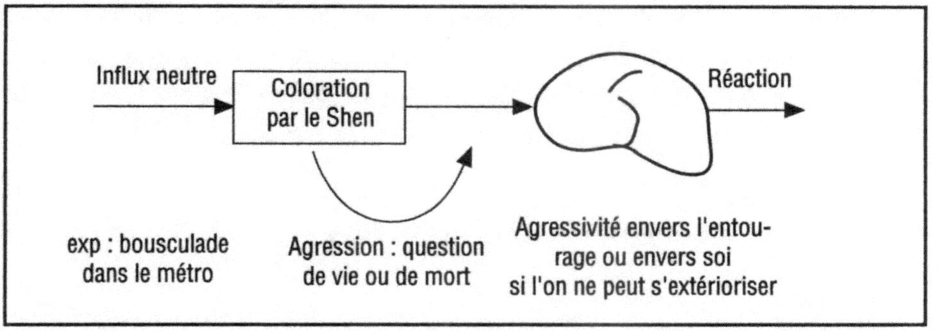

TRANSFORMATION D'UN INFLUX NEUTRE EN RÉACTION AGRESSIVE

La plupart du temps, les stress provoquent donc des tensions internes, musculaires ou organiques, chaque émotion atteignant plus ou moins telle ou telle loge. Elles le sont par les six contrariétés et les sept sentiments que l'acupuncture a recensés. Cette atteinte peut se faire soit de manière brutale, c'est-à-dire aiguë ou de manière continuelle, c'est-à-dire chronique.

Les retentissements se traduisent alors par des atteintes légèrement différentes.

Les six contrariétés (colère, joie, réflexion, tristesse, chagrin et angoisse) sont les six possibilités de réagir face à un événement extérieur.

Les sept sentiments (colère, sérénité, préoccupation, chagrin, crainte, tristesse et effroi) sont les sept expressions d'un déséquilibre intérieur. Si celui-ci est entretenu, il aggravera le déséquilibre énergétique de base.

Le Shen caractérisant l'homme ; celui-ci se doit de dominer les autres à l'état normal. Ce sont donc la joie et la sérénité qui dénoteront un état d'équilibre. S'il existe une dysharmonie d'une partie de l'organisme (noyaux profonds, niveaux énergétiques), celle-ci se manifestera par des excès ou insuffisances de ces sentiments, chacune étant rattachée à une loge énergétique.

Cependant, il existe un procédé simple qui peut nous permettre d'améliorer progressivement nos réactions pour mieux les adapter. Il s'attache à intervenir sur la cause, c'est-à-dire l'interprétation d'un fait extérieur.

Pour cela, il est important de transformer l'impact des stress sur le noyau profond en étant détendu. Plus la musculature striée est tendue et contractée, plus les nerfs sont «à fleur de peau», et plus la réaction est importante. Au contraire, plus nous sommes détendus physiquement et «cérébralement», et moins les influx externes générateurs d'émotion nous affectent.

De plus, la sensation générée par la relaxation qui permet une meilleure circulation de l'énergie, nous prédispose à une réaction plus adaptée. Car, plus les événements heureux ou malheureux s'imprègnent en nous, plus ils sont inscrits et plus ils prédisposent l'individu à favoriser un événement heureux ou malheureux.

Pour transformer notre vécu fait d'échecs, la relaxation ou la visualisation d'états heureux, ou de sensations imaginées, nous permettra au fur et à mesure d'y parvenir.

Effectivement, le système nerveux central ne fait pas de différence entre ce qui est réel et imaginé, tant et si bien qu'en expérimentant par l'imagination de nouvelles sensations de réussites, il sera préparé à réagir en vue d'une réussite pour les fois suivantes, et ceci dans la vie de tous les jours.

La relaxation profonde, proche de la méditation, vise ces buts en nous mettant dans des situations agréables qui développent notre capacité à la réussite (s'adapter correctement à une situation et en tirer un bien être).

De ce fait, il est possible de transformer progressivement le contenu du Shen et de faire en sorte qu'il fonctionne mieux, en interprétant de façon objective les événements extérieurs et ainsi d'avoir un «regard» sur le monde plus positif, générateur de succès.

Ainsi, les émotions ne seront plus à l'origine de pathologie.

RÔLE THÉRAPEUTIQUE DE LA RELAXATION

De même que le psychisme peut être cause de maladie, il peut tout autant permettre la guérison. En nous plaçant dans des conditions optimales (c'est-à-dire en diminuant les agressions externes qui ont déclenché la maladie et sa cause), notre esprit peut nous permettre d'envisager le résultat de la guérison, donc d'être déjà guéri.

Dans les cas de guérison, grâce à l'effet placebo ou à la foi, il se produit une nouvelle programmation du noyau central, la personne adhère totalement à la croyance qu'elle va guérir, ce qui déclenche toute une série de processus qui tendent à réaliser concrètement ce qui a été seulement imaginé.

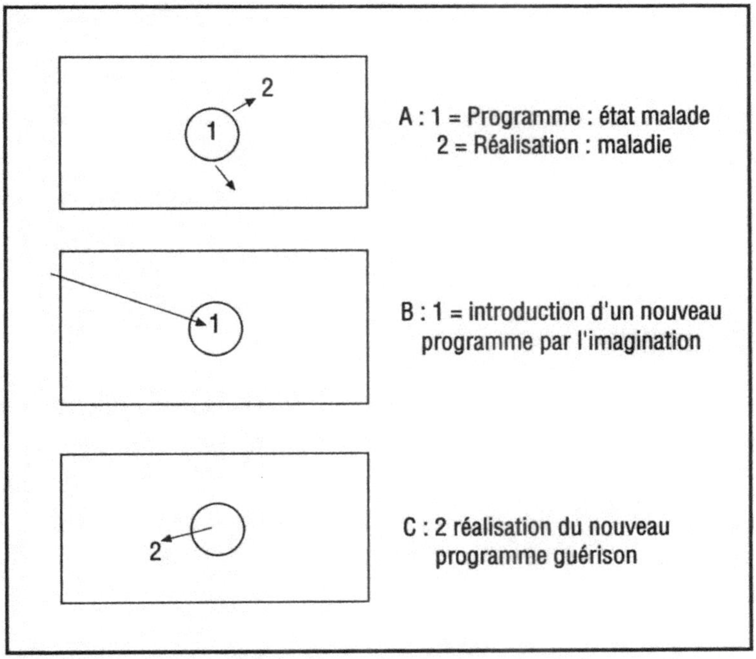

GUÉRISON PAR L'EFFET PLACEBO

Plus la conviction est forte, plus l'image de la guérison est ancrée profondément dans l'inconscient, et plus elle se réalise facilement. D'où l'importance d'une relation médecin-malade qui soit bonne. Dans le cas où le patient est confiant, celui-ci se sent déjà guéri et, effectivement, il va mieux.

LA MÉDITATION

Le Shen est aussi en partie, nous l'avons dit, la prise de conscience. La méditation est un champ d'expérimentation, hors des limites de l'espace et du temps, de l'énergie principielle et elle permet à chaque individu qui en est isolé transitoirement (dans sa forme) pendant sa vie terrestre, de communiquer avec celle-ci. C'est donc à la fois un élargissement de la conscience et aussi un moyen de nous replonger dans des situations agréables qui, ainsi, nous permettront d'être plus disponibles dans la vie de tous les jours.

Il va de soi que la méditation recouvre beaucoup d'autres possibilités qu'il ne nous est pas possible de développer ici, mais elle se place en tant qu'une des techniques des plus simples et ayant toujours existé, comparable à la prière par exemple. Son rôle préventif n'est plus à démontrer.

La spiritualité

Une fois sa survie, et donc la pérennité de l'espèce assurée, cette attitude égoïste de l'homme doit être dépassée. Sa conscience s'ouvre alors vers les autres à l'échelle de l'espèce humaine et finalement dans la sensation d'appartenir à un tout cosmique. Ce sont ces différentes ouvertures (ou amour) qui composent les différentes étapes d'une vie spirituelle dont nous a investi le Shen en nous donnant la conscience.

Exemple d'une technique de relaxation

S'assurer de ne pas être dérangé et s'allonger sur le dos, de préférence sur un plan dur. Dans le cas de tensions douloureuses, mettre un coussin sous la nuque et sous les genoux.

Les yeux sont fermés, la tête est dans l'axe du corps, les bras le long de celui-ci, les paumes des mains tournées vers le ciel et les jambes écartées, de la largeur du bassin entre les genoux. Ceci est la position préparatoire à une bonne relaxation.

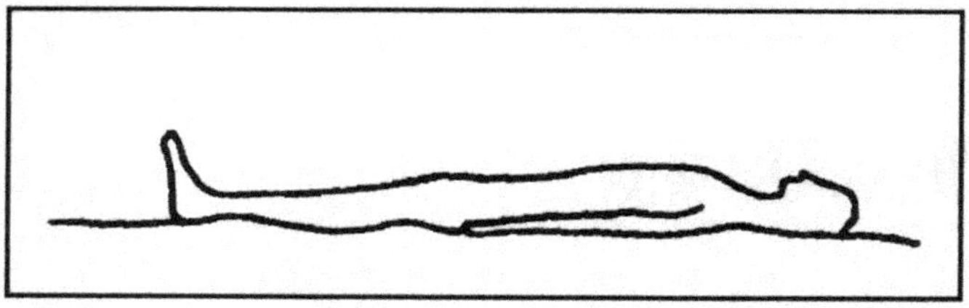

La pensée se porte alors successivement sur toutes les parties du corps qui sont en contact avec le sol : les talons, les mollets, les cuisses, les muscles fessiers, le bas du dos, le haut du dos, les mains, les avant-bras, les bras, les épaules et la tête.

Prendre alors conscience de la respiration, profonde, calme, régulière.

Chaque muscle du corps est parfaitement relâché.

Puis la pensée se porte au niveau du visage. Les paupières sont closes. Veiller à relâcher chaque petit muscle qui intervient dans la motricité oculaire. Les paupières reposent lourdement sur leur globe oculaire.

Prendre conscience des ailes du nez.

Les lèvres, les mâchoires sont décrispées. La bouche est entrouverte et les dents ne se touchent plus.

Tout l'intérieur de la bouche est relâché ainsi que la langue. Vous avalez alors votre salive.

La pensée remonte de chaque côté du visage, englobant les oreilles, les tempes, le front.

Puis la pensée se porte plus précisément sur le point médian entre les sourcils que vous veillez à bien relâcher et à bien détendre.

Ensuite la pensée s'élargit à la ligne des sourcils et au-delà de la ligne des sourcils se trouve le plan frontal, plat, lisse, immobile comme une eau dormante. A partir du plan frontal , la pensée se déverse sur tout le visage.

Le visage respire le calme, la détente, la paix.

Àprès inspiration, amasser cette ambiance de calme et de détente, puis, à l'expiration, la pensée descend par le cou, les épaules, les bras, les avant-bras et les mains.

La pensée revient alors sur le visage, calme, relâché, détendu. Inspirer sur le visage comme précédemment et cette fois-ci la pensée descend par la nuque, la poitrine, le ventre, le bassin, les cuisses, les jambes, les pieds.

La pensée remonte sur le visage. Inspirer à nouveau sur le visage et cette fois-ci la pensée descend sur tout le corps. Prendre conscience de cette vague de calme et de détente qui vous envahit complètement.

Rester quelques instants ainsi à apprécier l'ambiance dans laquelle on se trouve.

Pour quitter cet état de relaxation, la pensée se porte au niveau de l'ombilic qui s'abaisse et qui se lève.

Puis, à l'inspiration, l'ombilic se soulève, les côtes s'écartent. À l'expiration, les côtes s'abaissent.

Répéter cette respiration une deuxième fois, puis à la troisième, gonfler la poitrine et garder l'air quelques instants dans les poumons.

À l'inspiration suivante, ouvrir les yeux.

Puis porter les bras en arrière, bien s'étirer et ensuite se redresser.

Technique de méditation avec support

Dans la relaxation, nous visions l'obtention d'une détente parfaite de tous les muscles. C'est la position couchée qui la favorisait.

Dans la méditation, la posture est assise, ce qui nécessite l'action de certains muscles, notamment ceux du dos.

Celui-ci se doit d'être parfaitement droit afin de favoriser cette réunion verticale entre le ciel et la terre dont nous avons déjà parlé.

S'asseoir donc, jambes croisées. Le dos dans cette attitude est droit et, s'il est nécessaire, mettre un coussin sous les fessiers pour être plus à l'aise.

Prendre conscience de l'attitude, et tout d'abord de l'assise ferme et solide, représentée par les jambes en contact avec le sol.

Puis prendre conscience de la colonne vertébrale qui s'érige vers le ciel.

Veiller à la détente des épaules et à l'élimination des tensions inutiles.

Le menton est plutôt rengorgé de manière à aligner les cervicales avec le reste du corps.

Les mains reposent sur les genoux, les paumes tournées vers le ciel.

Comme lors de la relaxation, veiller à relâcher le visage et à prendre conscience des différentes parties du corps.

La posture acquise, la pensée se porte alors sur la respiration qui devient calme, lente et régulière.

Puis le mental s'absorbe entièrement dans le trajet ascendant et descendant de la respiration.

On peut selon les possibilités de chacun allonger les temps de la respiration.

Le temps de la méditation est libre.

Pour quitter la méditation, la pensée converge dans un premier temps vers le ventre, plus Yin, qui permettra de reconcentrer ses pensées. Suivront deux ou trois respirations profondes et complètes.

À l'inspiration suivante, vous ouvrirez les yeux.

L'objet de la méditation est ici le corps lui-même ainsi que la respiration. La pensée monte et descend à l'intérieur du corps, du sommet du crâne à la base de la colonne vertébrale.

Cette méditation permet le déblocage de toutes les énergies du corps, facilitant ainsi une concentration de ses ressources et une meilleure harmonisation avec les autres et l'univers.

LA SEXUALITÉ

Si le rôle de l'énergie psycho-informatrice est essentiellement l'adaptation de l'individu à l'environnement, l'énergie de programmation-régulation, quant à elle, assure l'adaptation et la survie de l'espèce.

Ceci se fait par l'intermédiaire d'une différenciation de l'être humain en masculin et féminin entrant dans la dialectique du Yang et du Yin (voir page 22).

Ces deux énergies Yang et Yin, masculin, féminin, trouvent alors dans l'acte sexuel un moment privilégié pour leur rencontre.

Notre appartenance, à la naissance, à un sexe ou à un autre, nécessite, pour une intégration de l'individu au sein de la société, une acceptation de sa sexualité (différence) et un épanouissement de sa vie sexuelle (génitale).

D'après le Nei Jing Sue Wen, après une période de 2 X 7 ans pour la femme et 2 X 8 ans pour l'homme, l'être humain est capable de se reproduire et ceci pendant une période allant jusqu'à 7 X 7 = 49 ans pour la femme et 8 X 8 = 64 ans pour l'homme.

Pour favoriser la reproduction, l'acte sexuel a d'abord fonctionné sur le principe du plaisir et du déplaisir, l'orgasme étant la récompense de la copulation. Cependant, chez l'être humain, le plaisir n'est plus uniquement assimilé à la reproduction, comme il l'est encore chez les espèces animales.

L'acte sexuel

L'acte sexuel est un phénomène qui conduit à une yinisation de la sphère génitale lors de l'orgasme.

On distingue quatre phases qui sont :

- la phase d'excitation ;
- la phase en plateau ;
- la phase orgasmique ;
- la phase de résolution.

La phase d'excitation se caractérise par des phénomènes Yang tels la transsudation et la dilatation vaginale dans ses 2/3 inférieur, le gonflement des petites lèvres et du clitoris chez la femme et l'érection de la verge chez l'homme.

C'est un mouvement Yang correspondant à la mise en mouvement dans la sphère pelvienne de l'énergie programmation-régulation.

Dans un même temps, la tension mammaire, l'accélération du rythme cardiaque, le rythme respiratoire, les modifications sudorales et la dilatation de la pupille sont autant de signes extra-génitaux, témoins de la montée du Yang.

Les phénomènes Yin, tels l'ascension utérine, sont dus à la branche antérieure du Tchong Mai réagissant face à la montée du Yang.

La phase en plateau : pendant cette phase, le Yang ne progresse plus. A la transsudation vaginale fait suite la sécrétion des glandes de Bartholin ainsi que l'effacement clitoridien.

La phase orgasmique : c'est un phénomène qui survient après la Yanguisation extrême, faisant alors place à une yinisation caractérisée par des phénomènes spasmodiques.

La phase de résolution : elle est le moment où le Yin et le Yang s'équilibrent, ainsi que la phase de récupération.

Soulignons que lors du déroulement de l'acte sexuel, la phase Yang augmente progressivement pour déboucher sur la phase Yin (le Yang succède au Yin). Cependant, si au sein de l'organisme toutes les réactions physiologiques visent à conserver un état d'équilibre grâce au phénomène de rétro-contrôle négatif, nous avons ici un des rares cas où la réaction est entretenue par un rétro-contrôle positif.

Le rétro-contrôle négatif est l'illustration du Yin qui donne le Yang et inversement. En effet, celui-ci consiste à déclencher des réactions visant à compenser la réaction initiale. Dans ce cas, lorsque le phénomène est enclenché, l'excitation qui en résulte ne se trouve pas équilibrée par une réaction inverse immédiate mais va au contraire accroître cette excitation pour ne s'interrompre que lorsque l'acmé sera atteinte.

L'acte sexuel et le comportement pendant celui-ci sont étroitement dépendants de l'état global de l'individu. D'autant plus qu'il s'agit d'un acte intime, souvent spontané, qui engage toute la personne.

En effet, il est plus facile de tricher et de se composer une attitude dans la société que lors de l'acte sexuel qui, dans notre société, n'étant que peu codifié, laisse la personnalité s'exprimer sans artifices.

Tant et si bien que ces renseignements sont souvent précieux pour l'acupuncteur lorsqu'il établit un diagnostic énergétique.

Malheureusement, les tabous encore présents sur la sexualité rendent encore difficile un interrogatoire systématique sur ce sujet.

L'acte sexuel, de par les phénomènes physio-énergétiques qu'il entraîne et l'énergie de programmation-régulation concernée, peut être source d'harmonisation de l'énergie dans le corps ou au contraire d'un déséquilibre énergétique.

Pour aboutir à des relations satisfaisantes, source d'épanouissement de l'individu, le choix du partenaire est important.

Il convient que les deux partenaires se plaisent, qu'ils soient attirés l'un vers l'autre pour que l'harmonisation totale puisse se réaliser.

L'union de l'homme et de la femme est le symbole des noces mystiques du Yin et du Yang.

L'homme Yang avec la femme Yin sont ainsi pendant un instant le reflet du mélange des énergies, de la communion entre le ciel et la terre.

Cette union est alors le moment et le lieu propice à la création (et non pas seulement à la procréation).

Sans nous attarder davantage sur le déroulement de l'acte sexuel, nous allons aborder les causes des déséquilibres que peut entraîner celui-ci.

Ces déséquilibres peuvent être dus soit à un épuisement progressif de l'énergie de programmation-régulation par excès de relations sexuelles, soit au contraire une difficulté à sa réalisation, cause ou conséquence de blocages avec ralentissement de la circulation méridienne.

Lors de chaque éjaculation, une certaine quantité d'énergie programmation-régulation qui est attribuée à la naissance et dont le capital est limité, est éliminé chez l'homme.

Les personnes dont le terrain révèle un manque d'énergie de la loge rein seront les premières à en souffrir et auront un désir sexuel limité, phénomène s'aggravant en hiver. Cette déperdition d'énergie existe chez tout le monde, même si elle n'est pas ressentie.

Chez la femme, la diminution du capital d'énergie programmation-régulation lors des rapports amoureux n'est pas mentionnée dans les textes traditionnels. Cependant, nous pouvons supposer que celle-ci diminue régulièrement chaque mois lors des menstruations.

L'acupuncture reconnaît donc comme cause de pathologie l'excès de rapports sexuels avec éjaculation entraînant une diminution de cette énergie la plus profonde, avec des conséquences sur les autres énergies (psycho-informatrice, trophique et défensive). De ce fait, elle préconise non pas l'abstinence mais la pratique du «coïts reservatus» qui consiste pour l'homme à avoir un rapport sexuel sans éjaculation.

La fréquence des rapports avec éjaculation variera en fonction des saisons et des climats.

La période du printemps où le Yang renaît est dans la nature, une période des plus propices. Mais actuellement il apparaît que c'est la saison d'été qui est la plus favorable certainement à cause des vacances où la détente est plus grande et les rencontres entre partenaires, facilitées.

En hiver, chez l'homme, les rapports menés jusqu'à l'éjaculation «blesse le rein», c'est-à-dire affecte l'énergie programmation-régulation.

L'été et l'automne sont deux périodes intermédiaires où les rapports seront modérés comme le précise le Nei Jing.

De même que les saisons ont une influence sur les rapports amoureux, les perturbations climatiques telles l'orage, les grosses chaleurs ou les grands froids en sont une contre-indication, ainsi que les perturbations énergétiques d'ordre personnelles (colère, exaltation, angoisse, tristesse, etc.), les excès de boissons ou d'aliments.

Enfin, nous soulignerons toute l'importance de l'environnement immédiat, du jeu amoureux faisant participer tous les sens, tous deux intervenants, par l'intermédiaire de l'énergie psycho-informatrice, dans la réalisation de l'acte sexuel.

LES MASSAGES

Dans notre société, les contacts physiques répondent à une codification qui définit un langage. La poignée de main, l'accolade, nous permettent d'entrer en communication avec l'autre. Cependant, selon la société, certains contacts seront autorisés, d'autres interdits. Se donner la main par exemple, est permis dans le cas d'un couple hétérosexuel et condamné s'il s'agit de deux hommes. Pourtant, les contacts physiques ne doivent pas être réservés aux seuls partenaires ayant une relation amoureuse.

Dès le plus jeune âge, à la naissance même, le contact physique qui s'établit entre la mère et l'enfant grâce au toucher est primordial. Le sens du toucher est alors stimulé et favorise le développement harmonieux de la personnalité.

Les massages, de même que les caresses, ne sont qu'un aspect du contact physique. Ceux-ci ne forment pas un langage structuré, mais définissent simplement une communication non-verbale entre deux ou plusieurs personnes.

Une forme particulière de massage peut avoir un rôle thérapeutique, ce sont ceux utilisés par les kinésithérapeutes. Nous ne développerons pas cet aspect des massages qui nécessite des études spécialisées et approfondies. Nous nous limiterons aux massages simples, favorisant le contact et la communication entre les êtres, ainsi qu'une plus grande détente.

Cette détente est obtenue par l'intermédiaire d'une amélioration de la circulation sanguine et énergétique, favorisant une harmonisation des diverses énergies dans leur rapport spatial et fonctionnel. L'équilibre entre le haut et le bas, l'avant et l'arrière, la droite et la gauche, l'intérieur et l'extérieur, lutte contre les stases énergétiques. Chaque énergie réalise dès lors plus facilement son rôle et sa fonction.

Nous connaissons diverses techniques de massage, chaque école ayant son savoir-faire. Nous envisagerons uniquement quelques massages non techniques laissant place à la sensation et à l'expression des mains au contact de la peau. Vous vous laisserez guider par vos mains et sentirez de vous-même la profondeur et la superficialité, s'il faut glisser ou pétrir, appuyer ou tapoter. Il se peut qu'aux premières tentatives, vous soyez un peu maladroits, ce qui devra être un encouragement à vous exercer à nouveau.

La personne massée n'est pas la seule bénéficiaire de ce massage, le masseur quant à lui, développe au cours de cet exercice l'expression de l'hémisphère droite du cerveau qui est en rapport avec l'espace, l'intuition, et la création. L'hémisphère gauche du cerveau est, en revanche en rapport avec le temps, la conceptualisation et le langage.

Il est possible de nous masser nous-mêmes à certains carrefours énergétiques stratégiques. Cependant lors d'un échange entre deux personnes, nous pouvons souligner le rôle actif et émétteur du masseur alors que la personne massée sera plus réceptive. Cela favorisera une détente et un abandon plus grand. Il est possible d'intervertir les rôles, ce qui accentue l'aspect de communication et d'échange dans les massages. Tout l'être, par l'intermédiaire de son corps, se trouve investi dans ce rapport.

La technique qui utilise la pression par la pulpe des doigts sur les points, en appui direct ou en tournant légèrement, s'applique particulièrement aux points et aux méridiens d'acupuncture, aux carrefours énergétiques. Nous en donnons un exemple au chapitre thérapeutique concernant les céphalées frontales. Il s'agit d'appuyer avec son pouce seul, ou avec son pouce et son index sur le point localisé.

Nous ne nous attarderons pas sur cette technique qui permet à elle seule le traitement des méridiens. Elle nécessite, pour être comprise, une réelle étude associée à une pratique. Ces techniques sont codifiées et regroupées dans le cadre du Do In et du Shiatsu.

Massage de la tête

Ce massage est recommandé dans les cas de fatigue intellectuelle ou de fatigue due à une sollicitation importante de nos sens. Il peut se faire sans l'aide d'un tiers.

dans ce cas, se masser avec le pouce et l'index, les deux points I Zu Tai Yang (vessie), situés à la partie interne de l'orbite, de part et d'autre de la racine du nez.

Dan le cas où vous désirez faire ce massage à une personne, placez-vous derrière votre partenaire allongé sur le dos. Massez légèrement le I Z T Ya, avec les majeurs et dirigez-vous progressivement vers la racine du sourcil tout en continuant de faire une légère rotation, puis dirigez-vous vers le milieu du sourcil. Remontez alors progressivement vers la racine des cheveux sur la ligne médiane au point 24 Du Mai. Les deux doigts se rejoignent, vous repartez alors vers l'arrière pour masser progressivement tout le cuir chevelu avec tous les doigts et aboutir au point 20 Zu Shao Yang (vésicule biliaire), situé de chaque côté de la colonne vertébrale à la base du crâne.

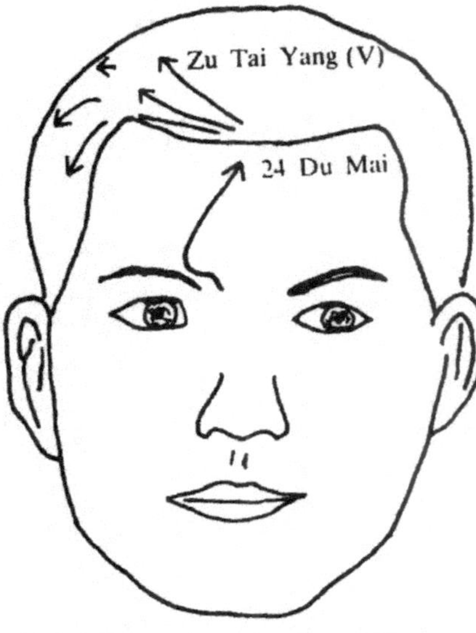

Trajet et sens du massage pour le front
1 ZTaya (1 vessie) au point 24 du Mai

Massage du haut du dos

Il s'agit cette fois de masser la région interscapulaire, c'est-à-dire la région située entre les omoplates.

Le sujet massé se trouve allongé sur le ventre. Placez les deux pouces côte à côte sur la colonne vertébrale au niveau des deux omoplates, puis glissez doucement en remontant vers les épaules. A nouveau, après être revenu au point de départ, recommencez l'opération en passant juste au-dessus de l'omoplate dont vous sentez bien l'épine. Refaire une troisième fois le massage du point de départ en passant sous les omoplates et enfin une dernière fois en se dirigeant vers le bas.

Le massage se fait sur l'expiration du sujet massé et sur celle du masseur.

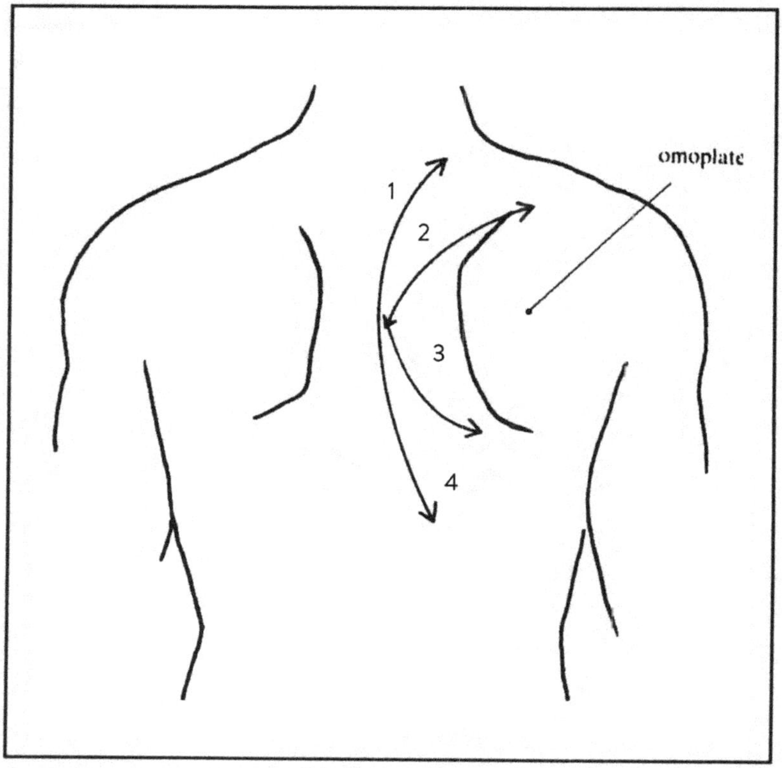

LES DIFFÉRENTES DIRECTIONS DES DOIGTS
DANS LE MASSAGE DU HAUT DU DOS

Massage de tout le dos

Le sujet est allongé sur le ventre, et vous vous placez derrière lui, soit sur le côté, soit à cheval.

Partir du bas du dos et remonter de chaque côté de la colonne vertébrale jusqu'à la nuque et redescendre de chaque côté en appuyant avec la paume jusqu'aux fesses. Vous remontez à l'inspiration et vous descendez à l'expiration.

Dans ce massage, la respiration du masseur devra être également coordonnée avec celle de la personne massée.

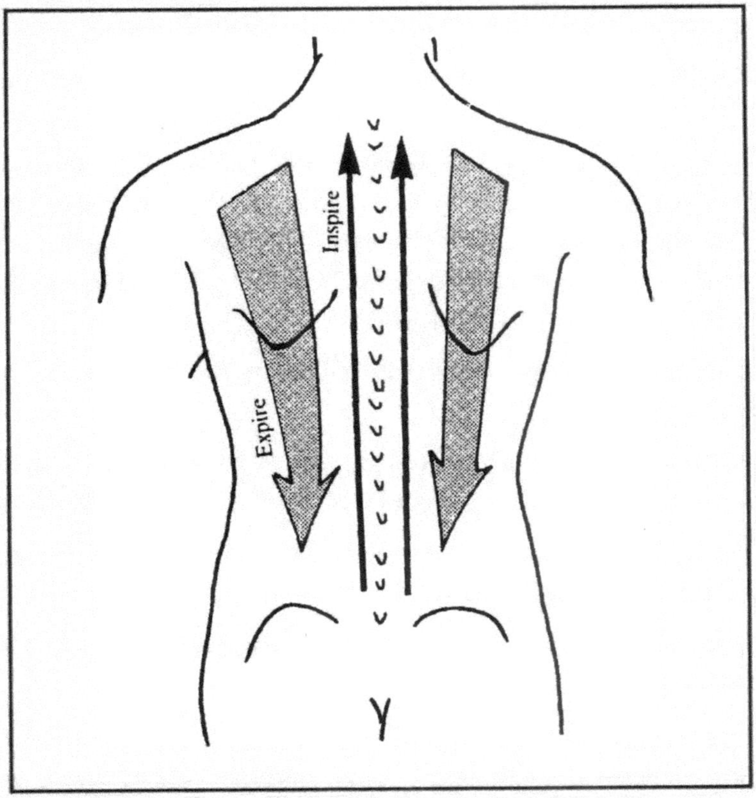

TRAJET DES POUCES SUR L'INSPIRE ET DES PAUMES SUR L'EXPIRE

Nous ne donnerons pas d'autres exemples de massages car nous voulons simplement vous introduire à cette technique qui devrait être utilisée plus couramment par tout le monde. Cependant, nous l'avons placée à la suite du chapitre sur la sexualité parce que par le contact physique, elle permet l'amorce d'un dialogue. Cette communication non verbale s'avère précieuse dans les cas où la communication au sein d'un couple est rompue. Elle permet de reconstruire une base sur laquelle pourra ultérieurement se développer une sexualité plus épanouie fondée sur l'échange.

LES CYCLES

Depuis quelques années, la médecine s'intéresse tout particulièrement aux cycles qui rythment l'organisme. Le premier de ces cycles à avoir été mis en évidence, outre les rythmes hormonaux qui ponctuent la vie génitale de la femme sur une période de vingt-huit jours est le cycle du cortisol, hormone sécrétée par les surrénales (petites glandes situées sur les reins) et qui a un pic sécrétoire vers six heures du matin.

D'autre part, de nombreuses observations, telle l'influence des saisons sur les maladies, ainsi que l'influence du cycle de la lune sur le comportement, nous ont déterminé à créer de nouvelles sciences telles la chronothérapie qui étudie le moment optimal pour appliquer un traitement, et la chronopathologie qui s'intéresse à l'action du temps (chronos) sur les maladies.

L'acupuncture pour sa part a depuis des millénaires mis en évidence l'existence de rythmes.

Certains sont à l'échelle du siècle (soixante ans), d'autres de l'année (circaniens), d'autres de la journée (circadiens), d'autres encore inférieurs à la journée (ultradiens).

L'un des rythmes qui apparaît en premier à l'homme est celui de la succession des jours et des nuits, de la succession de l'activité et du repos.

Ce rythme s'imbrique avec celui de l'année au cours de laquelle la durée respective des jours et des nuits varie.

La journée, l'énergie de défense (Wei) circule en périphérie. C'est, répétons-le, l'énergie la plus mobile du corps, celle qui est en prise directe avec l'extérieur et qui assure de ce fait la meilleure adaptation possible aux situations d'agression qui peuvent se déclarer.

La nuit, cette même énergie de défense suit le mouvement global des énergies, étant donné qu'elle est très mobile ; elle réintègre la profondeur pour y circuler et s'y régénérer.

L'homme, comme nous le savons, est un microcosme dans le macrocosme et il est donc rythmé de manière identique. Il est un animal diurne. Ceci était particulièrement frappant dans les civilisations proches de la terre.

Les paysans se levaient et se couchaient avec le soleil. D'autre part, les travaux des champs - travail physique - étaient à leur maximum pendant l'été, ce qui correspond en effet à la période la plus Yang de l'année. Inversement, en hiver, période pendant laquelle la nature se repose, le travail physique était moins important.

Il n'en est plus de même dans nos civilisations modernes où l'on ne suit plus ces rythmes.

Actuellement, les saisons sportives qui ont leur maximum en hiver vont à l'encontre de ces règles élémentaires.

Il est probable qu'à l'origine, la période des vacances scolaires permettait le travail aux champs. La généralisation des vacances scolaires permettait le travail aux champs. La généralisation des vacances en été est encore un asynchronisme avec la nature. Heureusement, la réhabilitation récente du sport permet de remédier à ce déséquilibre. Le rythme activité et repos, pendant l'année scolaire, est bien souvent déséquilibré par manque de sommeil chez les étudiants en période d'hiver.

Le temps de sommeil et de repos n'est plus modelé par la durée du jour et de la nuit. Grâce à la lumière artificielle nous avons pu devenir indépendant et modifier ainsi les horaires d'activité.

La vie nocturne prend de plus en plus d'importance tant dans les loisirs que dans le travail. Les «trois-huit» en sont une des expressions. Or, peu de gens peuvent s'y adapter sans inconvénient.

Selon le tempérament de chacun (terrain), les uns seront plutôt «du jour», les autres plutôt «du soir». Ceci révèle des asynchronismes de l'organisme avec le cosmos. Chacun effectivement possède son propre rythme. L'acupuncteur pourra alors aider à la resynchronisation de ces mouvements d'énergie. Par exemple, les personnes qui ont des difficultés à se lever le matin et qui se sentent en plus grande forme le soir souffrent d'une difficulté à la mobilisation du Yang.

L'association de règles de vie avec quelques points d'acupuncture permettra l'acquisition d'un rythme plus naturel. Il existe d'autres sources de dérèglements tels que les décalages horaires dus aux voyages transcontinentaux rapides. Et si nous pensons fréquemment aux voyageurs occasionnels ou aux hommes d'affaires, les plus exposés à ce dérèglement sont le personnel naviguant des compagnies aériennes. Les premiers rythmes qui s'en trouvent modifiés sont alors souvent les cycles menstruels chez la femme. De plus, la mauvaise alternance entre veille et sommeil favorise, par la perturbation de l'énergie de défense, le développement de différentes pathologies.

Rappelons ici l'importance du sommeil. Celui-ci est une phase non pas passive mais au contraire une période d'immense activité métabolique.

Il existe des cycles faisant alterner sommeil lent et sommeil paradoxal. Ce dernier est en relation avec le méridien vésicule biliaire et foie, dont les horaires de plénitude sont respectivement entre 23 heures et 1 heure et entre 1 heure et 3 heures. Cette phase est très importante chez l'enfant et diminue avec l'âge. Elle est indispensable pour la sécrétion de l'hormone de croissance et favorise un développement harmonieux. Notons à nouveau toute l'importance du foie dans les phénomènes à dynamisme de croissance (voir page 39).

Cette phase est malheureusement très diminuée avec les somnifères habituels, source d'un nouveau déséquilibre.

D'autre part, lorsque le sommeil est régulier et à heures fixes, il est possible de diminuer sa durée totale. Celle-ci est variable selon les individus, entre 6 heures et 10 heures, mais peut généralement être réduite si les conditions précédemment évoquées sont remplies.

L'horaire de plénitude du méridien poumon se situe entre 3 heures et 5 heures solaire. C'est donc l'horaire où l'énergie est distribuée avec le plus d'intensité dans le réseau méridien. Cet horaire apparaît comme le moment le plus propice au réveil, ce qui correspond à l'augmentation de la sécrétion du cortisol. Cela est par ailleurs le moment recommandé par les yogis pour les exercices respiratoires.

Le coucher correspond à l'horaire de plénitude du méridien Triple Réchauffeur entre 21 heures et 23 heures. Ce battement de 2 heures pour l'horaire du coucher et celui du réveil nous permet ainsi d'ajuster notre temps de sommeil en fonction de la saison et du tempérament.

La vie d'un homme est elle-même un cycle. À chaque période de la vie correspondent une saison et une dynamique énergétique.

L'enfance correspond à la montée de l'énergie, l'adolescence et la vie d'adulte à la maturité, la vieillesse et la retraite à la concentration de l'énergie.

La première phase est une phase de préparation et de croissance. la deuxième permet à l'homme de participer activement à la vie sociale, de contribuer à L'évolution de son groupe, d'assurer la pérennité de l'espèce. La troisième lui permet de se consacrer plus entièrement à la vie intellectuelle et spirituelle.

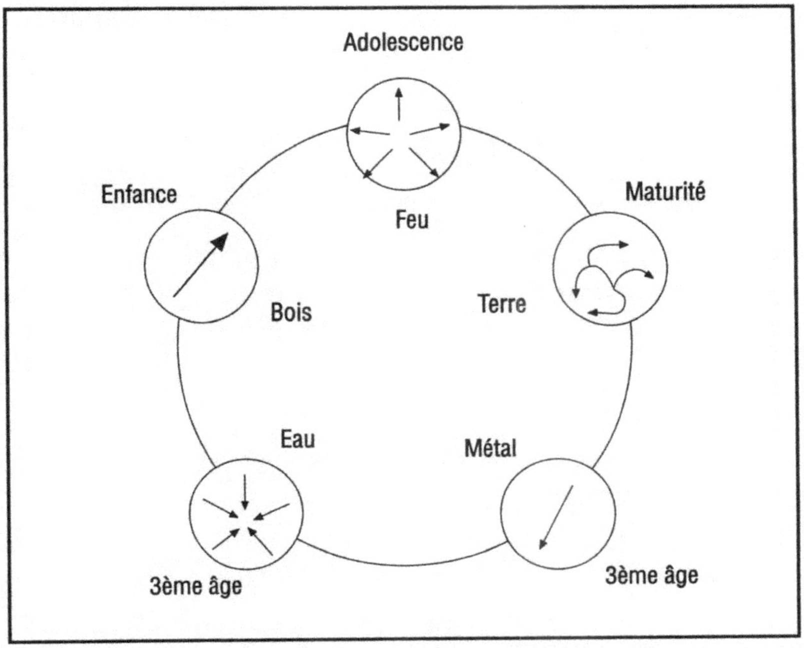

LES PHASES DE VIE EN FONCTION DES 5 ÉLÉMENTS

Tous ces cycles sont tributaires de ce que nous avons appelé les déterminants cycliques. Ils sont responsables des rythmes sur la journée, le mois, l'année, le siècle.

Rythmes circaniens

les déterminants cycliques endogènes ou troncs célestes, au nombre de dix, forment cinq couples qui, selon la classification I (voir page 36), déterminent les cinq saisons.

le 1er couple correspond au bois printemps
Le 2ème couple correspond au feu Eté
Le 3ème couple correspond à la terre 5ème saison
Le 4ème couple correspond au métal Automne
Le 5ème couple correspond à l'eau Hiver

Les dates de ces saisons s'échelonnent en général :

du 20 janvier au 2 avril Printemps

du 3 avril au 14 juin Eté
du 15 juin au 25 août 5ème saison
du 26 août au 4 novembre Automne
du 5 novembre au 20 janvier Hiver

Ces cinq saisons sont immuables et sont appelées énergies «hôtesses».

Par ailleurs, les déterminants cycliques endogènes sont aussi responsables de la surimposition à ces cinq saisons immuables de cinq mouvements énergétiques engendrés par les cinq couples selon la classification II (voir page 37). Ces mouvements sont appelés «invités» et se superposent aux cinq énergies «hôtesses». Ils se succèdent également selon le cycle d'engendrement.

Cependant, chaque année, le mouvement qui se surimpose au printemps (début de l'année) varie et dépend de l'année en cours (caractérisée par un déterminant cyclique endogène). Sur une même année, les déterminants cycliques exogènes ou branche terrestre, au nombre de douze, déterminent, selon la classification I, quatre saisons + quatre intersaisons.

Et par ailleurs, selon la classification II, ils se regroupent en six groupes et déterminent les six climats.

Le 1er couple correspond au Jue Yin (vent)
Le 2ème couple correspond au Shao Yin (chaleur)
Le 3ème couple correspond au Shao Yang (chaleur)
Le 4ème couple correspond au Tai Yin (humidité)
Le 5ème couple correspond au Yang Ming (sécheresse)
Le 6ème couple correspond au Tai Yang (froid)

Les dates de ces climats s'échelonnent en général :

21 janvier 21 mars pour le 1er
21 mars 21 avril pour le 2ème
21 avril 21 juillet pour le 3ème
21 juillet 21 septembre pour le 4ème
21 septembre 21 novembre pour le 5ème
21 novembre 21 janvier pour le 6ème

Tout comme les cinq saisons, définies par les déterminants cycliques endogènes, ces six climats, selon la classification I, sont immuables et appelés énergies «hôtesse» et sont modelées par des énergies «invitées et déterminées par la classification II. Celles-ci sont fonction des déterminants cycliques exogènes caractérisant l'année, chaque période durant six mois.

Rythmes circadiens (de 10 à 30 jours)

Les déterminants cycliques endogènes sont en relation avec les méridiens principaux du membre supérieur qu'ils empruntent pour s'intérioriser (voir page 43).

Ce cycle est de dix jours et à chaque jour correspond un tronc céleste et un méridien.

Il reste cependant le méridien du Maître du Cœur qui n'est pas intéressé.

Les déterminants cycliques exogènes sont en relation avec les méridiens principaux du membre inférieur qu'ils empruntent pour s'intérioriser (voir page 43).

Ce cycle est de douze mois, de trente jours chacun. Chaque mois correspondant à une branche terrestre, ou déterminant cyclique exogène et à un méridien (2 X 6 méridiens aux membres inférieurs).

Donc, chaque jour un méridien différent du membre supérieur (droite ou gauche) est en plénitude.

Chaque mois, un méridien différent du membre inférieur (droit ou gauche) est en plénitude.

Ces méridiens sont alors interdits à la puncture.

Rythmes ultradiens

Les déterminants cycliques endogènes déterminent dans la journée cinq périodes qui sont équivalentes aux cinq saisons.

Les déterminants cycliques exogènes, pour leur part au nombre de douze, se mettent en action tour à tour pour une durée de deux heures entraînant la plénitude d'un méridien principal (voir page 106).

Les déterminants cycliques exogènes peuvent aussi déterminer quatre périodes dans la journée plus, entre chacune d'elles, une cinquième qui est appelée : heure précieuse ; de même qu'ils déterminaient dans l'année quatre saisons et quatre intersaisons.

Ceci est l'équivalent du découpage de l'année en quatre saisons entre lesquelles s'intercale la 5e saison.

Toutes ces considérations théoriques sont fort importantes pour l'acupuncteur car il ne doit pas, comme nous l'avons vu, puncturer les méridiens en plénitude. Il peut aussi prévoir l'apparition des pathologies, comprendre la survenue des «séries» et prévenir ainsi l'évolution de la maladie.

Tout dérèglement en qualité (c'est-à-dire pénétration d'un climat dont ce n'est pas la saison) ou en quantité (c'est à dire pénétration d'un climat dans sa saison mais de trop forte ou trop faible intensité) engendre des climats pathogènes qui pourront soit provoquer une maladie dès la pénétration ou soit n'évoluer qu'à bas bruit pour ne se manifester que quelques saisons après.

Chaque loge se met ainsi en plénitude à sa saison correspondante.

En prévention, nous pouvons utiliser les saveurs qui permettent de tonifier les loges. Par exemple, la saveur amère en été, le piquant en automne, le salé en hiver, l'acide au printemps et le doux tout au long de l'année, puisqu'elle est en rapport avec la 5e saison.

Par ailleurs, sur le plan nutritionnel, la pratique d'une diète annuelle telle qu'elle est recommandée par certaines religions est parfaitement justifiée, surtout lorsqu'il existe comme actuellement, une surconsommation alimentaire. Le carême, dans la religion chrétienne, prend habituellement place à la fin de l'hiver, et au début du printemps. C'est effectivement en cette saison que le foie et la vésicule biliaire sont à leur maximum d'énergie et où la désintoxication de l'organisme est alors la plus bénéfique.

De plus, il est important de choisir les aliments de saison, tant pour des raisons énergétiques qu'économiques.

Avant de terminer ce chapitre, il nous faut évoquer le rythme de la lune.

Celle-ci influe essentiellement sur les mouvements de l'énergie. Dans la phase ascendante[2], l'énergie et le sang croissent pour atteindre leur maximum à la pleine lune. C'est d'ailleurs ces jours-là que les accouchements sont les plus nombreux, ainsi que les «crises de folie», la «folie» étant souvent due à une plénitude d'énergie dans le haut du corps. La convergence de ce mouvement provoque dès lors un excès, entraînant le basculement dans la crise.

Ces phénomènes sont bien connus des services d'obstétrique, de psychiatrie et,

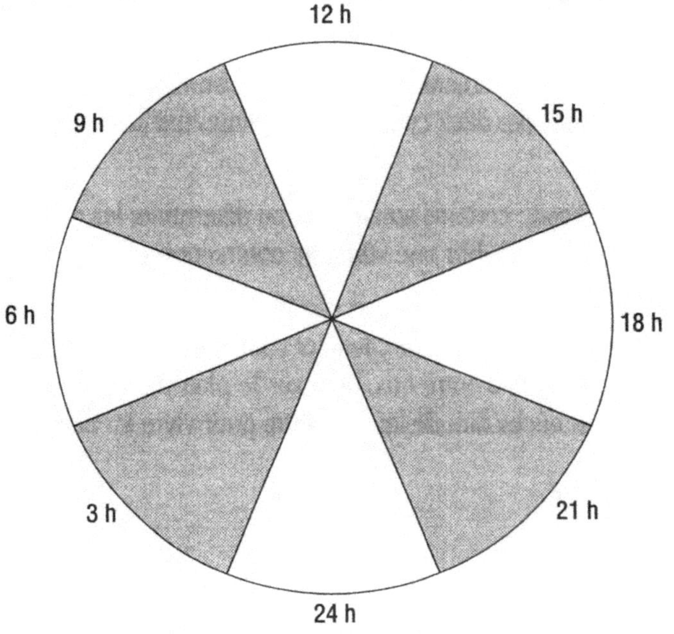

LES 4 HEURES PRÉCIEUSES (en gris)

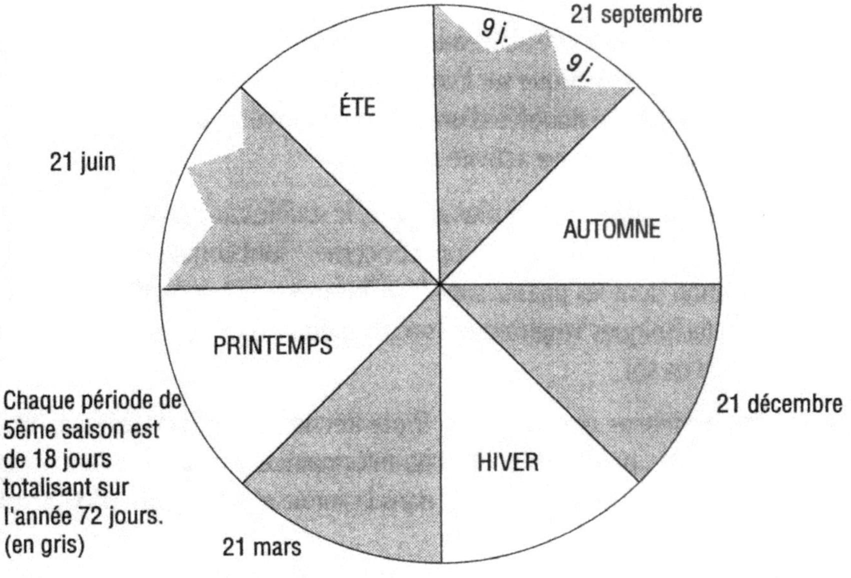

LES PHASES DE VIE EN FONCTION DES 5 ÉLÉMENTS

semble-t-il, des chirurgiens qui ont constaté un plus grand nombre d'accidents hémorragiques après les interventions faites ces jours-là.

D'autre part, ces mouvements de la lune sont en étroite relation avec le cycle menstruel de la femme (les deux cycles étant de vingt-huit jours, 29 jours 1/4 pour la lune).

À partir de ces bases, certains auteurs ont pu déterminer les périodes propices à la fécondation et ont pu établir une véritable contraception.

Nous avons abordé au cours de ce chapitre, de nombreux rythmes et cycles. Loin d'être exhaustif, nous avons simplement voulu donner un aperçu de l'enchevêtrement de quelques-uns d'entre eux. Tant sur le plan de la prévention que de la thérapeutique, il est nécessaire de les connaître pour vivre en harmonie avec notre environnement.

RÉSUMÉ

L'activité physique contribue au développement harmonieux du corps et de l'esprit. Elle a une fonction bénéfique sur l'ensemble des fonctions de l'organisme. Son action préventive se trouve doublée d'une action curative. Chacun à son niveau et à son rythme peut pratiquer une activité sportive.

La respiration ou d'une manière plus globale, le souffle caractérise les phénomènes vivants. Ce sont les échanges qui sont concernés. Tout comme l'activité physique, une respiration dont les phases sont équilibrées permet une action préventive et curative. Les techniques respiratoires sont d'ailleurs souvent une étape importante dans l'étude de soi.

Tous ces phénomènes concernant le Triple Réchauffeur et le Maître du Cœur peuvent être modulés par l'énergie Psycho-Informatrice en relation avec la loge cœur qui intervient tout particulièrement dans la survie et l'adaptation de l'homme à son environnement.

Chaque organe secrète une «âme végétative» qui influence l'émotivité et l'intellect selon les terrains.

L'homme est investi de la Conscience et est informé par l'intermédiaire des méridiens de contrôles centraux. Les réactions de l'individu en sont dépendantes et souvent influencées par les expériences passées qui sculptent progressivement le Shen.

La relaxation nous permet de diminuer l'influence des 6 contrariétés et des 7 sentiments tout en transformant positivement les expériences passées.

La méditation, proche de la relaxation, facilite elle aussi une plus grande intégration de l'homme au sein de l'univers.

La survie et l'adaptation de l'espèce à l'environnement sont imparties à l'énergie de Programmation-Régulation, qui concerne le comportement sexuel. C'est également grâce à une vie sexuelle épanouie que l'équilibre énergétique sera atteint. Lorsque les difficultés surgissent dans les communications verbales, les massages permettent souvent de recréer un contact. Cependant, indépendamment de la vie sexuelle, les massages harmonisent la circulation énergétique.

L'homme - ainsi que l'univers - est modulé par de nombreux cycles qui s'interfèrent entre eux. L'activité maximale de l'homme s'exerce surtout le jour et pendant l'été, périodes pendant lesquelles le Yang est à sa plénitude.

Le sommeil occupe une fonction très importante et il est lui-même modulé par plusieurs phases.

Aux 5 dynamismes énergétiques (aux 5 éléments) correspondent les 5 phases de la vie d'un homme.

Les déterminants cycliques tant endogènes qu'exogènes sont, selon leurs combinaisons, à l'origine des saisons et des climats. Les énergies «hôtesses» sont immuables. Les énergies «invitées» changent chaque année, donnant des cycles de 60 ans.

Dans la journée, chaque méridien est en plénitude pendant 2 heures (l'équivalent d'une heure chinoise), en accord avec les 12 déterminants cycliques exogènes.

Tous ces mouvements d'énergie rythmés en fonction du temps (temps-espace) sont pris en considération par l'acupuncteur qui en déduira, en fonction des plénitudes et des vides d'énergie, les points à puncturer.

CHAPITRE V

QUELQUES EXEMPLES THÉRAPEUTIQUES ET CLINIQUES

Il est indispensable à notre époque que tout acupuncteur reçoive une formation de médecine occidentale et moderne, l'acupuncture devant être considérée comme une spécialité au même titre que les diverses autres branches médicales. Cependant, de même que chacun peut se soigner par des moyens simples dans les cas d'affections peu graves, il est possible de connaître et d'utiliser quelques points d'acupuncture en les massant. Lorsque dans les exemples qui vont suivre le cas se présentera, nous le mentionnerons en l'illustrant par un schéma.

Auparavant, nous allons nous familiariser avec la séance d'acupuncture telle qu'elle se déroule habituellement.

LA SÉANCE D'ACUPUNCTURE

Comme tout médecin, l'acupuncteur interroge le patient, l'examine, demande des examens complémentaires si c'est nécessaire, établit un diagnostique et propose un traitement.

Toutefois, en plus de l'interrogatoire usuel auquel procède tout médecin, l'acupuncteur est amené à poser des questions plus spécifiques pour établir un diagnostic énergétique.

Les antécédents familiaux, personnels et médicaux seront passés au peigne fin pour comprendre le terrain du patient. Car si tel symptôme est l'objet de la visite, l'acupuncteur ne se bornera pas à le faire disparaître mais veillera à corriger le terrain qui était favorable à l'éclosion de telle ou telle maladie.

L'acupuncteur établira un diagnostic par un examen soigneux qui comporte une étude morphologique, une palpation et la prise des pouls.

Cette dernière ne consiste pas en la seule prise de la fréquence cardiaque. Les pouls en acupuncture sont au nombre de douze, situés également aux poignets six à gauche et six à droite, six profonds et six superficiels et l'appréciation de la qualité de chacun d'eux permet au médecin d'établir l'état énergétique du patient.

Il ne faut pas s'étonner si le médecin demande au patient de se dévêtir complètement, quelle que soit sa pathologie (par exemple une douleur à l'épaule), car certains petits signes, apparemment sans relation et visibles seulement une fois les vêtements retirés, orienteront la thérapeutique.

Au terme de cette première partie de la consultation qui peut durer plus d'une heure la première fois, l'acupuncteur aura porté son diagnostic et entamera le traitement.

Le patient est allongé, bien étendu, en sous-vêtements.

le repérage des points est la première étape, puis suit la stimulation. Comme nous l'avons déjà évoqué, elle peut être faite par aiguille ou autres procédés physiques (ondes électromagnétiques, massage, chaleur).

Les aiguilles sont de forme, de largeur et de composition différentes. En général, les plus légères et les plus courtes serviront aux régions sensibles (pieds, mains, visage), les autres pour les autres parties du corps.

Une fois introduites, il peut être nécessaire de les manipuler pour faire accrocher l'aiguille et déclencher une sensation chez le patient. C'est ce qu'on appelle «la morsure de poisson» qui est garante d'une action sur l'énergie et donc de l'efficacité de la puncture. Elles sont laissées en place à peu près une quinzaine de minutes, mais cela est très variable selon l'effet recherché.

Voici l'exemple d'un interrogatoire type en acupuncture.

Après avoir demandé l'âge et la profession du patient, l'acupuncteur prend connaissance des différents antécédents familiaux et personnels :

- cardiaques ;
- circulatoires ;
- pulmonaires ;
- digestifs ;
- ophtalmologiques ;
- oto-rhino-laryngologique ;
- stomatologiques ;
- dermatologiques ;
- rhumatologiques ;
- gynéco-obstétrique ;
- neuro-psychiatriques ;
- endocriniens ;
- uro-néphrologiques ;
- infectieux ;
- chirurgicaux;

- traumatiques (chutes, fractures,etc.) ;
- hospitalisations ;
- allergies (médicamenteuses, alimentaires, etc.) ;
- thérapeutiques (et éventuels traitements en cours).

Il s'informe par ailleurs des différents facteurs de risques de maladies graves (cardio-vasculaires, cancers, etc.) :

- taux de cholestérol ;
- taux des triglycérides ;
- taux d'acide urique ;
- consommation d'alcool et de tabac ;
- poids et taille ;
- tension artérielle ;
- prise de pilule contraceptive ;
- sédentarité.

Parmi ces rubriques, certaines seront plus détaillées, permettant à l'acupuncteur de recueillir des renseignements selon l'optique énergétique qui l'orienteront dans son diagnostic.

Par exemple :

- l'existence de troubles de l'endormissement, de réveils nocturnes ;
- l'existence de somnolence après le repas ;
- la pratique d'une activité physique ;
- l'existence de tremblements, de contractions, de crampes ;
- l'existence d'une fatigue matinale ou vespérale, survenant après un effort ou permanente.

Le médecin cernera le profil psychologique de son patient : son tempérament en fonction des cinq éléments, son comportement en rapport avec les niveaux énergétiques.

La personne est-elle :

- coléreuse, impulsive, nerveuse ;
- toujours gaie, enjouée, optimiste ;
- obsessionnelle ;
- triste, angoissée devant l'avenir ;
- peureuse, phobique ?

De nombreux signes apparents insignifiants orienteront le diagnostic souvent de façon décisive :

- rêves riches et importants ;
- pertes de mémoire ;
- imagination importante ;
- crainte de l'altitude ;
- pondération, ténacité ;
- minutie, ponctualité ;
- expression orale aisée ;
- pleurs fréquents ;
- mélancolie ;
- agitation permanente.

Enfin, l'acupuncteur demandera au patient s'il est fortement attiré ou éprouve une répulsion :

- pour une couleur ;
- pour une musique ;
- pour une saison ;
- pour un climat (vent, chaleur, humidité, sécheresse, froid) ;
- pour une des cinq saveurs (acide, amer, sucré, piquant, salé).

S'il éprouve des sensations :

- de lourdeur ;
- de vide ;
- de ballonnement ;
- de froid ;
- de chaud.

Dans les différentes parties du corps (tête, ventre, extrémités, jambes, etc.)

Au cours de cet interrogatoire, la maladie ayant motivé la consultation sera analysé elle aussi selon une optique acupuncturale, par exemple son rythme d'aggravation, d'amélioration dans la journée et dans l'année.

Généralement, à la fin de cet interrogatoire, le médecin aura déjà établi son diagnostic. Il demandera cependant au patient de se dévêtir pour permettre l'examen. Celui-ci réorientera ou confirmera le diagnostic préalablement posé.

Outre un examen classique, l'acupuncteur accordera une grande importance à l'examen :

- des oreilles (reflet de l'état énergétique global) ;
- de la langue (reflet des cinq loges et du Triple Réchauffeur) ;
- des doigts et des ongles ;
- de l'iris (reflet de l'état énergétique global).

Il recherchera des petits capillaires sanguins signant des déséquilibres énergie-sang dans les différentes régions du corps.

Il prendra les pouls, notera la couleur de la peau, la pilosité, l'existence de déséquilibre de la chaleur cutanée entre les différentes régions du corps.

En résumé, il recueillera, par l'écoute, l'observation visuelle et le toucher, de multiples renseignements qui viendront s'intégrer dans la conception énergétique de l'homme, lui permettant ainsi d'établir le diagnostic et le traitement qui en découlera logiquement.

Durée de la séance

Le temps durant lequel les aiguilles sont implantées peut varier de quelques secondes à plusieurs heures dans le cadre d'une séance habituelle, celle-ci fluctue entre dix et vingt minutes. Durant ce temps, la personne puncturée veillera à se détendre en position allongée.

Le nombre de séances et leur fréquence

D'une manière générale, les maladies aiguës requièrent peu de séances, mais à une fréquence élevée qui peut aller jusqu'à deux fois par jour. Dès qu'une amélioration est perçue, les séances sont espacées. Dans le cadre d'affections chroniques, le nombre de séances peut aller jusqu'à vingt et même plus dans certains cas, avec une fréquence d'une à deux séances par semaine.

Dans la majorité des cas, nous prescrivons une séance hebdomadaire pour les trois premières semaines, puis les séances sont espacées tous les quinze jours et ensuite tous les mois ; s'il est nécessaire, une série de quelques séances chaque année conforteront le traitement établi.

Contre-indications à une séance de puncturation

Tout d'abord, les contre-indications d'ordre général :

- il ne faut pas planter des aiguilles lorsque l'énergie est très perturbée : lors d'un orage, après un long voyage et en particulier en avion, après un repas copieux, lorsque la personne est surexcitée.

- lorsque le malade est en vide d'énergie, notamment lors de :

- sudation importante,
- hémorragies,
- suite immédiate d'un accouchement (contre-indication relative),
- asthénie importante;

- Contre-indications d'ordre particulier :

- les malades qui se trouvent sous coagulant,
- les malades sous dogmatils,
- les malades subissant un traitement de radiothérapie,
- plus ponctuellement, les cicatrices;

- Cas particulier : la grossesse

L'acupuncture se trouve particulièrement indiquée car elle permet de réduire la prise de médicaments souvent contre-indiqués et de lutter efficacement contre les troubles propres à la grossesse qui peuvent survenir.

Cependant, certains méridiens et certains points seront interdits. Il s'agit en particulier des méridiens Yin des membres inférieurs et de la région abdominale, ainsi que quelques points appartenant à des méridiens Yang, ces points pouvant favoriser l'interruption de grossesse.

TROIS GRANDS SYMPTÔMES RELEVANT DE L'ACUPUNCTURE

La douleur

Dans le cadre de la physiopathologie énergétique, la douleur correspond à un blocage de la circulation de l'énergie. Là où existent une tension, une stagnation, la douleur apparaît résultant aussi bien d'un trouble endogène (déséquilibre interne) que d'une pénétration d'une énergie exogène (traumatisme, affection microbienne).

Le principe sera toujours de rejeter les énergies agressives en premier lieu, puis de favoriser la circulation.

L'inflammation

L'inflammation responsable de douleurs est considérée, au sens acupuncturale, comme un excès de chaleur et de vent. Ce trouble conduit à une congestion active au niveau du tissu artério-veineux. Son origine peut être interne ou externe, due à des déséquilibres, des climats hors de leur saison ou en intensité trop importante. Les affections virales et microbiennes sont pour leur part considérées comme des phénomènes vent ; l'idéogramme chinois qui traduit le vent représente un insecte qui vient piquer au travers d'un rideau qui se soulève, et cette idée d'agression et de pénétration qui traduit le mieux la notion de maladies exogènes. Enfin, toute énergie exogène agressant l'organisme peut provoquer de la chaleur selon la réaction.

énergie exogène + énergie de défense = chaleur

Le spasme

Il correspond à une atteinte froid-vent. Le vent est dans ce cas comme pour l'inflammation, le vecteur du froid. Cela provoque une congestion passive. Si celle-ci est intermittente, il y a prédominance de vent. Si le spasme est continu, c'est alors le froid qui prédomine. Les origines, comme pour l'inflammation, peuvent être internes ou externes.

La thérapeutique visera à rétablir une transformation de ce froid en chaleur, en utilisant les points chaleur et harmonisateur du foie, et si le traitement est insuffisant, à disperser l'excès d'énergie du rein. (Le rein est en relation avec le froid et le spasme qui est une contraction).

Les céphalées

La céphalée

Banale mais récidivante, la céphalée de tension ou mal de tête de tension peut être soulagée en trente secondes par un point. Mais si cette douleur réapparaît, il est alors nécessaire de faire une réharmonisation de l'énergie plus profondément et le recours à l'acupuncteur est nécessaire. Les points symptomatiques cités dans les cas suivants pourront être utilisés par le lecteur car faciles à repérer et donnant des résultats immédiats.

La céphalée frontale

Dans le cas de Mme G., 47 ans, infirmière, qui se plaignait depuis vingt-quatre heures d'une douleur continue, n'ayant cédé aux antalgiques habituels, nous fîmes le 7 Shou Tai Yin (voir schéma) bilatéralement, en appuyant sur ce point sensible à la pression pendant une minute et en faisant un léger massage rotatif avec le pouce. Ce point a pour objet de permettre une harmonisation de la circulation du méridien P/R Ren Mai antérieur et médian. Les douleurs cèdent ainsi en quelques secondes, pendant le massage.

La céphalée occipitale

Le même raisonnement que précédemment est suivi, mais nous avons utilisé chez M.J., 27 ans, étudiant qui se plaignait de céphalée occipitale, le 3 Shou Tai Yang (intestin grêle) qui harmonise le méridienP/R Du Mai postérieur et médian. Il est situé lui-aussi à la main et nécessite pour être massé une pointe mousse. Un ancien stylo sans encre correspond parfaitement à cet usage.

La céphalée pariéto-temporale (c'est-à-dire latérale)

Dans ce cas nous utilisons le point 39 Zu Shao Yang (vésicule biliaire) qui est à trois distances de la malléole externe en arrière du péroné.

Ce point est un Luo du groupe des Yang des membres inférieurs, c'est-à-dire qu'il attire toute l'énergie Yang qui est dans la région haute du corps vers les méridiens Yang des membres inférieurs (Zu Tai yang : vessie, Zu Shao Yang : vésicule biliaire, Zu Yang Ming : estomac).

Cela permet ainsi un drainage considérable de l'énergie bloquée dans la région céphalique.

Ce point est donc à faire dans le cas de céphalée Yang, aiguë superficielle ; dans le cas contraire, de céphalée Yin (sourde et profonde), il aggraverait la situation : en diminuant le Yang, il augmente le Yin dans la région céphalique.

Tous ces points sont dits «symptomatiques». Ils ne guérissent pas définitivement les céphalées mais les soulagent temporairement jusqu'à ce que les conditions requises les reprovoquent. Aussi, si elles surviennent trop fréquemment, il est naturellement conseillé de consulter un acupuncteur.

La douleur des règles

Prenons l'exemple de Mme G., 35 ans, secrétaire, qui se plaint de douleurs sourdes, profondes, s'aggravant à l'immobilité et pendant la nuit, s'améliorant à la marche et à l'application locale de chaleur.

Cela correspond à un excès de Yin qui, dans la région du petit bassin, n'est pas correctement mobilisé pendant cette période.

Sur nos conseils, cette femme a pu utiliser un point situé à la cheville, en massage léger qui disperse le Yin. C'est un point Luo de groupe du Yin du membre inférieur. Il redistribue l'excès de Yin vers la région haute du corps en le chassant des trois méridiens Yin du membre inférieur.

Il aurait été possible aussi de yanguiser la région en utilisant d'autres points situés de part et d'autre de la colonne vertébrale sur les trous sacrés. Ils ont pour effet de yanguiser la région en la mobilisant.

Pour Mme G. cette thérapeutique fut suffisante ; cependant, de nombreuses causes peuvent être originaires de cet excès de Yin. Aussi, s'il existe d'autres signes, la consultation chez un médecin s'impose et l'acupuncteur peut, dans la plupart des cas, rééquilibrer définitivement les désordres profonds.

Les lombalgies

De nombreuses causes et manifestations peuvent exister tant en rhumatologie qu'en acupuncture.

Nous donnerons en exemple la lombalgie basse, transversale, profonde, en barre, au niveau du sacrum dont souffrait depuis plusieurs années par accès M.H., 66 ans, retraité de la Fonction Publique.

Elle est due à un mauvais fonctionnement du méridien de programmation-régulation Chong Mai qui est bilatéral (voir page 105) et dont la fonction normale est d'harmoniser le Yin et le Yang. Ce méridien est aussi fréquemment responsable de troubles gynécologiques chez la femme.

Une autre lombalgie très fréquente est celle dont la douleur irradie depuis la région para-vertébrale vers les fessiers. C'était le cas de Mlle K, 30 ans, médecin, dont c'était la première crise.

Le responsable en est le méridien Zu Tai Yang (vessie) que l'on traita alors par la puncture des points 40 et 60 Zu Tai Yang (vessie), situés à l'arrière du genoux et à la cheville.

Le point 60 Zu Tai Yang est le point de chaleur du méridien et en accélère donc la circulation. Il est considéré comme point «aspirine» (voir le chapitre sur les Shu antiques).

Le point 40 Zu Tai Yang favorise la distribution de l'énergie du méridien vers les régions qu'il traverse. Ces points stimulés à l'aiguille ou à l'electricité font céder la douleur en une vingtaine de minutes.

L'entorse

Il s'agit, la plupart du temps, d'une atteinte du méridien superficiel du tendino-musculaire. Nous appliquerons donc le traitement du méridien tendino-musculaire qui consiste à disperser les points distaux des méridiens concernés, à tonifier les points de réunion des méridiens tendino-musculaires et du méridien principal, à tonifier les points de réunion des divers méridiens tendino-musculaires.

Prenons l'exemple d'une entorse de ligaments latéraux externes de la cheville. La douleur siège sur le trajet du méridien Zu Tai Yang (vessie).

De nombreux points siégeant à la jambe sur le trajet du méridien tendino-musculaire de vessie pourront être choisis. Les entorses sont considérées comme des atteintes d'origine exogène et la manifestation de défense de l'organisme se fait essentiellement au niveau des méridiens les plus superficiels véhiculant l'énergie de défense (Wei). C'est pourquoi ce traitement soulage rapidement le patient. L'utilisation dans ce cas d'un appareil tel le Régulator qui utilise les ondes électro-magnétiques est remarquable.

Néanmoins, quel que soit le résultat obtenu, il ne faudra pas négliger la prise de radios pour s'assurer qu'il n'existe ni fracture ni entorse grave qui nécessiteraient d'autres soins. De plus, malgré l'absence de douleurs, le patient devra observer la plus grande prudence et ne pas trop mobiliser sa cheville. L'action antalgique de la séance acupuncturale ne doit pas faire oublier le traumatisme des tissus qui ont de ce fait besoin d'un certain temps pour récupérer. L'accélération de la récupération, grâce à l'acupuncture, se fera d'autant plus vite que le repos sera effectif.

L'analgésie

Depuis quelques années, la recherche a porté ses fruits de façon spectaculaire dans le domaine de l'analgésie acupuncturale. Tant en chirurgie dentaire que viscérale, les succès s'accumulent.

Un compromis semble s'installer entre l'anesthésie médicamenteuse et l'analgésie acupuncturale. En effet, l'utilisation concomitante de substances médicamenteuses et de l'acupuncture semble être des plus intéressantes.

L'utilisation de l'acupuncture permet, par un effet de potentialisation, la diminution des doses de médicaments nécessaires à l'anesthésie et, de ce fait, la réduction des effets iatrogènes de ces mêmes substances. Ceci est bien sûr particulièrement recommandé pour toutes les personnes âgées ou souffrant de pathologies qui ne permettent pas l'utilisation des produits aux doses habituelles. De plus les réveils sont très rapides et les risques post-opératoires moindres ainsi que tous les petits effets secondaires à l'intervention : hoquet, trouble du transit, etc..

Il ne nous est pas possible ici de donner des points d'acupuncture, mais le raisonnement est généralement le suivant : l'intervention correspond à la pénétration en masse d'une énergie exogène qui entraîne la douleur. L'objet de l'acupuncture est alors d'empêcher la rentrée d'autres énergies et de faire circuler celle qui stagne ou d'isoler la région concernée. Le choix des points en découle tout simplement.

Cependant, si actuellement la technique retenue le plus couramment est l'association des deux méthodes, il n'en est pas moins vrai que l'acupuncture permet à elle seule la pratique d'intervention chirurgicale. C'est d'ailleurs cette indication qui a permis à l'acupuncture de connaître un essor depuis quelques années. Toutefois, l'indication de l'acupuncture dans la prévention de la douleur est relativement récente et n'est étudiée systématiquement que depuis une vingtaine d'années. Rappelons que l'acupuncture ne permet qu'une analgésie - suppression (an) de la douleur (algésie) - et non pas une anesthésie, c'est-à-dire suppression (an) des sensations (esthésie).

Le patient garde donc, au cours des interventions pratiquées sous acupuncture seule, toute sa conscience, ainsi que les perceptions tactiles, sans ressentir de douleur, ce qui peut éventuellement permettre une collaboration avec le chirurgien.

Dans cette technique, les aiguilles sont placées comme à l'habitude aux points retenus, puis stimulés électriquement tout au long de l'intervention. L'analgésie apparaît après une vingtaine de minutes, ce qui permet de préparer les champs opératoires.

Enfin, rappelons que si l'analgésie acupuncturale a permis il y a vingt ans de prouver l'efficacité de cette médecine et de son audience auprès du public, l'acupuncture ne se réduit pas à une simple action antalgique. Elle est avant tout une médecine. Aussi, si nous avons débuté cette cinquième partie sur la thérapeutique par la douleur, nous terminerons ce chapitre par l'accouchement pour continuer dans les chapitres suivants par les applications de l'acupuncture dans le domaine des affections médicales proprement dites.

L'accouchement

Si dans un premier temps les recherches se sont orientées dans le même sens que lors d'une intervention chirurgicale, c'est-à-dire - bloquer l'influx nociceptif, actuellement l'attitude est toute différente ; l'accouchement est considéré comme un acte physiologique, non pathologique et donc de devant pas entraîner de douleur. Cependant le nombre de femmes vivant bien leur accouchement est seulement de 15%. Pour les autres, il existe des petits troubles de l'accouchement appelés «dystocies» qui provoquent les douleurs.

L'objet de l'acupuncture est donc de rendre l'accouchement eutocique en régularisant la dilatation et les contractions. Il aide ainsi à éviter la douleur mais sans la bloquer. Par ailleurs, la durée de l'accouchement est diminuée, et les femmes en gardent un meilleur souvenir.

Les points, tel le 3 foie, facilitent la dilatation, le 34 vésicule biliaire favorise le déclenchement, le 6 rate aussi.

D'autres points peuvent être utilisés selon les conditions dans lesquelles se déroule l'accouchement.

Les affections aiguës

Le zona

Les différents chapitres vus précédemment traitaient tous de symptômes et non pas de maladies. Un symptôme peut se retrouver dans de nombreuses maladies.

Le zona définit en lui-même une maladie dont les symptômes seront l'apparition de vésicules et d'une sensation de douleur cuisante dans le même territoire généralement latéralisé.

Cela est dû à la reviviscence d'un virus dont la première manifestation en a été la varicelle. Ce virus subsiste à l'état latent dans les terminaisons nerveuses. En acupuncture, il s'agit d'une atteinte exogène pouvant se révéler à cause d'un trouble plus profond.

Selon la région atteinte, nous traiterons les méridiens correspondants :

- en ramenant de l'énergie froid pour calmer la sensation de chaleur Yang ;
- en empêchant la pénétration d'énergie exogène dans le méridien en le fermant ;
- en dispersant localement l'énergie en excès.

Exemple d'un zona intercostal droit survenu chez M.M., 79 ans, ancien sportif, par ailleur en parfaite santé. Ont été fait un point du genou correspondant au point froid, ainsi qu'au point de la cheville en dispersion pour éviter la pénétration de l'énergie pathogène (c'est le point Shu d'embarquement de l'énergie de défense) et plusieurs aiguilles entrouant les vésicules en dispersion, espacées de un centimètre les unes des autres autour des vésicules. Dans ce cas aucun traitement n'a été nécessaire. Mais la plupart du temps, après avoir analysé avec précision l'origine des troubles, le médecin acupuncteur adoptera le traitement en choisissant éventuellement d'autres points devant la grande variété des étiologies.

Nous soulignons toutefois l'importance que revêt le traitement acupunctural dans les zonas, vu la grande efficacité de celui-ci lorsque le traitement est appliqué dès le début, ne disposant pas, à l'heure actuelle de thérapeutique médicamenteuse satisfaisante.

L'asthme

Etymologiquement, asthme signifie difficulté respiratoire. En effet, le patient lors d'une crise ressent une sensation d'oppression respiratoire avec une gêne à l'expiration. Sa cage thoracique est distendue. Les poumons sont l'objet d'une bronchoconstriction. Le diagnostic en est souvent évident et l'on peut d'ailleurs entendre le sifflement caractéristique perçu soit directement, soit à l'auscultation.

Nous traitons l'asthme dans ce chapitre en tant qu'affection aiguë, c'est-à-dire que nous allons envisager son traitement lors d'une crise.

Dans le chapitre suivant, concernant les affections chroniques, nous retrouverons l'asthme en tant qu'exemple de maladie récidivante relevant également du traitement acupunctural.

L'explication physio-pathologique énergétique considère qu'il s'agit d'un excès de Yang dans la région thoracique, accompagné d'une yinisation du poumon. De nombreux types d'asthme peuvent être décelés. L'étiologie ne sera donc retrouvée que par une personne expérimentée, mais ces quelques points d'acupuncture auront comme effet symptomatique de diminuer le Yang du Triple Réchauffeur supérieur.

Prenons le cas de Laurent, 13 ans, dyspéique depuis plusieur jours, sur lequel nous avons appliqué le traitement suivant : le point 22 Ren Mai (vaisseau conception) qui augmente le Yin du Triple Réchauffeur supérieur, ainsi que le 17 Ren Mai (vaisseau conception), tous deux situés sur le méridien de programmation - régulation Ren Mai aussi est Yin.

La dispersion du 12E et la tonification des 15 et 30 Zu Yang Ming ont pour effet de dériver le Yang de la région profonde par la branche superficielle du méridien Zu Yang Ming (estomac).

La tonification du 37 Zu Yang Ming (estomac) va, un peu comme le 39 Zu Shao Yang (vésicule biliaire) vu précédemment, faire descendre le Yang en excès dans le thorax vers le bas.

De nombreux autres points seraient envisageables dans un contexte d'asthme Yang (crises) ou Yin (avec une dyspnée inter-critique continue). Par exemple, nous pouvons diminuer la sensibilité aux climats (vent, froid, humidité), diminuer la participation émotionnelle, les phénomènes allergiques, etc.

La grippe

Survenant par épidémie, la grippe signe l'atteinte des voix aériennes supérieures par un virus provoquant un catarrhe oculo-nasal, accompagné de fièvre et de courbatures généralisées.

En acupuncture, il s'agit d'un exemple d'atteinte exogène appelée «vent».

Cette infestation peut être provoquée par de nombreux modes de pénétration. La plus courante se fait par les «points vents» situés essentiellement à la nuque, entraînant les douleurs de la nuque et de la colonne vertébrale, des courbatures, de la fièvre et une sensation de chaleur rhino-pharyngée et de brûlure des yeux. Le phénomène chaleur est dû à la lutte contre l'énergie de défense :

Energie exogène pathogène + énergie de défense = réaction chaleur.

Un deuxième mode de pénétration de cette énergie exogène pathogène peut se faire selon les couches énergétiques étroitement liées au Triple Réchauffeur.

Pour s'y opposer, nous tonifions le niveau dont la vocation naturelle est d'amener de l'énergie de la profondeur vers la superficie pour empêcher la pénétration plus profonde et repousser les agresseurs vers l'extérieur.

Le niveau qui a cette fonction est le niveau Tai Yin, le plus superficiel des Yin, composé des méridiens Shou Tai Yin (poumon) et Zu Tai Yin (rate).

Sa tonification utilisera les points chaleur des deux méridiens composant ce grand méridien : le 9-10 Shou Tai Yin (poumon) et le 1-2 Zu Tai Yin (rate). Ce traitement est appelé traitement de la sudorification ; il permet ainsi, lors de périodes d'épidémies, la prévention de la grippe ou son traitement. La meilleure stimulation sera faite par les moxas sur les points précités ou mieux encore avec un Regulator.

Un traitement complémentaire peut s'avérer nécessaire pour renforcer les défenses de l'organisme si celles-ci étaient déficientes.

L'hépatite virale

L'hépatite aiguë est une maladie générale avec atteinte prépondérante du foie. On distingue entre autres l'hépatite A et l'hépatite B, toutes deux provoquées respectivement par deux virus, le virus A et le virus B.

Fréquemment les débuts sont insidieux et font penser à la grippe. Le foie étant incapable de traiter et d'éliminer les pigments des globules rouges, ceux-ci sont en trop grande abondance dan le sang d'où l'apparition d'un ictère cutanéo-conjonctival (coloration jaune de la peau). Leur élimination dans les urines est responsable de leur coloration foncée et leur absence dans les selles est responsable de leur décoloration. À ce stade le diagnostic est aisé à établir.

C'est à nouveau le vent-froid qui est responsable, tout comme dans la grippe, de cette affection. La cible en est alors les méridiens Zu Jue Yin (foie) et Zu Shao Yang (vésicule biliaire) avec leurs viscères qui, ne l'oublions pas, sont en dérivation sur ces méridiens.

Dans un premier temps, il existe une réaction aiguë de défense de la loge foie-vésicule biliaire, puis secondairement un empiètement sur la loge rate qui conduit à l'ictère par le cycle de destruction.

Le traitement, durant la phase aiguë, à l'apparition des signes pseudo-grippaux ou digestifs de début sera le même que celui de la grippe, c'est-à-dire la stimulation du 1-2 Zu Tai Yin (rate) et du 9-10 Zu Tai Yin (poumon).

La phase ictérique verra la stimulation en moxas des points Shu du foie, de la vésicule biliaire et de la rate, favorisant ainsi la lutte contre l'agresseur.

Le 4 Zu Jue Yin (foie) point Ying proximal du méridien et qui correspond au métal, permettra d'empiéter sur le vent et de maîtriser la chaleur, selon le cycle de destruction.

Ces points sont en tout état de cause réservés au médecin acupuncteur. Ils ne sont donnés dans ce chapitre qu'à titre d'exemple et pour illustrer le raisonnement énergétique, initiant ainsi le lecteur à cette médecine trop longtemps considérée comme magique.

D'autres points que ceux précités peuvent être utilisés. En général les résultats sont rapides, écourtant la période de convalescence.

La dyssentrie amibienne

La dyssenterie se caractérise par une diarrhée abondante due à la colonisation de l'intestin par un parasite, l'amibe.

Nous avions utilisé la technique de sudorification dans le cas de grippe. Lorsque les énergies pathogènes pénètrent plus en profondeur dans le Triple Réchauffeur, il nous est possible d'utiliser la technique de vomification (TR moyen), et lorsque ceux-ci sont au TR inférieur, il s'agit de la technique de purgation.

Les points utilisés sont les points Roé de l'estomac, intestin grêle et gros intestin, au membre inférieur, situés sur le méridien Zu Yang Ming qui vont éliminer les climats pathogènes, faits quotidiennement en moxas (en chauffant) plusieurs fois pendant plusieurs jours. Il s'agit bien entendu d'un exemple.

Nous utiliserons en pratique courante les médicaments réservés à cet usage. Mais, le cas échéant, il nous faut savoir que l'acupuncture est capable de traiter les pathologies parasitaires ou microbiennes.

Les affections chroniques

L'asthme

Nous l'avons traité dans les affections aiguës. Mais outre le traitement de la crise, l'acupuncture se révèle être d'une utilisation précieuse pour cette affection récidivante et même invalidante tant chez les enfants que chez les adultes. Toutefois, les résultats chez les enfants sont plus rapides et plus spectaculaires que chez les adultes, car ceux-ci sont plus Yang et voient leur énergie plus facilement mobilisée au cours du traitement acupunctural.

Après quelques séances, l'acupuncture amène en général une guérison définitive sinon une amélioration certaine, soit en espaçant les crises, soit en diminuant leur intensité.

Une fois de plus, la potentialisation des médicaments et de l'acupuncture permet, dans les cas où la guérison définitive ne peut être obtenue, une diminution de la dose de ces médicaments. C'est le cas par exemple de l'enfant Vincent D., 7 ans, 30 kg qui, depuis le traitement par acupuncture, voit céder ses crises par une prise unique de 0,25 mg de corticoïdes, dose dérisoire, habituellement sans effet.

Le choix des points dans le traitement de l'asthme est, comme d'habitude, fonction de l'étiologie.

Une grande variété de causes peut être responsable de cette maladie. Outre les points mentionnés dans les cas d'affection aiguë, la rééquilibration de l'énergie de l'individu est capitale. Néanmoins, il apparaît fréquemment que chez les enfants, l'asthme soit d'origine allergique (80%). Lorsqu'il s'associe à un tempérament nerveux chez un enfant en permanence agité, ayant du mal à s'endormir, il s'agit d'un excès de yanguisation avec incapacité pour ce Yang de s'intérioriser.

Le traitement peut alors se résumer à quelques points qui favorisent l'yinisation.

Nous pouvons utiliser un point qui se situe dans le haut du dos et dont la fonction est de favoriser le passage du Yang vers le Yin. Ce passage, vous le savez, est dépendant du mouvement du métal qui fait passer l'énergie du feu vers l'eau. Ainsi, ce point de commande favorisera le mouvement et ce d'autant plus qu'il s'associera avec un point de l'avant-bras améliorant les échange entre le méridien Shou Tai Yin (poumon) et sa loge.

L'eczéma

Tout comme l'asthme, il survient fréquemment chez les sujets ayant un terrain prédisposé. L'asthme et l'eczéma, associés aux diverses autres maladies, définissent le terrain topique. De nombreuses formes d'eczéma peuvent se retrouver ainsi que de nombreuses localisations.

Bien évidemment, lorsqu'il s'agit d'un eczéma de contact dû à un allergène retrouvé, l'éviction de celui-ci se trouve être alors le meilleur traitement.

Sur le plan énergétique, il s'agit, la plupart du temps, d'un excès de superficialisation de l'énergie, le tempérament signant lui aussi cet excès de superficialisation par une grande mobilité et une grande sensibilité.

Tout cet excès de mobilisation d'énergie est dû à un trop grand mouvement du feu. Celui-ci est en rapport avec l'organe cœur qui calmera ainsi son mouvement trop important par son point Mu situé entre le thorax et l'abdomen.

C'est ce traitement qui permit chez l'enfant Anne-marie C., 9 ans, de faire rétrocéder les quelques plaques eczémateuses qu'elle avait, ainsi qu'une douleur abdominale accompagnée de diarrhées la veille d'interrogations scolaires. Il s'agissait de calmer l'émotivité en relation avec la loge cœur qui était trop grande.

Les allergies

Là encore, nous retrouvons bien souvent l'asthme ou l'eczéma, mais il existe aussi toutes les manifestations rhinopharyngées : toux, rhinites, etc.

Dans le cas d'une rhinite allergique, deux points seront indiqués. Ce sont les «points froids» des deux méridiens Yang Ming qui traversent la région nasale. Ils calment donc les phénomènes chaleur, tout en favorisant les échanges énergétiques et la trophicité dans la région. Ces points se situent aux extrémités.

Il va de soi que de nombreuses étiologies seront retrouvées et que là encore le choix des points en sera fonction.

Dans le cas de M.C., 27 ans, outre ces 2 points, nous avons eu recours à d'autres points complémentaires s'articulant autour du méridien Yang Ming (gros intestin + estomac).

Par contre, dans le cas de l'enfant Boris R., 12 ans, nous avons plutôt utilisé des points du méridiens Jue Yin (foie + Maître du Cœur) en relation directe avec les phénomènes d'allergies et de montée brutale de l'énergie.

Les ballonnements digestifs

Exemple d'une atteinte d'un méridien Luo longitudinal.

Il s'agit d'un symptôme désagréable, généralement révélateur d'un trouble fonctionnel du système digestif. Le méridien Luo longitudinal de la rate est un méridien qui amène de l'énergie trophique au niveau des intestins. Les ballonnements, en rapport avec une insuffisance du méridien Luo de la rate, seront traités par le 4 rate, point Luo en dispersion.

L'effet en sera une meilleure nutrition abdominale et ainsi une régulation du fonctionnement du tube digestif.

Bien souvent, les ballonnements s'accompagnent d'un cortège symptomatique qui permet à l'acupuncteur de préciser si l'étiologie en est l'organe rate ou méridien Zu Tai Yin ou bien une autre structure anatomique.

Le cas de M.T., 45 ans, directeur de théâtre, qui ressentait une sensation de lourdeur et somnolence après les repas orienta notre diagnostic vers un trouble de la loge rate. Et si généralement la guérison n'est pas complète avec ce seul point, celui-ci permet cependant un soulagement lors des crises.

L'hépatite virale

Dans le chapitre précédent, il s'agissait du traitement en phase aiguë : maintenant il s'agit au contraire de la phase chronique, ce qui nous montre une fois de plus que pour une même maladie, le traitement est très différent selon la phase, les symptômes d'accompagnement ou même le terrain.

Dans un premier temps l'énergie exogène pathogène a envahi le méridien et a rencontré l'énergie de défense de l'organisme. La résultante en est la maladie. A cet instant, il y a excès d'énergie :

Energie exogène pathogène + énergie de défense = réaction Yang

Progressivement, si l'organisme n'a pu repousser l'agresseur, dès le premier abord, il y a épuisement de l'organisme conduisant à une symptomatologie Yin avec asthénie et convalescence très lente.

L'acupuncture permet alors de lutter contre cette symptomatologie Yin en ramenant de l'énergie là où il n'y en a plus, en accélérant la circulation de l'énergie là où elle est ralentie. Ce serait généralement des points Shu antiques qui seront faits, appartenant aux méridiens en cause. Ce traitement s'adapte aussi dans les cas où l'ictère persiste. Il permet dès lors au patient de déjaunir rapidement.

Dysrégulation neuroendocrinienne

Voici un exemple d'atteinte de l'énergie de programmation-régulation.

Devant la stérilité d'un couple, de nombreuses causes peuvent être retrouvées. Parmi celles-ci on peut déceler, après une enquête minutieuse, l'incapacité pour la femme d'ovuler chaque mois à la période prévue.

De nombreux points sont alors utilisés qui correspondent à un traitement profond. Leur objectif est :

- d'harmoniser l'énergie de programmation-régulation en la tonifiant ;
- de faire appel à l'harmonisateur général ;
- d'équilibrer l'avant-l'arrière et l'intérieur-l'extérieur ;
- de favoriser l'ovulation ;
- de nombreuses autres possibilités s'offrent à l'acupuncteur qui pourra, devant un cas complexe de ce genre, rééquilibrer un déséquilibre bien souvent général.

Mais dans l'exemple cité, voici les points qui pourraient éventuellement en découler :

- les points Shu et Mu de l'organe rein qui, nous le savons, est le maître de l'énergie programmation-régulation, c'est-à-dire le 23 Zu Tai Yang (vessie) et le 25 Zu Shao Yang (vésicule biliaire) ;

- les points Shu et Mu de l'organe rate qui est le pivot central et le maître du sang, c'est-à-dire le 20 Zu Tai Yang (vessie) et le 13 Zu Jue Yin (foie) ;

- les méridiens de programmation-régulation Tchong Mai et Yin Wei Mai, c'est-à-dire le 4 Zu Tai Yin et le 13 Zu Shao Yin pour diriger l'énergie, ainsi que le 6 Shou Jue Yin, (Maître du Cœur) et le 9 Zu Shao Yin (point de ce méridien) ;

- le 8 Zu Tai Yin qui va favoriser la ponte ovulaire.

Ces quelques points seront alors faits dans la première partie du cycle présumé et pendant plusieurs cycles de suite.

Ce traitement, appliqué à dix patientes ayant eu des bilans gynéco-endocriniens complets et ayant reçu sans résultats des inducteurs d'ovulation ou traitements hormonaux, permit chez sept patientes l'obtention d'une grossesse dans les délais de quatre à huit cycles (perspectives Yin Yang, janvier 82).

Exemples thérapeutiques et cliniques

À propos de la désintoxication tabagique

Actuellement le tabac est, nous le savons, un fléau pour notre société. Longue est la liste des maladies dans lesquelles il est un facteur de risque. Aussi, pour des raisons d'hygiène, mais aussi pour être moins tributaires de la cigarette et se sentir plus libres, de nombreuses personnes désirent s'arrêter de fumer.

Il est hors de question d'utiliser l'acupuncture chez une personne qui ne désire pas personnellement s'arrêter.

Faire plaisir à son conjoint ou céder à une pression médicale par exemple n'est pas une raison suffisante. Pour s'arrêter, il est nécessaire que la personne le désire et soit motivée, car l'acupuncture ne donne pas envie de s'arrêter mais aide à supporter l'arrêt du tabac par plusieurs mécanismes que nous allons étudier.

Les points symptomatiques sont les 4 Shou Yang Ming, 7 Shou Tai Yin, 8 Zu Shao Yang, 20 Shou Yang Ming et 3 Zu Jue Yin.

Il existe des points symptomatiques, spécifiques de l'arrêt du tabac.

Avec deux points situés à la main et au poignet, l'un stimulé en tonification l'autre en dispersion, nous augmenterons le flux d'énergie dans le méridien Shu Yang Ming (gros intestin) qui passe dans la région rhinopharyngée. Cet apport d'énergie compense l'arrêt du tabac qui est une forme d'apport énergétique.

L'un des deux points est un point Luo en relation avec l'ensemble énergétique métal, donc en rapport avec la peau et les muqueuses. Sa dispersion favorise l'apport d'énergie nourricière sur les muqueuses endobuccales et du poumon. Cela favorise le nettoyage, de même que la saturation de ces muqueuses en énergie.

D'autres points symptomatiques favorisent le sevrage : un point de la tête au-dessus de l'oreille régularise le comportement du patient en harmonisant les méridiens Yang et les communications avec l'entourage ; les points de la main, associés avec des points du pied, forment les points barrière et apportent en levant certains blocages, une plus grande détente ; enfin, un point de la région nasale permet d'attirer l'énergie localement et favorise l'olfaction en provoquant la sensation de dégoût pour le tabac.

Nous avons ainsi donné quelques explications sur le choix des points. Ces mêmes points sont choisis aussi pour de nombreuses autres raisons. Un point est toujours doté de nombreuses fonctions, il faut alors trouver celui qui correspond au trouble reconnu.

Cependant, tous ces points sont dits symptomatiques, c'est-à-dire qu'ils ne traitent aucun trouble profond, à de rares exceptions près. Il faudra alors un traitement complémentaire.

Lorsqu'une femme fume, il s'agit d'un phénomène global qui concerne toute sa personnalité, sa nature ainsi que son entourage.

L'arrêt du tabac n'est presque jamais possible par diminution progressive, car généralement «une cigarette en entraîne une autre», tant et si bien que rares sont les personnes qui apprécient de fumer quelques cigarettes de temps en temps. En pratique, la diminution progressive de quelques cigarettes par jour, de même que se contenter d'une simple diminution , n'est pas suffisant. Ceux qui fument quarante cigarettes par jour y reviennent inéluctablement dans les mois qui suivent. Pourtant, l'arrêt progressif serait préférable pour l'organisme qui n'apprécie pas toujours les changements brusques. Aussi, pour pallier aux cortèges des petits symptômes désagréables de l'arrêt complet et immédiat, l'acupuncture est une aide importante.

L'acupuncteur devra alors rééquilibrer l'individu pour que cet arrêt n'entraîne pas de désordres énergétiques qui se révèleraient quelques mois après. Ainsi, le patient désirant arrêter de fumer découvrira non seulement le nouveau plaisir d'être libéré du tabac mais verra disparaître de nombreux autres problèmes qui l'accompagnaient.

En plus de la séance d'acupuncture, il est recommandé de supprimer les excitants (alcool, café, etc.), d'adopter un régime équilibré, de veiller à ne pas augmenter la ration glucidique et d'apporter davantage de vitamine C et de magnésium dans l'alimentation.

D'autre part, il est recommandé de pratiquer plusieurs fois par jour des respirations profondes qui auront un effet relaxant et, de plus, favoriseront le nettoyage des poumons. (voir paragraphe sur la relaxation et la respiration, page 161).

Les troubles sexuels

Dyspareunie, frigidité, impuissance, éjaculation précoce sont autant de troubles rencontrés fréquemment toujours symptomatiques de déséquilibres énergétiques. L'acupuncture peut fréquemment, dans les cas où il s'agit de troubles fonctionnels, les résorber seule, mais la nécessité d'une compréhension des phénomènes est capitale. Les relations du couple sont à prendre en considération (combien d'impuissances et de frigidités secondaires ne sont en fait que des refus de vivre avec le partenaire).

La pratique de la respiration, de la relaxation s'avère toujours profitable. Mais bien souvent aussi, il existe des sentiments de culpabilité de l'un ou de l'autre partenaire, ces personnes ne se trouvant pas normales, car ne correspondant pas à la norme sociale. Le sentiment génère ainsi un blocage et ne permet plus une évolution de la situation.

Les jeux sexuels sans pénétration sont ainsi souvent un excellent moyen de dédramatiser la situation. Permettant à chacun des partenaires de reprendre confiance et d'aller vers une harmonisation (de leur énergies).

À propos de l'obésité

Ayant éliminé les quelques pourcentages d'obésité secondaires à une maladie, nous ne considérerons que les cas de surcharge pondérale par augmentation de la masse graisseuse, dite primitive.

Il s'agit d'un problème délicat qui met fréquemment la médecine en échec. L'obésité est, comme la toxicomanie tabagique, la traduction d'un dérèglement global stabilisé dans un nouvel état d'équilibre.

Tout comme pour le tabac, il existe des points dits symptomatiques, mais la plus grande partie du temps, il sera nécessaire de les associer à d'autres pour faire un rééquilibrage général de l'individu :

- le 45 Zu Yang Ming (estomac), point de départ du méridien contrôle central, véhiculera une sensation nouvelle, diminuant la boulimie. Par ailleurs, ce point est un point de pénétration des énergies exogènes Yang Ming qui vont favoriser la mobilistation du Yin qui, ici, est la masse graisseuse ;

- le 10 Shou Shao Yang (Triple Réchauffeur), point He du méridien a comme effet d'augmenter l'énergie Yang dans les tissus interméridiens qui accélérera le métabolisme et harmonisera celui-ci ;

- le 36 Zu Yang Ming (estomac), point He du méridien, favorisera le passage de l'énergie hors du méridien et harmonisera le sang et l'énergie. Par ailleurs, il est le point de commande du canal interne du Triple Réchauffeur et favorisera donc le métabolisme.

Ces quelques points symptomatiques seront accompagnés généralement d'autres selon le terrain du patient.

Mais il est également nécessaire de donner des conseils nutritionnels et de suivre les préceptes d'hygiène générale.

Ces points permettent seulement de lutter contre la boulimie, ayant un effet anorexigène. Ils ne font pas maigrir, mais aident à supporter facilement un régime hypocalorique associé.

RÉSUMÉ

La séance d'acupuncture, après l'interrogatoire et l'examen propre à cette médecine, est suivie de la phase thérapeutique qui consiste à stimuler les points retenus. La durée et le mode de stimulation des points, la fréquence et le rythme des séances seront adaptés au patient. Dans certains cas, l'acupuncture ou seulement quelques points spécifiques seront contre-indiqués.

La douleur, l'inflammation, le spasme sont trois grands symptômes relevant de l'acupuncture. Ils sont interprétés comme des blocages d'énergie, des excès de chaleur, de froid ou de vent.

Après avoir établi un diagnostic médical occidental, l'acupuncteur formule une compréhension énergétique de l'expression de la maladie.

Selon les cas, il s'agit de l'atteinte d'une des cinq énergies (P/R, Ps/I, T, D, Exogène), de la structure profonde, intermédiaire ou superficielle.

Le choix des points en est la conséquence visant à rétablir l'équilibre énergétique.

CONCLUSION

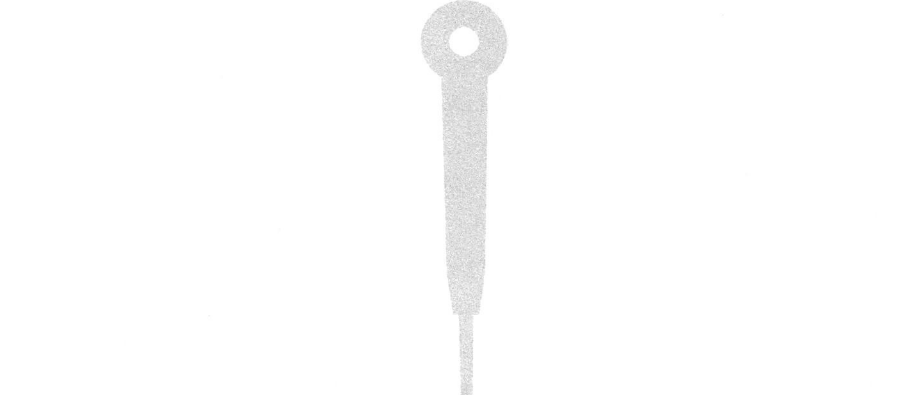

Il était dans notre propos de traiter de l'acupuncture d'une manière synthétique et globale. Nous avons voulu faire partager la démarche suivie par les acupuncteurs en donnant les grands principes sur lesquels celle-ci repose, tout en faisant le point sur les conceptions modernes de l'acupuncture et en montrant de nombreuses autres possibilités que permet le raisonnement acupunctural.

Il est un fait certain, la France a été un pays d'accueil à l'acupuncture, elle lui a permis aussi d'être l'objet de nombreuses expérimentations.

Rappelons que les premiers travaux concernant les particularités électriques du point d'acupuncture ont été faits par le Docteur Niboyet, que le Pr Sénélar a démontré, dans les laboratoires de l'INSERM, la validité de la spécificité histologique du point, et enfin que le Dr Darras en coopération avec le Pr Vernejoul ont pour la première fois au monde photographié à Necker des trajets de méridiens.

La France est donc, à n'en pas douter, un des leaders mondiaux dans le domaine de l'acupuncture qui prendra une place importante dans la médecine officielle, lors des prochaines années. Le CHU Henri Mondor en avait pressenti l'intérêt il y a déjà quelques années en proposant pour la première fois en Europe un enseignement d'acupuncture dans le cadre des certificats optionnels.

Il est vraisemblable que prochainement, cet enseignement sera systématiquement enseigné aux futurs médecins.

Notre époque, grâce aux médias et à la rapidité des communications, permet la rencontre de nombreuses cultures, sources de découvertes et de progrès pour l'humanité.

C'est en ce sens que les divers travaux sur l'acupuncture concourent, en faisant appel aux techniques les plus modernes, à l'approfondissement de cette science millénaire afin de venir enrichir les possibilités de la médecine et inversement.

Cependant, l'acupuncture - au sens large - n'est pas qu'une thérapeutique mais englobe des systèmes de prévention. Certains ne sont pas originaux et sont déjà étudiés et développés dans notre médecine, tels l'activité physique, le climat affectif et psychique, la nutrition, où l'un des éléments le plus important qui soit retenu est la saveur de l'aliment.

Il en est de même des conseils concernant la sexualité qui, certes, ne font pas l'unanimité de nos sexologues mais qui cependant méritent notre intérêt.

Quant aux rythmes biologiques, notre médecine rejoint les notions les plus anciennes de l'acupuncture.

Tout en poursuivant notre étude du système global que présente l'acupuncture, nous avons tenu à présenter des applications pratiques qui découlaient des théories présentées.

Nous avons ainsi envisagé des pathologies que nous n'avons pas regroupées appareil par appareil, mais par mode évolutif.

En effet, bien souvent nous pensons que l'acupuncture ne traite que les troubles fonctionnels. S'il est vrai que ceux-ci sont un terrain de prédilection de cette technique, il n'en est pas moins vrai que l'acupuncture est tout à fait intéressante dans de nombreuses autres pathologies.

Ainsi, l'acupuncture peut apporter une aide efficace dans des domaines aussi divers que l'anesthésie-réanimation, la rhumathologie, la gynéco-obstétrique ou l'endocrinologie pour ne citer que ces exemples.

GLOSSAIRE

Photonique : La lumière se déplace sous forme de particules appelées photons.

Electromagnétique : Il s'agit de l'effet Kirlian, fondé sur l'émission d'une onde en direction de la peau et de la quantité d'ondes absorbables et réfléchies.

Le point d'acupuncture se comporte comme un absorbeur complet de l'onde émise. Il n'y a alors plus de réflexion, le détecteur des ondes réfléchies n'enregistre plus rien. Le reste de la peau réfléchit normalement une partie de l'onde. Le point apparaît dès lors comme un petit point noir par rapport à son environnement.

Brownien : Toute particule est agitée d'un mouvement dit brownien, en souvenir de la personne qui le mit en évidence. Ce mouvement varie en fonction de la pression et de la température.

Dao : Le taoisme est un des trois modes de pensée qui ont marqué la pensée chinoise. C'est sur ses théories que repose le fondement de l'acupuncture.

Métabolisme : C'est l'ensemble des activités physiologiques qui concourent à l'entretien de l'organisme. Cela regroupe d'une part l'anabolisme qui tend à la construction, l'élaboration des différentes structures et d'autre part le catabolisme qui, à l'opposé, regroupe la destruction, l'élimination.

Oxydoréduction : Les systèmes d'oxydoréduction caractérisent des réactions chimiques qui se traduisent par l'addition de molécules d'énergie. Ces réactions permettent de stocker l'énergie.

Trophicité : C'est le bon état d'un tissu. L'énergie trophique est l'énergie qui permet l'entretien des différentes structures.

Servomécanisme : Un servomécanisme est un système autorégulé. Par exemple un missile, programmé pour atteindre son but est un servomécanisme. Il corrige lui-même sa trajectoire en fonction des données qu'il reçoit.

Effets secondaires : Chaque médicament est caractérisé par une ou plusieurs propriétés. Il est choisi en général pour une seule de ses propriétés. Les autres deviennent alors des effets secondaires, non recherchés, mais qui peuvent se manifester. Cependant, il existe souvent une relation entre la dose et les différentes propriétés. Cela permet de sélectionner la dose exacte qui donnera le maximum d'effets recherchés et le minimum d'effets secondaires.

Potentialisant : Les effets sont renforcés l'un par l'autre. Ils ne se contentent pas de s'additionner mais ils se multiplient.

Par exemple A obtient un résultat de 2/10.

B obtient un résultat de 2/10.

A + B obtient un résultat de 8/10.

Histologie : Etude des tissus

Vasopressine : Substance qui déclenche une vasoconstriction, c'est-à-dire une diminution du diamètre des vaisseaux entraînant une diminution de la circulation sanguine.

Histaminique : Substance sécrétée lors d'un traumatisme, favorisant localement la défense par les cellules et les hormones dont c'est le rôle.

Stress : Agression.

Cyphose : Courbure de la colonne vertébrale dont la concavité est vers l'avant.

Lordose : Courbure de la colonne vertébrale dont la concavité est vers l'arrière.

Sagittal : Dans l'espace nous pouvons définir trois plans :

- le plan frontal coupant l'homme en deux parties, une avant, une arrière;
- le plan transversal découpant l'homme en rondelles;
- le plan sagittal coupant l'homme en deux parties, l'une droite, l'autre gauche.

Hyperlaxité : Hyper = trop Laxité = lâche

C'est l'excès de souplesse dû à une trop grande possibilité d'étirement des tendons musculaires et des ligaments. Cela s'accompagne généralement d'une hypotrophie des muscles.

Nutriment : Elément de base intervenant dans la nutrition.

L'eau, les protides, les lipides, les glucides, les sels minéraux sont par exemple des nutriments.

Lipides : Ce sont des graisses qui ont de nombreuses fonctions dans notre organisme.

- Ils interviennent dans la structure cellulaire permettant de leur donner une forme;
- Ce sont les composants de certaines hormones.

Lipides saturés : S'opposent aux lipides insaturés. Cette dénomination tient compte de la formule biochimique du lipide. L'ossature est faite par des atomes de carbone. Chaque carbone a la possibilité d'établir quatre connexions avec d'autres atomes. S'il n'y a qu'une liaison entre les atomes de carbone, le lipide est dit saturé. S'il existe une double liaison entre deux atomes de carbone, le lipide est dit insaturé, car une des deux liaisons peut se rompre sans modifier la structure de base du lipide.

Les lipides saturés sont essentiellement d'origine animale (viande, lait) et augmentent les risques d'athérome. Les lipides insaturés sont essentiellement d'origine végétale et diminuent les risques d'athérogénèse (formation de l'athérome).

Lipides essentiels : Ce sont en fait des vitamines, c'est-à-dire des graisses indispensables à la vie et que notre organisme est incapable de produire.

Fibres : Les végétaux sont en partie composés de glucides (ou hydrate de carbone ou sucre). Certains glucides sont digérés par notre tube digestif, d'autres ne le sont pas car nous ne disposons pas du matériel enzymatique nécessaire. Ces glucides, qui composent les végétaux, sont éliminés dans les selles et traînent avec eux le reste du bol alimentaire non digéré ou les différentes substances rejetées (ainsi que l'eau).

Sucre d'absorption rapide : Selon leur longueur, les sucres se digèreront plus ou moins vite. Les sucres d'absorption rapide sont des sucres courts, composés d'une ou deux molécules de base. Les sucres d'absorption lente sont des sucres composés d'un grand nombre de molécules de base.

Le temps pour casser le sucre long en molécule de base est plus long, il est donc d'absorption lente.

Palatable : C'est le degré de plaisir que l'on éprouve en mangeant un aliment. La palatabilité d'un aliment varie en fonction des goûts de la personne, du moment, de la quantité d'aliments ingérés, de la faim, etc.

Sympathique et PE : Ils forment le système nerveux végétatif dont la fonction est d'équilibrer le fonctionnement de l'organisme. Ils sont antagonistes, classiquement le système sympathique se manifestera lors d'une agression externe, le système parasympathique lors du déroulement d'une fonction physiologique (manger, digérer,...).

Rétrocontrôle : C'est le feedback des anglo-saxons. C'est un dispositif permettant l'équilibre d'un système corrigeant l'intensité de celui-ci en fonction de l'effet.

Surrénales : Ce sont deux glandes endocrines qui coiffent les reins. Elles secrètent un grand nombre d'hormones.

BIBLIOGRAPHIE

ACADÉMIE DE MÉDECINE TRADITIONNELLE CHINOISE ; *Précis d'acupuncture chinois.* Editions en langues étrangères, Pékin, (Cine), 1977.

R. ABREZOL ; *Sophrologie dans notre civilisation.* Edition Au Signal Lausanne, Lausanne (Suisse), 1973.

D. ANDRIEU ; *Analgésie par acupuncture.* Thèse Paris/Créteil (Fr), 1983.

M. APFELBAUM ; R. LEPOUTRE. *Les mangeurs inégaux.* Edit. Stock, Paris (Fr), 1978.

C. AUBERT ; *Une autre Assiette.* Edit. Debard, Paris (Fr.), 1979.

J. BELAISCH ; *Hormones hypophysaires et sommeil.* Le Concours Médical (Fr.), 1983, 103-38, pp.4133-4144.

J.-M. BENHAIEN ; *Le traitement antitabagique par l'acupuncture auriculaire en concultation hospitalière.* Thèse Paris/Créteil, 1977.

T. BROSSE ; *Conscience énergie.* Edit. Présence, Sisteron (Fr.), 1978.

J. CHANG ; *Le Tao de l'art d'aimer,* Edit. Calmann-Lévy, Paris (Fr.), 1978.

O. CHANOINE ; *Asthme et Acupuncture,* Thèse, Brest (Fr.), 1982.

CONVINDASSAMY ; *Lombalgies et Acupuncture,* Thèse, Paris, Brest (Fr.), 1982.

P. CORMAN, P. FORTE, F. GALLEY-GALINON ; *A propos de 18 observations d'analgésie et de 5 observations de déclenchement.* L'Acupuncture (Fr.), 1980, N° 64, pp.11-22.

W.-B. CUTLER ; *Lunar and menstrual phase locking.*Am.J.Obstet. Gynecol., 137 : 834, 1980.

J.-C. DARRAS ; *La classification des aliments en 4 catégories fonctionnelles.* Perspective Yin Yang (Fr.), 1982, N° 18.

J.-C. DARRAS ; *Objectif Acupuncture : Traité d'acupuncture médicale.* Edit. Darras, Paris (Fr.), 1983, 1983 tomes 1-2-3-4.

J.-C. DARRAS ; *règle de chrono-acupuncture.* S.N.P.M. Editeur, Neuilley (Fr), 1977.

R. DESPREZ ; *Expérimentation d'un protocole de traitement pour stérilité par anovulation d'origine hypothalamo-hypophysaire.* perspective Yin Yang (Fr.), 1982, N°18.

A. EINSTEIN ; *La relativité.* Edit. Petite Bibliothèque Payot, Paris (Fr.), 1981.

J. FAST ; *Le langage du corps.* Edit. Stock, Paris, (Fr.).

F. FAURE ; *Essai sur l'acupuncture, bilan de 35 années de pratiques hospitalières,* Thèse, Lyon, 1983.

M.-J. GENTAUD ; *Contribution de l'acupuncture au traitement de la douleur.* Thèse, Paris/ Créteil, 1981.

J.-P. GIRAUDEAU ; *Hypothèse de travail et premières démarches pratiques en analgésie acupuncturale.* Perspective Yin Yang (Fr.), 1982, N° 18.

J.-P. GIRAUDEAU ; *Nouvelles conceptions de l'utilisation de l'électro-acupuncture dans le domaine chirurgical.* Perspective Yin Yang (Fr.), 1982, N° 21.

C.-H. GODEFROY ; *La dynamique mentale.* Edit. Marabout. Verveir (Belgique), 1976.

M. GRANET ; *La religion des chinois.* Edit. Petite Bibliothèque Payot, Paris (Fr.), 1980.

INSTITUT DE MÉDECINE TRADITIONNELLE CHINOISE DE CHANGAI ; *Cahier d'explications pour les planches anatomiques des points d'acupuncture des 14 méridiens.* Edit. du Peuple de Changai, République Populaire de Chine.

Y. IRWIN, J. WAGENVOORS ; *Acupuncture sans aiguilles.* Edit. Tchou. Paris (Fr.), 1976.

H. LABORIT ; *La nouvelle grille.* Edit. Robert Laffont. Paris (Fr.), 1981.

LELEU ; *Le Traité des caresses.* Edit. Encre.

LE STATUT VITAMINIQUE DES FRANÇAIS ; *Journée de vitaminologie de la faculté de pharmacie de Paris,* 1983.

Faites circuler votre énergie grâce à l'acupuncture

Dépôt légal : juin 2021
Première édition publiée sous le titre : *Acupuncture – Une médecine de l'énergie*, quatrième trimestre 1994.
Ancien ISBN : 978-2-86898-511-8

Achevé d'imprimer en France par la SEPEC Numérique en mai 2021.

PEFC 10-31-3532 / Certifié PEFC / Ce produit est issu de forêts gérées durablement et de sources contrôlées. / pefc-france.org